iBT対策
目標スコア80〜100点

改訂版

TOEFL®テスト 集中攻略 スピーキング

トフルゼミナール講師 **川端淳司** 著

Junji Kawabata

テイエス企画

はじめに

　英語4技能という表現を頻繁に耳にするようになりましたが、TOEFL iBT (Internet-based Test)はまさにその4技能を測定する試験です。なかでもスピーキングはこれからの英語教育において大きなウエイトを占めていくことは間違いないでしょう。iBTのスピーキング対策をしっかり行うことにより、単にスピーキング力を伸ばすだけではなく、技能統合力も飛躍的にアップさせることができ、さらには他の英語4技能試験の対策にもなります。

　iBTが導入されて以来、本書の旧版をご利用いただいた皆様から、スピーキングセクションのスコアアップに役立ったという声をたくさんいただくことができ、心から感謝しております。2019年8月からiBTスピーキングセクションの問題数が6から4へと変更になりました。この変更に伴い、このたび本書も4つの問題の対策と表現トレーニング強化に重点を置いて改訂させていただきました。

　iBTスピーキングは、他の英語資格試験のようにインタビューに対する受け答えではなく、コンピュータのモニターの指示に従い、一方的にマイクに解答を話す形式です。単に「英語が話せる」というだけでは高得点には結びつきません。逆に、英語を話すのが苦手な人、英語を話し慣れていない人でも、英語を話す積極的な姿勢と目標達成への強い信念があれば、取り組み方次第で、大きくスコアを伸ばすことが可能です。その取り組み方を指南するのが本書の目的です。

　TOEFL iBTのスピーキングセクションの最大の特徴は、Question 2〜4のIntegrated Tasks（統合型問題）です。ここでは「読んで、聞いて、話す」「聞いて、話す」というように、英語を話す前に、英語を読む力、聞く力が必要不可欠となります。このように、スピーキングで高得点を取るための前提条件として、速く正確に読む力、重要なポイントをしっかり逃さずメモができるだけの聞く力が必要になりました。もはや「リスニングが苦手だから…」は通用しません。

　TOEFL iBT対策では、すべてのセクションが密接に関連しあっていることを意識し、総合的に英語力を高めていくという姿勢で臨んでください。リーディングやリスニングを学習するときも、スピーキング対策の下地にもなっていることを強く意識してください。実際に本書での学習を進めていくと、スピーキングだけでなく、リスニングやリーディングの力も伸びていくことが実感できます。また、本書はスピーキング攻略の重要なポイントや実践的素材が数多く含まれていますから、すべてを吸収し、納得のいく解答がスラスラ口から出てくるまで続けてください。スピーキング上達には、何よりも日々の地道な努力が必要です。本書が、今後ますます多くのTOEFL iBT受験者やスピーキング力向上を目指す方々のお役に立てることを心から祈っております。

2021年2月

川端　淳司

TOEFLテスト集中攻略スピーキング　もくじ

序章　スピーキングの概要

第1章　スピーキングの特徴と採点基準

第2章　スピーキング問題の徹底分析と対策

▶▶▶ **Independent Task**（独立型問題）対策
Question 1 形式の問題 ▶

本書の特長

　本書はTOEFLスピーキングで高得点を獲得するために作られています。単に自分の言いたいことが英語で表現できる、あるいはネイティブと会話ができるようになることを意図したスピーキング教本ではありません。高得点を取るためには、それなりのコツを身につけて、それなりの訓練が必要です。本書のコンセプトは、「まず敵を知り（序章、第1章、第2章）、重要表現を覚え（第3章）、徹底的に実践訓練を積む（第4章、第5章）」という単純なものですが、TOEFLスピーキング対策に必要なすべてがここにあります。あとは、読者のみなさんの高い目的意識と強い信念があれば、必ず満足のいく結果が得られます。

本書の構成

　本書は序章および次の5章から構成されています。

▶▶▶ 序章　スピーキングの概要
　TOEFL iBTに導入されているスピーキングとはどのような試験か、まずは序章を読んでその主旨や目的を理解し、第1章以下の対策学習に取り組んでください。

▶▶▶ 第1章　スピーキングの特徴と採点基準
　この章は、具体的な対策を行っていく前の予備知識として、採点基準と学習の進め方について詳しく解説しています。まずスピーキング対策を行っていく上でもっとも重要なことは、どのようなポイントが採点の対象になるのか、つまり採点基準を知ることです。テストの構成、採点項目、採点基準をしっかりと確認して次に進んでください。
　学習の進め方では、スピーキング学習を始めるにあたって必要なこと、本書の有効な活用法、解答するときの注意点という項目で、具体的に学習を始める前に確認しておきたいことをまとめました。本書を十分に活用してスピーキングで高得点を取るためにも、しっかりと目を通しておいてください。

▶▶▶ 第2章　スピーキング問題の徹底分析と対策
　この章では、第1章で確認した内容を意識しながら、具体的に各Questionの解答の組み立て方とコツを学習していきます。スピーキングで出題されるQuestionは合計4題ですが、それぞれに特徴があり、攻略の手順も違います。まず、それぞれのタイプのQuestionに対して、どのような手順で、どのような内容の解答を作成する必要があるのかをしっかりと理解しましょう。そのうえで、練習問題に取り組んでください。

ざっと済ませただけで次の章に進んではいけません。自分が納得いくまで、時間をかけて何度も挑戦してください。要領を得るまで結構時間がかかりますが、あせる必要はありません。この章で基本的なスピーキングの対策を完了させます。

▶▶▶ 第3章　問題形式別 重要表現 100

　この章ではQuestion形式別にそのまま活用できる表現に焦点を当てて反復トレーニングをします。自然に解答が口をついて出てくるようにするには、あらかじめよく使う表現を覚えて滑らかに言えるようにしておくことが大切です。100の重要表現を次の3つに分けて紹介します。

　1. Question 1攻略のための重要表現　001-042
　2. Question 2攻略のための重要表現　043-064
　3. Question 3・4攻略のための重要表現　065-100

　第4章の実戦演習の前にしっかり自分のものにしておきましょう。例文もPattern Practiceの文も暗記してしまうまで繰り返しトレーニングに取り組んでください。

▶▶▶ 第4章　トピック別対策とスピーキング実戦演習

　TOEFLスピーキングでは、(1)日常的でなじみ深いトピック(Familiar Topics)、(2)大学キャンパス周辺のトピック(Campus-related Topics)、(3)アカデミック分野のトピック(Academic Topics)の3つのトピックが出題されます。各トピック別に、多くの練習問題に取り組み、実戦の感覚を養っていきます。問題を解いて解答をさっと確認して終わりというのではなく、MODEL ANSWERを含め、試験対策として吸収できるものはすべて吸収してもらいたい章です。数多くの練習問題が用意されていますから、この章を終えたときには、最初に抱いていたスピーキングへの恐怖感も消え、積極的に解答していける姿勢が確実に身に付いていることでしょう。

▶▶▶ 第5章　TOEFL スピーキング模擬テスト

　これまで学習してきたことの総仕上げ、模擬テストの章です。本番さながら緊張感をもって臨んでもらいたいところです。時間や手順も本番と同じように進めてください。解答は録音して、何が足りないのか、どうすれば良くなるのか、納得がいくまで確認しながら繰り返し挑戦してみてください。途中何度間違えても、最後にすべて完全に時間内にうまく答えられるようになるまで仕上げてください。

音声ダウンロードについて

　本書に掲載されている英文の音声が無料でダウンロードできますので、下記の手順にてご活用ください。

■パソコンにダウンロードする
①パソコンからインターネットでダウンロード用サイトにアクセス

　下記のURLを入力してサイトにアクセスしてください。

　https://tofl.jp/books/2632

②音声ファイルをダウンロードする

　サイトの説明に沿って音声ファイル（MP3形式）をダウンロードしてください。

　※スマートフォンにダウンロードして再生することはできませんのでご注意ください。

■音声を再生する
①音声ファイルをパソコンの再生用ソフトに取り込む

　ダウンロードした音声をiTunesなどの再生用ソフトに取り込んでください。

②音声を再生する

　パソコン上で音声を再生する場合は、iTunesなどの再生ソフトをお使いください。

　iPhoneなどのスマートフォンや携帯用の音楽プレーヤーで再生する場合は、各機器をパソコンに接続し、音声ファイルを転送してください。

　※各機器の使用方法につきましては、各メーカーの説明書をご参照ください。

序章

スピーキングの概要

- ▶▶▶ 積極的な姿勢で取り組もう
- ▶▶▶ TOEFLテストのスピーキングは「会話」の試験ではない
- ▶▶▶ なぜ単に英語が話せるだけではだめなのか
- ▶▶▶ 準備すべき範囲はあらかじめ予測できる
- ▶▶▶ TOEFL iBTテストでは総合力がものをいう
- ▶▶▶ 文法力はもう必要ではないのか

積極的な姿勢で取り組もう

　日本で2006年から導入されているインターネットを利用したTOEFL iBTテストには、スピーキングセクションが含まれます。同様の形式のテストを受けたことがないので、戸惑っている方も多いでしょう。しかし、海外の大学や大学院への留学を目指す人たちの英語の熟達度を測定するというTOEFLテストの性質を考えれば、スピーキングセクションがあることにより、バランスの取れたテストになっていると言えるでしょう。留学をすれば、もっとさらに高いハードルをいくつも越えていかなければならないのです。その夢を実現したければ、「スピーキングなんて勘弁してよ」という消極的な姿勢から、「このセクションで必ず高得点を取ってみせる」という積極的な姿勢へと気持ちを切り替えて臨んでください。一生懸命、スピーキングに取り組んだ成果は、TOEFLテストの結果だけではなく、留学中あるいは留学後にも大きな力となるはずです。

TOEFL テストのスピーキングは「会話」の試験ではない

　TOEFLテストのスピーキングセクションは「会話」や「インタビュー」の形式ではありません。出題された設問に対して、決められた時間内に自分の考えや意見をまとめて、一方的に発言するというものです。ネイティブスピーカーの試験官の質問に答えるような試験の場合は(それなりの緊張感はあるとしても)、相手の表情や様子を見ながら話せるので、慣れればまだ随分楽ですが、TOEFLテストのスピーキングはそう簡単にはいきません。かなりのレベルでネイティブスピーカーと会話ができる人、英語を話すのが相当得意な人でも、このスピーキングセクションで高得点を取るためにはしっかりとした対策が必要です。単に「英語がうまく話せる」だけでは不十分です。

なぜ単に英語が話せるだけではだめなのか

　「なぜ対策が必要なのか」は、日本語に置き換えてみるとよくわかります。例えば、日本語で「あなたは家で勉強する方がいいですか、それとも図書館で勉強する方がいいですか、具体的な例を挙げながら答えてください」と質問されたとします。この質問にだらだらと考えながら答えるのはたやすいことですが、たった15秒の準備時間を与えられた後、45秒間で、的確に自分の意見をまとめることはとても難しいことだと思いませんか。正式な面接試験を受けるときに、予想される質問に対して、的確にうまく答え

られるように前もって準備をするのと同じように、このスピーキングセクションでも
しっかりとした下準備が必要なのです。

準備すべき範囲はあらかじめ予測できる

　準備するといっても何をどのように進めていけばよいのでしょうか。詳しくは、本
書を読み進むうちにはっきりと理解できるはずですが、ここではまず、このスピーキン
グセクションは、「準備しておくべき範囲がかなりはっきりと見えている」ということ
を覚えておいてください。「英語を話すのは苦手で、今まで英語を話すなんてほとんど
したことがない」という人でも、本気で留学を目指すなら、スピーキングは避けて通れ
ない道です。本当の意味で、あるいは高いレベルで流暢に正確に英語を話せるように
なるのは、莫大な時間がかかるだろうし（しかもそれだけの時間をかけても英語が話せ
るようになるという保証はありません）、極めて難しいことですが、ある程度の下地と
なるスピーキング能力が身につけば、そしてあとは適切かつ十分な下準備があれば、ス
ピーキングセクションで納得のいくスコアを取ることは可能です。「高い英語でのコ
ミュニケーション能力を身につける」ことが最終の目標だとしても、そこまで待ってい
たら、いつまでたってもTOEFLテストは受験できません。

TOEFL iBT テストでは総合力がものをいう

　スピーキングセクションといっても、ただ単に「話す」だけではありません。「読んで、
聞いて、話す」あるいは「聞いて、話す」のように、「読む」「聞く」という能力も十分に鍛
えておく必要があります。TOEFL iBTでは、「読む」「聞く」「書く」「話す」という4つ
の技能をより総合的に評価しようというねらいがあります。リーディングやリスニン
グの独立したセクションもありますが、それぞれのセクションの対策をするときも、常
に英語の能力を総合的に高めるという意識をもって臨んでください。リーディング、
リスニング、ライティングの各能力がアップすれば、必ずスピーキング力にも良い影響
を及ぼします。逆もまた然りです。そして、各セクションで出題されるトピックの範
囲は大いに関連し合っていますから、能力を総合的に伸ばしていくという意識を常に
持って本書を読み進めてください。

文法力はもう必要ではないのか

　以前のTOEFLテストには、空所補充問題と誤文訂正問題からなる文法のセクションがありましたが、TOEFL iBTテストでは、完全に消滅しています。それではもう文法の学習は不必要になるのでしょうか。これはとんでもない間違いです。「文法力」は、アウトプットのセクション、特にライティングで、そして必然的にスピーキングで評価されることになります。日常の会話やメッセージなら、ブロークンな英語でも伝えられることはあっても、TOEFLテストではそのようなわけにはいきません。スピーキングでは、ライティングよりやや口語的になったとしても、文法的に正しい英語を話さなければなりません。いくら流暢にぺらぺらと話しても、文法的に崩れていれば「能力低し」と見なされてしまいます。文法が、「陰に隠れてしまう」からこそ、かえってしっかりとした文法力を身につけておく必要があることを忘れないでください。

第1章

Chapter 1

スピーキングの特徴と採点基準

1. スピーキングの構成
2. スピーキングの採点基準
3. スピーキング学習の進め方
4. 本書の有効活用法
5. スピーキングの解答における注意点

1. スピーキングの構成

　TOEFLのスピーキングは4つのQuestionから構成されており、出題形式は、最初の1問がIndependent Tasks（スピーキングのスキルのみに焦点を当てた問題）で、続く3問がIntegrated Tasks（リーディングやリスニングが加わる問題）です。Independent Tasksとは、聞かれた質問に対して英語で自分の意見を述べるタイプのもので、Integrated Tasksとは、前もって英文を読んだり聞いたりしたものに対して、英語で解答を述べるものです。スピーキングの出題形式をまとめると、次のようになります。

スピーキングの出題形式

Question	Task 解答形式	準備 時間	解答 時間	出題内容・ トピック	設問の 指示内容
Question 1	Independent (Speaking)	15秒	45秒	Familiar （なじみ深く 一般的なもの）	2つの選択肢のうち自分が支持するものを選び、理由を加えて説明する。
Question 2	Integrated (Reading + Listening + Speaking)	30秒	60秒	Campus- related （キャンパスで交 わされるもの）	短い英文を読み、キャンパスで交わされる会話を聞いた後、ポイントをまとめて説明する。
Question 3				Academic （さまざまな学 問分野の講義の 一部）	短い英文を読み、大学の講義の一部を聞いた後、中心となる見解や法則などと具体的な例との関連性を説明する。
Question 4	Integrated (Listening + Speaking)	20秒	60秒	Academic	大学での講義の一部を聞いた後、中心になる見解や法則などの要約をする。

Independent Task（独立型問題）

Question 1

　2つの選択肢が与えられ、どちらかを選択した後、具体的な理由を付け加えていきます。出題されるのは、Familiar Topics（なじみ深く一般的なトピック）です。設問が読まれた後、準備時間が15秒与えられ、ビープが2秒流れたら、すぐに話し始めます。解答時間は45秒です。

解答形式 設問→準備（15秒）→ビープ（2秒）→解答（45秒）

Integrated Task（統合型問題）

Question 2 ▶

　Reading→Listening→Speakingの統合型の問題です。最初に短い英文を読んだ後、テーマに沿った会話を聞きます。出題されるトピックはCampus-related Topics（キャンパスで交わされるトピック）です。主に大学側からの新しい規則や方針の発表などの英文を読み、続いてそのトピックについて交わされる会話を聞きます。その後で、会話に登場した人のその規則や方針などに関する意見と、その理由をまとめる問題です。英文を読む時間は45秒、準備時間は30秒、解答時間は60秒です。

　解答形式 **Reading（45秒）→ Listening（会話）→ Speaking 設問→準備（30秒）→ビープ（2秒）→解答（60秒）**

Question 3 ▶

　Reading→Listening→Speakingの統合型の問題です。最初に短い英文を読んだ後、テーマに沿った講義を聞きます。出題されるトピックはAcademic Topics（学問的なトピック）です。リーディングとリスニングを通じて、ある学問分野における見解、理論、法則、原則、概念などが、具体的な例とともに紹介されます。具体的な例の概要と、核となる見解や法則などとの関連性を説明する問題です。英文を読む時間は45秒、準備時間は30秒、解答時間は60秒です。

　解答形式 **Reading（45秒）→ Listening（講義）→ Speaking 設問→準備（30秒）→ビープ（2秒）→解答（60秒）**

Question 4 ▶

　Listening → Speakingの統合型の問題です。学問的な主題の講義の一部を聞いた後、その内容を要約します。リーディングはありません。Question 3と同様にアカデミックな題材ですが、あくまでも英語の試験なので、前もってその分野の知識を持っていなければできないようなものではありません（知っていればもちろん有利に働くことはありますが）。準備時間は20秒、解答時間は60秒です。

　解答形式 **Listening（講義）→ Speaking 設問→準備（20秒）→ビープ（2秒）→解答（60秒）**

2. スピーキングの採点基準

（1）スコアの算出法

　各Questionに対する解答は0〜4の範囲で採点されます。最高は16点ですが、これが30点満点に換算されて最終のスコアとなります。例えば、すべてのQuestionで

3点を取った場合、合計は12点となりますが、これを30点満点で換算すると、75パーセントの正解率で23というスコアになります。

(2) 採点項目

　採点の評価ポイントとなるのは主に次の3つの項目です。3つのうち、どれが特に重視されるというわけではなく、いずれも同じ比重で評価されます。

採点項目	評価
①話し方 **Delivery**	○明瞭 (clear) な話し方をしている
	○滑らかな (fluid) 話し方をしている
	○不自然なほど遅くならず、自然な速さで話している
	○明瞭な発音で自然なイントネーションで話している
	○不自然な間合いがあったり、詰まったりしていない
②言語の使い方 **Language Use**	○基本的な文法が正しく使えている
	○より複雑で豊かな文構造が使えている
	○適切な基本語彙表現がうまく使えている
	○幅広く豊かな語彙表現が使えている
③トピックの展開の仕方 **Topic Development**	○Questionに対して完全に答えている
	○具体性があり、うまくトピックが展開している
	○考えが首尾一貫してうまく表現されている
	○複数の考えがうまく関連づけられている
	○解答時間をほぼすべてうまく使えている

　先に進む前に、まずはこの採点項目を徹底的に頭にたたき込んでください。実際にできるかできないかではなく、高得点を取るためには、何が採点の対象になるかを知り、常に意識しておくことが重要です。

(3) 採点基準

　各Questionが0〜4点で採点されることはすでに説明したとおりですが、ここでは、各点数の採点基準を示しておきましょう。(1)話し方、(2)言語の使い方、(3)トピックの展開の仕方という採点項目で、それぞれどれくらいできていれば、どの点数になるのかの指標となります。

スコア ≫ 4点

採点項目	評価
①話し方	全体的に明瞭、滑らかな話し方で、最初から最後までほとんどよどみがありません。自然な聞き取りやすい速度で、総体的に発音も明瞭、イントネーションにも不自然さはありません。不自然なペース配分もありません。ほんの少しの詰まりや発音の間違いは、流れや理解を分断するものではありませんから、特に減点されません。
②言語の使い方	基本的な文法力が身についており、基本的な語彙表現や、より複雑で変化に富んだ文構造をもった表現も効果的に使いこなせています。言い替えなども含めて、豊かで多彩な語彙表現力をもっています。全体の流れや理解に影響を与えるようなものでない限り、ほんの少しの文法や語彙表現の間違いがあっても、特に減点されることはありません。
③トピックの展開の仕方	Questionが要求している内容に対してすべて完全に答えられています。的確な解答が、明瞭に表現されていて、首尾一貫した流れになっています。トピックの展開がうまく、複数の考えがうまく関連づけられています。解答時間をほぼすべてうまく使いきっています。

スコア ≫ 3点

採点項目	評価
①話し方	全体的に明瞭で滑らかな話し方ですが、ところどころ途切れてしまうことがあります。また発音の不明瞭さやイントネーションの不自然さが何箇所かあります。理解するのに少し努力を要することもありますが、全体的な流れにそれほど影響しているわけではありません。
②言語の使い方	基本的な文法・語彙表現能力はもっており、うまく考えを表現できていますが、ところどころに文法的な間違いや不適切な語彙表現があります。ただし、全体の流れを大きく止めてしまうものではなく、内容を伝達する上で著しく妨げになるものではありません。より高度で複雑な表現をしようとするときに間違いが多くなります。
③トピックの展開の仕方	おおよそQuestionが要求している内容について答えられています。全体的にはうまく流れていますが、ところどころ首尾一貫性が欠けたり、1つの考えと別の考えがうまく関連付けられていなかったりすることがあります。解答にやや具体性が欠け、トピックがうまく展開しきれていない点が見られます。

スコア ≫ 2点

採点項目	評価
①話し方	明瞭で滑らかに流れるような印象は乏しく、不明瞭な発音や不自然なイントネーションが多く、理解するのがやや難しいときがあります。頻繁に、不自然なペース配分や、話す速度の不自然な変化、発話の途切れなどがあります。全体的に伝えたいことはおおよそ理解できるものの、意味がよく伝わらないところも何箇所かあります。

②言語の使い方	基本的な文法力や基本的な語彙表現力がまだ不十分であることがわかります。やや複雑な構造の文をうまく使いこなすことができず、極めて基本的な文構造のみを使って話しています。語彙表現も極めて基本的なものに限られていて、豊富さや多彩さはありません。文と文をつなぐ接続語の使い方がままならないために、意味がうまくつながらないことがあります。聞き手に理解してもらえない箇所があることが大きな減点の対象になります。
③トピックの展開の仕方	解答はQuestionに関連していて最低限のことは答えているものの、かなり不十分です。具体例にも乏しく、うまくトピックが展開されていません。繰り返しや無駄な表現が多く、考えと考えのつながりも明瞭には表現されていません。時間配分が悪く、解答時間がかなり余っていたり、だらだらしていて途中で時間切れになったりします。全般的に話す量は少なめです。

スコア》1 点

採点項目	評価
①話し方	明瞭さや滑らかさはほとんどなく、発音の不明瞭さや間違いあるいはイントネーションの問題のために、理解するには聞き手の相当の努力が必要になります。たびたび行き詰まり、黙り込んでしまうことも多く、全体的に途切れ途切れな解答となってしまいます。
②言語の使い方	文法、語彙表現ともに基本的なレベルで使いこなすことさえままならない状況です。そのため、どのようなことを言おうとしているのかを理解するのも難しくなります。片言で単語をつなぎ合わせて話しているような印象を受けます。
③トピックの展開の仕方	解答がQuestionに関連しているかどうかの判断もつきにくい状況です。首尾一貫性やトピックの展開はほとんど見られず、思いついたことを途切れ途切れに発言しています。話す量は圧倒的に少なく、黙り込むか、同じことの繰り返しが解答時間のほとんどを占めています。

スコア》0 点

　何も話していないか、トピックにまったく無関係なことを話した場合スコアはゼロになります。話している中で無関係なことが混じるということではなく、最初から最後までまったく無関係な解答をした場合ということです。

▶ 3. スピーキング学習の進め方
（TOEFL スピーキング学習を始めるために必要なこと）

（1）まずは「英語を声に出すこと」から始める

　英語をほとんど、あるいはまったく話したことがない人は、まず英語を声に出すことから始めましょう。単語を覚えること、文法問題を解くこと、英文を読むことに多くの時間をかけた結果それなりの英語力を身につけた人でも、いざ話すとなると別問題で

す。まず、最初のスピーキングの壁を破るには、どんどん英語を発声するように心がけてください。英会話学校に通っているけれど、いっこうに英語がうまく話せるようにならないという人も多いようですが、片言英語でごく身の回りの話題だけについてコミュニケーションしている程度では、TOEFLスピーキングの対策はできません。ネイティブの先生と話す機会を持つことはとても貴重で、重要なことですが、それだけでは不十分です。英語を聞いてそれをまねて口に出してみる、そしてしっかり理解したテキストを音読してみるということを徹底的にやってみることです。

例えば、TOEFLのリスニングの練習問題を解いて、解答やポイントを確認した後、今度は聞いているだけではなくしっかり口に出してみましょう。慣れていないと、口に出してまねるのもかなり難しく感じられるはずです。しっかりと安定して口をついて出てくるまで繰り返し練習します。TOEFLのリーディングの練習問題を解いて、解答やポイントを確認した後、しっかりと声に出して英文を読んでみてください。実際に読むときには、声を出すとかえって理解が遅くなるのですが、復習のときには徹底的な音読をお勧めします。TOEFLの教材が難しければ、もう少し簡単なものを選んでもよいでしょう。もう一度言っておきます。スピーキングの対策を始めるなら、まず大量の英語を口から音として出すことです。

（2）発音やイントネーションのマスターは必要不可欠

英語の音は日本語とは随分違います。単語をマスターするときに、ネイティブの発音をしっかり聞いて、口に出して反復しながら単語を習得した人は、スピーキングには断然有利です。逆に、音を無視して、自分で発音してみることもなく、つづりだけで単語を覚えた人は、もう一度発音の練習から始める必要があります。TOEFLスピーキングでは、当然のことながら、発音やイントネーションも評価の対象になります。決して完璧な発音やイントネーションを要求しているわけではありません。しかし、話の内容が相手に伝わらない、あるいは相手が聞き取れないということがない程度の実力をつけておく必要があります。次に挙げる練習項目は、スピーキング対策を始める前、そしてスピーキング対策を行っていく間でも、とても重要なものです。

1 英語の母音と子音の種類を認識した上で、各音の違いが発音できるように練習する。まずはしっかり聞くことが重要で、聞き取れない音は発音できないし、発音できない音は聞き取れない。

2 音節（母音とその周りの子音からなる音の基本単位）を意識し、単語のどこにストレス（強調）が置かれるのかを知った上で、発音してみる。このストレスの置かれる位置により、英語独特のリズムが生まれることを知っておく。

3 音と音が連なると変化が起こることを知っておく。音がつながって聞こえる、音が聞こえなくなるなどの変化を認識し、意識的に自分でも音をまねる練習をする。話す速度が速ければ速いほど、変化の度合いは大きくなることを認識する。

4 すべてのタイプのイントネーションを認識し、自分でも意識して使えるように訓練する。上がるのか、下がるのかによって発言のニュアンスも変わることを知っておく。

　今まで意識していなかった人にとってはとても大変なことに思われるかもしれませんが、発音やイントネーションに関しては、繰り返し口に出すことによって、基本的なライン(聞き手が努力しなくても理解してもらえるライン)が超えられればそれで十分です。決して完璧である必要はないのです。

(3) スピーキングに使える語彙表現を増やす

　スピーキングに限らず、TOEFL対策では、語彙表現を飛躍的に増やす必要があります。当然のことながら、日常的な簡単な語彙表現だけでは不十分で、特にキャンパス関連と学問分野関連の語彙表現をしっかりと身につける必要があります。英語を話すときに使える語彙数は、通常、英語を読んだり、聞いたりして認識できる語彙数よりもはるかに少ないわけですが、TOEFLスピーキングでしっかりとした解答をするためには、今までよりも高い意識を持って、語彙表現の増強に努めなければなりません。学問分野関連のトピックといっても、特殊な専門用語を覚えなければならないというわけではありません。しかし、各学問分野の基本的なレベルの専門用語については、知っていると知らないでは大違いです。今までTOEFLのリーディングセクションで読んで認識だけできればいいと思っていたような単語でも、これからは自分のものとして吸収していくような意識が必要です。

(4) 基礎的な文法力をおろそかにしない

　すでに「序章」で説明したように、TOEFL iBTでは、空所補充や誤文訂正のような文法の問題はありませんが、受験者の文法力は、ライティングとスピーキングのセクションで評価されます。英語を書くときには、時間がありますから文法を意識できますが、話すときには、即座に答えなければなりませんから、その受験者の真の文法力が試されることになります。

　1箇所文法的な間違いがあったから減点というような採点方法ではありませんが、その間違いが2回、3回と積み重なり、採点官の理解を妨げるほどになれば減点の対象になります。ネイティブの場合は、たとえうまく解答がまとめられなくても、あるいは論理性が欠如していても、少なくとも文法的な間違いはまずありません。日本人と日本語の関係に置き換えてもわかるように、特に文法を知らなくても、自動的に完璧に文法的に正しい文が作り出せます。

　でも、平均的なTOEFLの日本人受験者は、そのようなわけにいきませんから、基本的な文法はしっかりと身につけておく必要があるのです。文法のセクションがなく

なったからといって安心はしていられません。どんなにたくさん話しても、文法的に間違いだらけな解答なら、低い点数しか取れません。話す練習をするときに、身につけた文法を意識しておくことが重要です。しかし、とても高い文法力を持っている人が、逆に、話すときにはそれを意識しすぎてうまく話せないこともよくあります。この場合、文法が邪魔になっていますが、それでもしっかりとした文法力があることは大きな強みであることに違いはありません。このような人は、大量に話す訓練をする中で、文法力がスピーキングにうまくつながる流通経路を作ってやる必要があります。

（5）話すために大量のインプットが必要

内容が充実したスピーキングの解答を作るためには、大量のインプットが必要です。大量にインプットすることによって、話すために必要な基礎英語力は確実にアップします。TOEFLにはリスニングとリーディングのセクションがありますが、同じようなトピックを、繰り返して聞いたり読んだりしていくうちに、アウトプットの下地作りも進みます。

大量にリスニングをすれば、発音やイントネーション、そして英語独特のリズムに対する感覚が磨かれ、スピーキングにも反映されます。また、聞けば聞くほど、読めば読むほど、多くの語彙表現に触れ、実践的な文法に触れ、英文の論理的な展開に触れ、背景知識に触れるうちに、生きた英語が身体に浸透してきます。うまく話せるようになるためには、大量のインプットが必要不可欠であることを常に念頭に置いて学習を進めてください。

4. 本書の有効活用法

（1）自分の力で解答してみよう

第2章以降では、多くの実戦的なTOEFLスピーキングの問題に取り組むことになりますが、まずは、**必ず本番と同じような手順と時間配分を守ってください。**手元に時計やストップウォッチを置き、できればボイスレコーダーで自分の解答を録音することをお勧めします。そんなことを言われてもいきなりは無理という人も多いでしょうが、とりあえず時間の感覚を養うためには必要なことです。すぐにMODEL ANSWERや講評を見る前に、まず挑戦してみることが重要です。1回失敗しても、2回、3回と納得がいくまで挑戦してください。ボイスレコーダーで声を取ることができるのならば、それをじっくりと聞いて反省してみることが大切です。発音やイントネーションはもちろんのこと、話すペースや話す内容もチェックしてみましょう。

第1章 スピーキングの特徴と採点基準

(2) 時間をかけて自分なりの解答を書いてみよう

各問題には**準備メモ**がついていますが、これは、いきなりMODEL ANSWERを見る前に、もう少し自分で考えてもらうために設けられています。各問題では、実際に解答を話し始める前に短い準備時間がありますが、この時点で頭の中に入れておくべきポイントが、準備メモとして日本語で整理されていると解答しやすいでしょう。**質問のポイント**と**解答に含めるべきポイント**をチェックした上で、少し時間をかけて自分なりの解答を書いてみましょう。そしてまた同じ質問に何度かチャレンジして時間も測ってみましょう。自分で考え、自分なりの解答を作るという訓練がとても大切なのです。

> **注** 準備メモの内容は、実際に準備時間にこのように書きとめておけばよいというものではありません。準備時間は短いですから、そんなに多くは書けませんし、書く必要もありません。実際のメモには、自分のわかる単語や記号程度のものでかまいません。

(3) MODEL ANSWER と徹底的に比較してみよう

さて、現時点でできる精一杯の解答ができたなら、これをMODEL ANSWERと比較してみましょう。基本的にMODEL ANSWERは最高点、すなわち4点の解答で、準備メモに書かれている解答に含めるべきポイントがすべて含まれています。**単語、表現、文法、論理の展開などさまざまな点で、自分の解答と比較してみてください。**Independent Tasksに関しては、個人によって解答の内容が変わりますが、それでもMODEL ANSWERは、多くの点で参考になるはずです。Integrated Tasksの解答は、解答に入れるべきポイントが決まっていますから、自分の解答と見比べたときに、ポイントの漏れがないかどうかチェックするようにしてください。

ここから先の練習項目はスピーキング力をアップさせるためにきわめて有効ですが、とても時間がかかります。時間に余裕がない人は、第1章と第2章の問題すべてを今述べた(1) 〜 (3)までの手順で解き終えた後に、(4)以降の方法を試してみるのもよいでしょう。

(4) MODEL ANSWER を完全に消化する

講評や訳も含めて、しっかりとMODEL ANSWERの確認ができたら、ここで終わることなく、今度は**丸ごと暗唱できるまで繰り返してみましょう。**例えば、次のような手順で行うとよいでしょう。Question 1の形式の問題を例にとってみます。まず次の設問を読んでください。

Question 1 タイプ：例題

Some people think a perfect friend is one who has the same views and opinions as you. Others believe that a friend who is different from you has more benefits. Which opinion do you agree with? Provide specific examples to support your view.

訳 ··

完璧な友人というのは自分と同じ見解や意見を持っている人だと考えている人がいます。また自分とは違う友人のほうがより有益なことが多いと信じる人もいます。あなたはどちらの意見に同意するでしょうか。自分の見解を支持する具体的な例を挙げなさい。

この問題に対して(1) ～ (3)までの過程を終わらせた後で、もう一度以下のMODEL ANSWERを活用します。この時点で講評や訳やMODEL ANSWERの内容はしっかりと把握できているということです。次のMODEL ANSWERには、文に番号がついています。次の手順で、丸ごと暗唱できるようにします。

M O D E L   A N S W E R

①I believe that someone who is different from you is much more beneficial. ②First of all, if your friend has different tastes, you can learn new things. ③For instance, my friend Yuko loves rock music, whereas I prefer classical music. ④However, through her influence, I have opened my mind to music bands that I would never have known about. ⑤ Similarly, a friend with different opinions can help broaden your outlook and attitude towards things. ⑥For example, I guess in many ways I am a pretty conventional teenager. ⑦However, through my Norwegian friend Anna, I have begun to think more deeply about how our lifestyle can affect the environment. (108 words)

訳 ··

①私は自分とは違うタイプの人のほうがずっと有益だと思います。②まず第1にもし友人が異なる嗜好があるなら、新しいことを学ぶことができます。③例えば私の友人の優子はロックが大好きですが、一方私はクラシック音楽のほうが好きです。④しかし、彼女の影響から、自分では知りようもなかったようなバンドにも心を開き始めてきました。⑤同じように、異なる意見を持つ友人は、物

事に対する自分の見方や態度を広げていくのに役立つ可能性があります。⑥例えば、私はかなり平凡な10代の若者だと思います。⑦しかし、ノルウェー人の友人のアンナを通して、私は我たちのライフスタイルが環境にどのような影響を及ぼす可能性があるのかについてより深く考え始めるようになりました。

わかりやすいように1文ずつ分けてみると、以下のようになります。

① I believe that someone who is different from you is much more beneficial.

② First of all, if your friend has different tastes, you can learn new things.

③ For instance, my friend Yuko loves rock music, whereas I prefer classical music.

④ However, through her influence, I have opened my mind to music bands that I would never have known about.

⑤ Similarly, a friend with different opinions can help broaden your outlook and attitude towards things.

⑥ For example, I guess in many ways I am a pretty conventional teenager.

⑦ However, through my Norwegian friend Anna, I have begun to think more deeply about how our lifestyle can affect the environment.

STEP 1 シャドーイング

MODEL ANSWERを聞きながらシャドーイングをします。シャドーイングとは、文章が聞こえてくるのとほぼ同時に、自分でもそれにかぶせるように繰り返します。聞こえてくる音を完全にまねるつもりで、簡単にできるようになるまで繰り返してください。

STEP 2 リテンション

1文聞くごとにポーズを入れて、リテンションをします。リテンションとは、耳に入ってきた英語を再生することです。1文ずつ丁寧に仕上げていって、最後まで終了させます。最初は時間がかかりますが、必ずできるようになります。最初は訳を見ながら、それを英語に置き換えていくのもいいでしょう。

STEP 3 MODEL ANSWER を再生

もう一度、全部を聞いた後で、自分でMODEL ANSWERを再生してみます。完全に再生できるまで、あきらめないでがんばってください。STEP 2と同じように、最初は訳を見ながらそれをすべて英語で表現するようなやり方でもかまいません。

STEP 4 》 **MODEL ANSWER を解答**

　もう一度まったく新しい問題をやるつもりで、覚えたMODEL ANSWERで解答してみてください。うまく時間内で答えられるようになれば、英語力がアップするだけでなく、大きな自信につながるはずです。

STEP 5 》 **自分の解答を修正**

　自分の解答もしっかり修正して同じように時間内に解答できるようにしておきましょう。

> **注** 本書のすべてのMODEL ANSWERにはこの訓練がやりやすいようそれぞれの文に番号が付いています。

（5）盗めるところはすべて盗む

　さあここまで仕上がったら、語彙表現の復習をしましょう。Integrated Tasksには、MODEL ANSWERだけではなく、英文やリスニングの教材もあります。TOEFLのほかのセクションにも大いに役立つような語彙表現が満載です。「**これは使える**」あるいは「**これは覚えておいたほうがいい**」**と思った語彙表現は、どんどん盗んで吸収してください。**MODEL ANSWERが丸ごと再生できるようになっても、最初は人の表現という感じがするものです。しかし何度も繰り返しているうちに自分の表現になります。内容のあることをしっかりと発言できるようになるためには、このような地道な努力がとても重要なのです。

> **注** MODEL ANSWERはネイティブスピーカーによって録音されています。本来ならば、TOEFLの受験対象者は英語圏以外の人なのですが、MODEL ANSWERはあくまでも、この本の学習者が、最も高い目標として目指してもらうためのものです。当然のことながら、採点項目の話し方、特に発音やイントネーションは完璧なので、講評でもこの点に関しては特に触れていません。これほど完璧に話せないと4点がもらえないというわけではありませんが、発音やイントネーションをお手本としてまねて、何度も繰り返し学習ができるように配慮しています。

（6）バックグラウンドの知識を充実させよう

　TOEFLは、英語力を測定するための試験なので、各分野の専門知識は必要ないというのが前提です。確かに、高度な専門知識は必要ありませんが、例えばアメリカの大学のシステムや、学問分野の入門的知識を知っていれば間違いなく有利に働きます。特に第4章のトピック別対策では、この点を考慮して、さまざまなタイプの関連トピックを取り上げました。特に学問分野別問題では、（1）〜（5）の過程を終えた後は、

MODEL ANSWERだけではなく、英文や講義などからも多くのことが学べると思います。これを足がかりに、**いろいろな分野の見識を広めていくこと**を強くお勧めします。

 5. スピーキングの解答における注意点

（1）秒単位の時間の感覚を身につけよう

　TOEFLスピーキングでは、すべての問題を解くにあたって、秒単位の時間の感覚を身につける必要があります。例えばQuestion 1では質問を聞いた後、15秒で準備をし、頭の中で解答に含めるべきポイントを整理して、45秒で解答しなければなりません。インタビュー形式のようなものではなく、一方的に時間制限内に話さなければならないのです。初めて問題に挑戦するときには、この短い限られた時間でどれだけ話せばいいのか、なかなか要領がつかめないものです。たとえ日本語で同じような形式でやったとしても、やはり短い時間にポイントをまとめて説明するというのはとても難しいことでしょう。そこでこの**秒単位の時間の感覚を身につける**ために、常にストップウォッチを携帯し、「45秒で話す」、「60秒で話す」という訓練を何度も繰り返してください。

（2）くだけた表現の使用は避けよう

　友達や家族に話しかけるような表現や口調は、TOEFLスピーキングの解答にはふさわしくありません。いくら流暢に話しても、あまりにくだけた表現は減点の対象になります。例えば「あなたのお気に入りの親類縁者は誰ですか」と質問されて、次のように解答したとしたらどうでしょうか。

くだけた表現の解答例

> 　You know, my favorite relative is my grandma — definitely! She's always treated me special...I don't think she spoils me, but she's always there when I need to talk to someone, and she always slips me a little money and says "shhh! — it's our secret!"...You know, if I have a fight with my parents, she usually takes my side — not that she undermines them, but she says things like "Kids need to have fun." or "Don't be so hard on her." stuff like that. You know, it's nice to know I always have someone in my corner!

> **訳** ┄┄┄┄┄┄┄┄┄┄┄┄┄┄┄┄┄┄┄┄┄┄┄┄┄┄┄┄┄┄┄┄┄┄┄┄┄┄
>
> あのね、私が好きなのはおばあちゃん、絶対にね。おばあちゃんはいつも私を特別扱いしてくれたし、私のことを甘やかしているとは思わないけど、話し相手が必要なときにおばあちゃんがいつもそこにいてくれるの。おばあちゃんは、「シーッ、これは内緒だよ」って言って、いつもこっそりとお小遣いをくれるしね。あのね、私が両親とけんかしたら、おばあちゃんはたいてい私の味方になってくれて、かといって両親を非難してるってわけじゃないけど、いつも「子供は楽しいことがしたいもんだよ」とか「あの子にそんなにつらくあたっちゃいけないよ」とか、そんなことを言ってくれるの。ねえ、誰かいつも私の味方をしてくれる人がいるってわかっているなんて素敵じゃない。

とても流暢に、文法的な間違いも特になく話しています。悪くはない、具体的なこともしっかりと入れています。ただ4点はあげられないですね。TOEFLスピーキングの解答としては、ややくだけすぎです。友達に話をするならこれでいいですが、you know（あのね）を繰り返したり、臨場感はあるというものの、"shhh! — it's our secret!"はくだけすぎです。その他、訳と比較しながらくだけ具合を感じてください。TOEFLスピーキングの解答としては、修正が必要です。

それから、スラング（俗語）の使用も注意が必要です。特に性や差別や社会的タブーに関係するスラングは使用厳禁です。友達や親しい人の間で使う軽めのスラングが1つ2つ混じったところで、すぐに減点とはなりませんが、使うのはできるだけ控えたほうがいいでしょう。

（3）解答を論理的に組み立てるようにしよう

TOEFLスピーキングの解答は、単なる会話の受け答えではありません。しっかりとした解答を作成するという意識を持つことが重要です。日本人は一般的に論理的な説明が苦手のようです。英語では、ある主張をしたら、それに対するしっかりとした裏づけを提示する必要があります。例えば、「**どんな家に住みたいですか**」という質問に対して、次のように解答したらどうでしょうか。

論理性が欠如した解答例

> I want to live in a big house...umm...My house...my dream house has lots of rooms so I can have a really big...uhm...really big windows with a view of the sea so I can sit there and read or just look out the window

and think...and uhm...it has...it's really modern ´cause I like that style.

> **訳**
>
> 僕は大きな家に住みたいです。えっと、僕の家、僕の夢の家はたくさん部屋が
> あって、本当に大きな、えー、本当に大きな海が見える窓があるように。そしたら
> そこに座って、本を読んだり、窓の外を見たり考えたり、えっと、それは僕が好きな
> 様式なので、本当に近代的です。

　この解答は論理的ではありません。「大きな家に住みたい」ことはわかります。ただ、
「たくさんの部屋があること」と「大きな窓があること」の間がsoという接続詞でつな
がっていますが、意味的にうまくつながっていません。また、最後の「僕が好きな様式
なので、本当に近代的です」は完全に論理性が欠けています。自分の好きな様式だから
近代的というのは、何の理由づけにもなっていないことがわかるでしょう。日本人は
特にこのような理由づけが苦手だと言われています。しかし実際の解答では、具体的
な例や理由を説明することが求められますから、その例や理由が**論理的にしっかりと
つながるように組み立てていく**ことが、高得点を取る重要なカギとなります。

（4）つなぎ語を効果的に使いこなそう

　（3）で述べた「論理的に話すこと」と大いに関係があるのですが、相手が理解しやす
いよう解答に論理的な流れを作るためには、効果的なつなぎ語の使い方をマスターし
ておく必要があります。つなぎ語には接続詞、接続副詞、前置詞句などがあります。少
し具体的に説明しましょう。次の**「優れた上司としての資質は何か」**という質問に対す
る模範解答を見てください。太字部分がつなぎ語です。

つなぎ語を効果的に使った解答例

　Although I have not had very much job experience in my life, I do
work part time at the post office sorting new year's cards at the end of
each year, **so** I feel that I can be a pretty good judge of what makes a
person a good boss.　I think that the most important thing is for a boss
to lead by example.　A boss's punctuality, work ethic, and honesty all set
an example for other workers.　A boss who does not follow his or her
own rules will not be respected by other workers **and therefore** will
not be an effective leader.　**One more important** aspect of being a good
boss is fairness.　Bosses who play favorites or who are stricter with

some employees than others will often be taken advantage of or despised **and therefore** it will be more difficult for him or her to do his job.

訳 ....

　私は人生においてあまり職歴はありませんが、毎年年末には、郵便局で年賀状の仕分けのアルバイトをします。だから、私は、良い上司の資質とは何かということに関して、かなり良い判断ができるように思います。最も重要なことは、上司がお手本になって導くことだと思います。上司は、時間厳守の姿勢、労働倫理、正直さすべてのお手本になる必要があります。自分自身の規則に従わない上司は、他の社員から尊敬されることはないでしょうし、それゆえに、能力のある指導者にはなれないでしょう。優れた上司であることのもう1つ重要な側面は、公平さです。えこひいきをしたり、特定の社員だけにより厳しくするような上司は、利用されたり、さげすまれたりすることが多く、それゆえに、その上司が仕事をすることもより難しくなるでしょう。

although（けれども）、**so**（だから）、**and therefore**（だから）、**one more**（もう1つ）などのつなぎ語を要所に入れることにより解答全体に論理的な流れが生まれています。つなぎ語がなくても減点されることはありませんし、スピーキングの解答は、ライティングとは違いそれほど長くありませんから、つなぎ語を多用する必要はありません。しかし、**効果的に使えばワンランク上の解答が作れる**ようになります。各文の流れと関係が非常に明確に構成されている場合は減点されることはありませんが、常に安定して高得点を狙うためにも、つなぎ語の効果的な使い方をマスターしましょう。

　主なつなぎ語を以下にまとめておきましたので、MODEL ANSWERの中でどのように使われているか、少し意識して見るようにしてください。

第1章　スピーキングの特徴と採点基準

①付け加える

additionally（加えて）
also（さらに）
besides（その上）
furthermore（さらに）
in addition（加えて）
moreover（さらに）

②譲歩する

however（しかしながら）
just the same（それでもやはり）
nevertheless（それでもやはり）
nonetheless（それにもかかわらず）
still（やはり今なお）
yet（それでも）
although（〜けれども）
even though（〜だとしても）
in spite of（〜にもかかわらず）
despite（〜にもかかわらず）

③具体的に詳しく述べる

for example（例えば）
for instance（例えば）
in fact（実際は）
in other words（言い換えれば）
actually（実際は）

④列挙する

first of all（まず最初に）
first（最初に）
second（2つ目に）
third（3つ目に）
next（次に）
for one thing（1つには）
last（最後に）
finally（最後に）

⑤要約する

in short（要するに）
to sum up（要するに）
in conclusion（要するに）

⑥対比する

on the other hand（他方では）
on the one hand（一方では）
instead（代わりに）
in contrast（対照的に）
rather（むしろ）
on the contrary（それに対して）

⑦結果・理由を述べる

because（〜なので）
now that（今や〜だから）
because of（〜なので）
thanks to（〜のおかげで）
due to（〜なので）
therefore（だから）

so（だから）　　as a result（結果として）

for this reason（このような理由で）　consequently（結果として）

---

⑧時を示す

when（～するとき）　whenever（～するときはいつでも）

before（～する前に）　after（～する後に）

as soon as（～するとすぐに）　recently（最近）

these days（最近）　nowadays（最近）

at present（現在）　currently（今のところ）

---

⑨自分の態度を示す

strictly speaking（厳密に言って）　frankly speaking（率直に言って）

to be frank（率直に言って）　to be honest（正直に言って）

put simply（簡単に言うと）　as I see it（私が見る限りでは）

personally（個人的には）

---

⑩話題を転換する

in any case（とにかく）　at any rate（とにかく）

anyway（とにかく）　now（さて）

then（それでは）　by the way（ところで）

---

⑪その他便利なつなぎ語

of course（もちろん）　fortunately（幸いにも）

according to（～によると）　generally（一般的に）

on the whole（概して）　in many cases（多くの場合）

basically（基本的に）　certainly（確かに）

naturally（当然のことながら）　probably（おそらく）

maybe（おそらく）　as a matter of fact（実は）

if（もし～なら）　provided that（～という条件で）

unless（もし～でない限り）　normally（通常は）

that's why（だから～です）　like（～のように）

particularly（特に）　specifically（特に）

in particular（特に）　that is（すなわち）

namely（すなわち）　in effect（事実上）

obviously（明らかに）　usually（たいてい）

as long as（～である限り）　in this case（この場合）

in some cases（ある場合には）

第2章

Chapter 2

スピーキング問題の
徹底分析と対策

■ **Independent：独立型問題**

Question	Tasks	出題形式	出題内容
Question 1	1	スピーキング 意見や立場を選ぶ問題	日常的でなじみ深いもの

■ **Integrated：統合型問題**

Question	Tasks	出題形式	出題内容
Question 2	2	リーディング・リスニング・スピーキングの組み合わせ	大学キャンパス関連
Question 3	3		アカデミックな内容
Question 4	4	リスニング・スピーキングの組み合わせ	アカデミックな内容

Independent Task（独立型問題）対策

形式と内容

形式 スピーキング　意見や立場を選ぶ問題
トピック 日常的でなじみ深いもの

I Question 1 形式　　　　　　　　　問題分析と対策

　これから次の例題を利用して、Question 1の問題の分析と対策を始めます。音声で問題を聞き、15秒の準備時間が終わったらビープ音が鳴ります（音声はこの時点で止める）。ここから45秒の解答に挑戦してみてください。あくまでも例題で形式を知るためのものですから、おおよその流れの感覚がつかめれば分析に進んでください。

1. 問題形式と例題

例　題

スピーキング　（準備：15秒、解答：45秒）　　　　　　　MP3 003

Listen to the following question.
Question: Some students value the skills of living that they learned from family and friends. Others put more emphasis on the lessons that were taught to them in school by their teachers. Which do you think is more important to you and why? Include details and examples to support your choice.
　Begin speaking after the beep.

設問の訳

　家族や友人から学んだ処世術が大切だと思う学生がいます。また先生によって学校で教えられた教訓をより重視する学生もいます。あなたはどちらのほうが、そしてなぜ重要だと思いますか。あなたの選択を立証するために詳細と例を含めてください。

2. Question 1 の徹底分析

（1）出題から解答までの流れ

　最初にナレーターが「**一般的なトピックに関して質問されます。質問を聞いた後、15秒の準備時間、45秒の解答時間が与えられます**」という主旨の指示を与えた後、例題のようなQuestionが読まれます。短いビープ音がなった後、読まれたQuestionが画面に表示されます。そのときに、Preparation time: 15 seconds / Response time: 45 secondsという表示も一緒に現れます。15秒の準備時間が経過すると、再びビープ音がなり、ここから話し始めます。15秒、45秒という時間はスクリーン上でカウントダウン表示されます。

（2）**Question 1 の出題形式と解答のコツ**

　出題されるトピックは、身の回りの一般的なものですが、Question 1の場合は、二者択一問題となっています。例えば、「図書館で勉強するのが好きな学生もいれば、家で勉強するのが好きな学生もいます。あなたはどちらを好みますか。そしてなぜですか」、「近代的なマンションに住むのが好きな人もいれば、伝統的で古い家屋に住むのが好きな人もいます。あなたはどちらを好みますか。そしてなぜですか」というような問題です。普段から一般的なトピックのリストを作成しておいて、選択を聞かれたらこちらを選ぶというような準備が必要になってきます（トピック別実戦演習で詳しく取り上げています）。WritingのIndependent Taskにも同じタイプの質問が出題されますが、あくまでもSpeakingのテストなので、答える内容を極めて簡潔にまとめる必要があります。2つの選択肢のどちらも一理あると思ったとしても、まとまった解答にするためには、必ずどちらか1つを選択して具体的な例を挙げるようにしてください。ほとんどの設問にはInclude specific examples and details（具体的な例や詳細を含めなさい）のような指示が含まれています。必ず具体的な内容についての説明を含めなければならないことを念頭に置いてください。

3. 4 点を取るための解答法

（1）準備：話すポイントをメモ書きする

　たった15秒の準備時間ですが、有効に活用します。メモを取ることが許されていますから、すでに説明したとおり、**(1) topic statement（自分の選んだものは何か）**と**(2) examples & details**（選んだものに関する具体的な例やそれを選んだ根拠など）を簡単に整理しておきます。日本語でも英語でも記号であっても、体裁を気にする必要はありません。**実際に書かなくても、おおよそ準備メモの内容が、話し出す前に頭の中で整理されていればいいということです。**

自分の選択 したもの	・親や友人から学んだことのほうが重要。
具体例と詳細	・親から勤勉さと妥協の大切さを教わる。 ・本当の友人ははっきりと反対意見も言ってくれる。 ・このようなアドバイスは仕事だけではなく社会でも役立つ

このメモ書きに沿って話す訓練をします。

(2)実際の解答：まず自分の選択を示す

　例題は、「親や友人から学ぶほうが大切か、あるいは学校で先生から教えられたことのほうが大切か」という二者択一の問題です。両方選んでうまく時間内にまとめられるならいいですが、そうすると失敗する確率が高いと言えます。なにしろ時間制限が厳しいので、自分の意見を明確に相手に理解してもらうためには、**「どちらもよい」ではなく「AのほうがBよりもよい」というようにはっきりと述べるほうがよいでしょう**。「Bには〜のようなところもあるが、私はやはりAのほうがいい」というように、選ばなかったほうに触れて実際に選んだもののよさを強調する方法もありますが、その場合は選んだほうと選ばなかったほうの優劣をしっかりつけて、「Aのほうがいい」という理由を中心に説明するようにしてください。次のようなものがtopic statement（主旨を含んだ最初の発言）に適しています。

(A) Of course, I've learned many things in school that will be useful for me in my future career, but the things I've learned from the people in my life are far more important. （もちろん、将来の仕事において役立つようなことをたくさん学校で学びしたが、私の周りの人たちから学んだことのほうがはるかに重要です）

(B) The things that were taught in school by our teachers seem to be more useful to me than the things I've learned from family and friends. （私にとっては、学校で先生に教わったことのほうが、家族や友人から学んだことよりももっと役に立つもののように思えます）

(C) The lessons I learned when I was a child are much more important — I think — than the lessons I've learned in school. （子供の頃に学んだ教訓は、学校で学んだ教訓よりもはるかに重要だと思います）

(3)実際の解答：具体例で自分の選択の根拠を示す

　ほとんどの問題に**specific examples and details**という表現が含まれていることはすでに説明したとおりですが、「選んだこと」に対して「なぜそちらを選んだの

か」を具体的に説明しなければなりません。ただ単に「いいと思う」という繰り返しや、具体性に欠けるような遠回しで一般的な発言では評価が低くなってしまいます。親や友人から学んで実際に役立ったことを2つないしは3つぐらい挙げるとよいと思います。「成功して周りの人とうまくやっていくためには、勤勉さと妥協が必要だ」と親から教わったというような具体的なものがいいでしょう。具体的と言っても、Writingのように、1つの内容を深く説明することはできないので、このあたりの感覚も身につけていく必要があります。

4. サンプル解答の採点基準分析

それでは例題に対するサンプル解答を紹介しましょう。サンプル解答を採点基準に照らし合わせながら検討していきます。

《 4点のサンプル解答 》

次のサンプルは4点(満点)のスコアの解答例です。4点ですから、採点基準で示した次の項目を満たしています。

採点項目	評価
①話し方 Delivery	○明瞭(clear)な話し方をしている
	○滑らかな(fluid)話し方をしている
	○不自然なほど遅くならず、自然な速さで話している
	○明瞭な発音で自然なイントネーションで話している
	○不自然な間合いがあったり、詰まったりしていない
②言語の使い方 Language Use	○基本的な文法が正しく使えている
	○より複雑で豊かな文構造が使えている
	○適切な基本語彙表現がうまく使えている
	○幅広く豊かな語彙表現が使えている
③トピックの展開の仕方 Topic Development	○Questionに対して完全に答えている
	○具体性があり、うまくトピックが展開している
	○考えが首尾一貫してうまく表現されている
	○複数の考えがうまく関連づけられている
	○解答時間をほぼすべてうまく使えている

MODEL ANSWER [A]

①**Of course**, I've learned many things in school that will be useful for me in my future career, **but** the things I've learned from the people in my life are far more important. ②My parents, **for example**, have shown me that hard work and compromise are important for success and getting along with others. ③My best friend Marcia taught me that it's OK for friends to disagree. ④She has always helped me recognize my faults as well as my assets. ⑤I think these things I've learned from family and friends will be useful **not only** at work, **but also** in marriage and in society. (104 words)

訳

①もちろん、将来の仕事において役立つようなことをたくさん学校で学びましたが、私の周りの人たちから学んだことのほうがはるかに重要です。②例えば、私の両親は、成功して他人とうまくやっていくには、勤勉さと妥協が重要だということを私に示してくれました。③私の親友のマルシアは友達が同意しないことがあってもいいんだということを私に教えてくれました。④彼女は、いつも私が自分の長所だけではなく欠点にも気づく手助けをしてくれます。⑤私が、家族や友人から学んだこのようなことは、仕事に就いたときだけではなく、結婚しても社会でも役立つだろうと思います。

講評

「学校で学んだことより、周囲の人から学んだことのほうが役に立つ」と最初の段階で自分の選んだ立場を明確にしています。この topic statement のように「〜だけれども、しかし〜」という切り出し方は、時に単に「私はこちらがいい」と述べるだけよりも効果的な場合もあります。for example というつなぎのシグナルをうまく挿入して、両親が教えてくれたことについて具体的に述べています。次に友人によって教えられたことを述べることにより具体例を増やし、「このように周囲の人から教わったことは、いろいろなときに役に立つことだろう」とうまく締めくくっています。これらの点から、Question に対して完全に答えているといえるでしょう。量的にもちょうどよく、45秒をほぼ使い切っています。これ以上具体的につっこむと今度は時間が足りなく、うまく閉められない可能性があるので注意が必要です。文法的な間違いはなく、語彙表現もしっかりしています。My best friend Marcia taught me that it's OK for friends to disagree. という文では、teach 人 that 節（人に〜を教える）という形をうまく使いこなしています。that 節内は it 〜 to do という表現も使っています。not only 〜 but also... という相関接続詞もうまく使いこなしています。「長所」

という意味でassetsというような単語を使っているところからも、ボキャブラリーの豊富さがうかがえます。

MODEL ANSWER [B]

①The things that were taught in school by our teachers seem to be more useful to me than the things I've learned from family and friends. ②I think my parents have tried hard to teach me all kinds of important lessons, **but because** they're my parents, I've always expected them to give me advice like "Do your homework." "Tell the truth." and things like that. ③**On the other hand**, I used to think that a teacher's job was just to teach information. ④**Since** I started high school, **though**, I see that teachers **also** try to help us find our identity. ⑤Their questions have really made me think about what important choices I'll have to make in the future. (118 words)

訳 ....

①私にとっては、学校で先生に教わったことのほうが、家族や友人から学んだことよりももっと役に立つように思えます。②私の両親は、これまで私にあらゆる重要な教訓を一生懸命に教えようとしてきたと思いますが、彼らは私の親なので、私はいつも「宿題をしなさい」とか「本当のことを言いなさい」とかいうような助言をするものだと思ってきました。③一方、先生の仕事は、情報を教えるだけのものだと思っていました。④でも高校に入ってから、先生はまた私たちが自分のアイデンティティーを見つける手助けをしようとしてくれていることに気がつきました。⑤先生が投げかける質問は、将来私がしなければならない重要な選択について真剣に考えさせてくれました。

講評

今回は[A]の解答とは逆の立場で、「周囲の人から学んだことよりも、学校で先生から教わったことのほうが役に立つ」と最初の段階で自分の選んだ立場を明確にしています。どちらの立場を選ばないと間違いということはありません。選んだほうに対する十分具体的な説明ができるなら、問題はありません。実際に自分なら反対の立場のほうを支持したいところだが、解答を作りにくいということから別のほうを選んでもいいのです。Topic Statementに続いて、まずは自分とは逆の立場について触れていますが、うまくまとまっているので、on the other handというつなぎ語の後の本題を引き立てる効果的な役割を果たしています。ただし、選ばないほうに時間を使いすぎて、自分の立場を説明する時間が足りなくなるような事態は避けてください。これ

らの点から、Questionに対して完全に答えているといえるでしょう。全体的には量的にもちょうどよく、45秒をほぼ使い切っています。文法的な間違いはなく、語彙表現もしっかりしています。もっとも主張したいSince I started high school, though, I've seen that teachers also try to help us find our identity.という発言も、sinceという接続詞を使ってうまくつながっています。help 人＋原形の動詞（人が〜するのを手助けする）や、接続副詞though（けれども）の挿入の仕方もうまくできています。最後のTheir questions have really made me think about what important choices I'll have to make in the future.という発言は、人ではなくquestionsを主語にしてmakeという使役動詞をうまく使った英語らしい表現です。choicesにかかるI'll have to makeという関係代名詞の使い方も適切です。

M O D E L   A N S W E R   [C]

①The lessons I learned **when** I was a child are much more important — I think — than the lessons I've learned in school. ②My parents taught me to be responsible for little things like cleaning up after myself, helping with housework, being nice to my friends and the people around me, lending a helping hand to those who are in need, and telling the truth. ③These habits have shaped my personality **and** will stay with me for the rest of my life. ④I know that school is important, **and** I've learned many useful things in school, **but** I think our basic personalities are formed before we even start kindergarten. (110 words)

訳

①子供の頃に学んだ教訓は、学校で学んだ教訓よりもはるかに重要だと思います。②私の両親は、しっかりと後始末をすること、家事の手伝いをすること、友人や周りの人に親切にすること、困っている人に手を差し伸べること、そして本当のことを言うことなど些細なことに責任を持つべきだということを教えてくれました。③このような習慣のおかげで、私の人格が形成されたのです。そして身についた習慣は、生涯私から離れることはないでしょう。④学校が大切で、学校で多くの有益なことを学んだことは分かっていますが、私たちの基本的な人格は、幼稚園に入る前にすでに形成されるものだと思います。

講評

「学校で学んだことより、子供の頃に学んだことのほうが役に立つ」と最初の段階で自分の選んだ立場を明確にしています。特に子供時代に学んだことに重点を置き、両親が教えてくれたことについて具体的な例を列挙しています。little things like 〜の

後に動名詞が5つ並んでいますが、教えられた内容としては十分に具体的だといえるでしょう。そしてそのように教えられたことが、「自分の人格の形成に大きな役割を果たした」というように、具体的にどのように役立ったかについて言及しています。これらの点から、Questionに対して完全に答えているといえるでしょう。量的にもちょうどよく、45秒をほぼ使い切っています。この解答の場合、もう1つ別の具体例を挙げると、時間が足りなくなりうまく収まらない可能性があるので注意が必要です。「人格が形成される」という表現に重複がありますが、shapeとformというように同意語を使って言い替えているので、無駄な感じはしませんし、減点の対象にはなりません。文法的な間違いはなく、語彙表現もしっかりしています。be responsible for（〜に対して責任がある）、clean up after 〜（〜のあとをしっかりと片付ける）、lend a helping hand to 〜（に援助の手を差し伸べる）のような豊かな表現が使いこなせています。These habits have shaped my personality and will stay with me for the rest of my life.のように無生物を主語にした表現もしっかりと構成できる点からして、かなりの文法力も感じられます。最後の結論でうまく時間内にまとめることができました。

5. 3 〜 0点のサンプル解答と講評

3点のサンプル解答

Of course, uh ... I've learned many things in school, and ... and they are useful for me, but the things I've learned from friends and parents is more important. My parents, for example, have told me that hard work is important. It was important for success. Um ... and compromise is important. My good friend Marcia taught me uh ... that ... that it's OK for friend to disagree. She is always good to me. She is always uh ... pointing out my bad points ... as well as my good points. I think these things I've learned from family and friends will be useful.

講評

4点のサンプル解答[A]と比較してみてください。学校で先生に教えられることよりも、家族や友達に教えてもらうことのほうが重要だという主張と、それに対する、具体的な理由が述べられている点では、おおよそQuestionに関しては答えられていると言えるでしょう。ただし、うまくつながっていない箇所があります。まず、My parents, for example, have told me that hard work is important. というように、具体的に両親から教えられたことをあげているのはいいのですが、次のIt was important for success. とうまくつながっていません。「成功するためには重要だ」と言いたいのかもしれませんが、wasという過去形はここには合いません。次のcompromise is important. も唐突でうまくつながっていません。4点の[A]の模範解答では、compromise（妥協）は、for getting along with others（他の人たちとうまくやっていくために）とともに使われているので意味がありますが、単にcompromiseが重要だといってもうまくつながりません。そして、She is always good to me. という発言も流れには不自然です。いくつか文法の間違いも見られます。まずthe things I've learned from friends and parents is のisは、areとしなければなりません。また、it's OK for friendのfriendは複数にする必要があります。発話の途切れが何回かありますが、全体の意味がわからなくなるほどの大きな妨げにはなっていません。以上のような点を総合的に評価して3点となります。

I learn many things ... uh I am a child. It is important. My parents teach me ... uh ... do good things. For example, cleaning my room. helping ... um ... friends. School is important, too. Um ... in school, I learn many things. But I think things from my parents are important.

講評

　4点のサンプル解答[C]と比較してみてください。まずなんとなく全体的にQuestionに関係があることはわかるのですが、聞き手がかなりの努力をしないと意味がうまくつながりません。最後に結論らしきもので締めくくっているので、Questionには答えているのですが、あちこちに不明瞭な箇所があります。ボキャブラリーや文法はかなりシンプルなものだけが使われていて、間違った箇所がたくさん見られます。現在形のみが使われていて、完了形や過去形が使われていないためにうまく内容が表現できていません。具体的な例示や説明もほとんどありません。発話の途切れが頻繁にあり、発音やイントネーションも不明瞭です。以上の点を総合して2点となります。

Uh ... In school teacher is... is good. family and friends...good. And ... Um ... my parents teaching me ... uh ... good, good thing. I ... uh ... I like ... parents. I think friends ... uh ... very, very important. I like parents and friends.

講評

　ほとんど意味が通じません。親や友人から教わったことなのか、それとも学校で先生から教わったことなのか、どちらを支持しているのかさえも分かりません。単純な単語だけを詰まりながら並べているという感じです。基本的な文法もボキャブラリーもほとんど使いこなせていません。発音やイントネーションも不明瞭で、間違いだらけです。採点は1点となります。

《 0点のサンプル解答 》

Uh ... I ... I ... went to school yesterday, and, and ... I talk ... talk my friend...

講評

　ほとんど答えなかったり、まったく無関係な内容について話した場合には0点となります。

第2章

スピーキング問題の徹底分析と対策

　それでは、Question 1形式の練習問題を始めましょう（全5問）。音声で問題を聞き終えた後、15秒でメモを取りながら準備します。15秒でビープ音が鳴りますが、それが解答開始の合図です（この時点で音声を止める）。ここから45秒で解答してください。ビープ音が鳴ると同時にストップウォッチで45秒測ってください。MODEL ANSWERを確認した後、納得がいくまで再挑戦してください。各Exerciseも同じ手順で進めてください。

1. 問題

Exercise 1　　　　　　　　　　　　　　　　　　　MP3 **007**

　　　Listen to the following question.

Question: Some colleges require that students declare a major before they start their freshman year. Other colleges allow students to declare their major up to the end of their freshman year. Which policy do you think is better for freshmen and why? Include details and examples in your answer.

Exercise 2　　　　　　　　　　　　　　　　　　　MP3 **008**

　　　Listen to the following question.

Question: Some people prefer to live in a small town. Others prefer to live in a big city. Which place would you prefer to live in? Use specific reasons and details to support your answer.

Exercise 3　　　　　　　　　　　　　　　　　　　MP3 **009**

　　　Listen to the following question.

Question: Some universities have a policy of pairing students with different personalities and backgrounds as freshman roommates. Other universities try to match students with similar personalities and backgrounds. Which policy do you think is better for freshmen and why? Include specific examples and details in your response.

Exercise 4　　　　　　　　　　　　　　　　　　　MP3 **010**

　　　Listen to the following question.

Question: Some colleges do not allow freshmen who live on campus to have cars. Other colleges allow all students who live on campus to have cars.

Which policy do you think is better for freshmen and why? Give specific details and examples in your answer.

Exercise 5 ▶

Listen to the following question.

Question: Some students work part-time jobs in order to pay for college tuition and expenses. Other students opt to take out student loans so that they can devote all their time and energy to their campus life. Which way of paying tuition and expenses do you think is better and why? Include specific examples and details in your response.

2. 問題文訳と MODEL ANSWER

《 **4点のサンプル解答** 》

次のMODEL ANSWERは4点(満点)のスコアの解答例です。4点ですから、採点基準で示した次の項目を満たしています。

採点項目	評価
①話し方 Delivery	○明瞭(clear)な話し方をしている
	○滑らかな(fluid)話し方をしている
	○不自然なほど遅くならず、自然な速さで話している
	○明瞭な発音で自然なイントネーションで話している
	○不自然な間合いがあったり、詰まったりしていない
②言語の使い方 Language Use	○基本的な文法が正しく使えている
	○より複雑で豊かな文構造が使えている
	○適切な基本語彙表現がうまく使えている
	○幅広く豊かな語彙表現が使えている
③トピックの展開の仕方 Topic Development	○Questionに対して完全に答えている
	○具体性があり、うまくトピックが展開している
	○考えが首尾一貫してうまく表現されている
	○複数の考えがうまく関連づけられている
	○解答時間をほぼすべてうまく使えている

第2章 スピーキング問題の徹底分析と対策

47

次の質問を聞きなさい。

学生に、1年生を始める前に専攻を決定させる大学もあれば、1年生の終わりまで専攻の決定に猶予を与える大学もあります。あなたは1年生にとってどちらの方針がいいと思いますか、またそれはなぜですか。解答に具体的な例と詳細を含めなさい。

準備メモ ▶

質問のポイント：1年時以前に専攻を決定すべきか否かの選択。

解答に含めるべきポイント：

◆選んだ方針：決定したほうがよい。

◆その理由：

1. ほとんどの学生がすでに何を専攻したいかを決めている。
2. あらかじめ専攻を決めることで、向き不向きが早く見極められる。
3. その専攻を続けるなら、有利なスタートが切れる。

MP3 012

MODEL ANSWER

①It sounds like a good idea not to have to choose a major, **but** I think that most freshmen have a pretty good idea of what they want to study. ②**Maybe** some political science majors will become business majors, and vice versa, **but** I think most people will stick to their chosen majors. ③**If** we choose a major before first semester, we have the advantages of finding out right away **if** we don't like that major, or having a head start in taking courses **if** we do like it. ④**Therefore**, I think choosing our major before we start freshman year is better. (102 words)

訳 ⋯⋯⋯⋯⋯⋯⋯⋯⋯⋯⋯⋯⋯⋯⋯⋯⋯⋯⋯⋯⋯⋯⋯⋯⋯⋯⋯⋯

①専攻を選ぶ必要がないほうがいいように思えますが、ほとんどの1年生は、自分が何を勉強したいかに関しては、かなりはっきりとした考えを持っていると思います。②おそらく、政治学の専攻者がビジネス専攻になったり、その逆のようなことはあるかもしれませんが、ほとんどの人は自分が選んだ専攻を続けることでしょう。③最初の学期が始まる前に専攻を選ぶなら、その専攻が好きになれるかどうかをすぐに見つけだすという利点があるし、あるいは本当にその専攻が好きなら、コースを取っていくにあたって先に有利なスタートが切れるという利点があります。④だから私は1年生を始める前に専攻を選んでおくほうがよいと思います。

講　評

　Question 1は選択問題ですから、どちらを選択するかをはっきりと述べる必要があります。最初に「自分が何を勉強したいかに関しては、かなりはっきりとした考えを持っていると思う。」と切り出すことによって、「あらかじめ専攻は決めておいたほうがいい」という選択を支持していることが分かります。同時に、メモの具体的な理由の1つ目「ほとんどの1年生はすでに専攻したいものを決めている」が述べられています。続いて、「あらかじめ専攻が決まっていれば、好きではないと感じたときに切り替えが早い段階でできる」、そして「予測どおりその専攻が気に入ったものであれば、人より有利なスタートが切れる」というメモにある具体的な説明が表現できていて、Questionに対して完全に答えられています。最後のI think choosing our major before we start freshman year is better.で、自分の意見をもう一度確認して、うまく締めくくっています。この表現は、冒頭に使うこともできます。量的にはそれほど多くはありませんが、ポイントが時間内にきっちりと収まっています。特に文法的な間違いは見られません。If we choose a major before first semester, we have the advantages of finding out right away if we don't like that major, or having a head start in taking courses if we do like it.のように、長くて複雑な構文も使えています。長いからといって、聞き手を混乱させるようなつなぎかたではなく、きれいに整理されています。

Exercise 2

設問訳

次の質問を聞きなさい。

　小さな町に住む人が好きな人もいれば、大都市に住むのが好きな人もいます。あなたはどちらに住みたいですか。解答に具体的な理由と詳細を含めなさい。

準備メモ

質問のポイント：小さな町と大都市のどちらに住むことを好むかの選択。
解答に含めるべきポイント：
◆自分の選択：大都市のほうがいい。
◆その理由：小さい町ではやることがない。
　1. 大都市では、買い物、カラオケ、レストランなどの楽しみがある。
　2. 公共の交通も便利で遅くまで運行している。

MODEL ANSWER

①Having lived in both a small town and a large city, I can honestly say that I prefer the big city. ②Small town life is fun for a little while, **but** you soon realize that there is very little to do. ③In the big city, **however**, I can go shopping, go and sing karaoke, **or** go out to a nice restaurant very easily. ④The public transportation is very good and it runs late just like the places of entertainment in the city, which are open late. ⑤City life is just so much more exciting and that's why I prefer living here to living in the country. (109 words)

訳

①これまでの人生で、私は小さい町と大都市の両方に住んできましたが、正直に言って、大都市のほうが好きだといえます。②小さな町の生活はしばらくの間は楽しいのですが、すぐにほとんどやることがないことに気づきます。③しかし、大都市では、買い物に出かけたり、カラオケに行ったり、素敵なレストランにとても気軽に行けたりします。④公共の交通もとても便利で、遅くまで開いている都会の娯楽施設のように、遅くまで運行しています。⑤都会の生活のほうが、ずっとエキサイティングなので、私は田舎よりも都会に住むほうが好きなのです。

講評

　最初に「大都市に住むほうがいい」とはっきりと自分の選択を明確に表現しています。「両方に住んだことがある」ということを軽く付け加えることによって、大都市を支持する根拠がより確かなものになります。メモにある3つの具体的な理由、「小さな町ではすぐにやることがなくなる」、「都会は娯楽もあるし、素敵なレストランもある」、「公共の交通も便利」もすべてうまく表現できているので、Questionに対して完全に答えられています。最後も、自分が選択したほうを確認してうまく締めくくっています。適量か、やや多めですが、時間内に収まっています。特に文法的な間違いは見られません。The public transportation is very good and it runs late just like the places of entertainment in the city, whch are open late.のようにやや凝った複雑な構文も使いこなしています。全体的に、難しいものは見られませんが、適切なボキャブラリーを使っていて、豊かな表現力が感じられます。

Exercise 3

設問訳

次の質問を聞きなさい。

1年生のルームメイトとして、違った性格やバックグランドを持つ学生同士を組み合わせる方針の大学もあれば、同じような性格とバックグランドを持つ学生同士を組み合わせようとする大学があります。あなたは1年生にとってどちらの方針がいいと思いますか、そしてそれはなぜですか。解答に具体的な例と詳細を含めなさい。

準備メモ

質問のポイント：1年生で、ルームメイトを組むとき、性格やバックグランドが同じ人か違う人かどちらを好むかの選択。

解答に含めるべきポイント：

◆自分の選択：性格やバックグラウンドは同じほうがいい。

◆その理由：

1. 1年生は何かとストレスが多いので、ルームメイトは同じタイプの人がいい。
2. アメリカ人より、他の外国の人がいい。

   文化的な相違点に関する問題を分かち合える。

   部外者としてアメリカについて語り合える。

MP3 014

M O D E L   A N S W E R

①An important part of the college experience is meeting and getting to know people who are different from us. ②I think that's great. ③**But when it comes to roommates**, I think the most important thing is to have a roommate that's easy to get along with — that usually means someone with a similar personality and background. ④There's enough stress in freshman year — I think we don't need more stress in our own dorm rooms. ⑤**In my case**, I'm Japanese. ⑥**Therefore**, if I had a foreign roommate rather than an American roommate, we could share our problems with cultural differences **and** share an outsider's perspective on America and American people. (109 words)

訳

①大学での経験の重要な部分は、自分とは違った人々に出会い、知り合うようになることです。②それはとてもよいことだと思います。③しかし、ルームメイトということになれば、最も重要なことは、うまく付き合っていきやすいルーム

メイトを持つことだと思います。つまりそれは、同じような性格やバックグランドを持つ人です。④1年生の時には何かとストレスが多いものです。寮のルームに関してまで、さらにストレスを増やす必要はないと思います。⑤私の場合は、日本人です。⑥だから、アメリカ人のルームメイトより、外国人のルームメイトを持ったとしたら、文化的な相違点に関する問題を分かち合い、アメリカやアメリカ人に関する部外者としての見解を分かち合うことができるかもしれません。

講評

　自分の支持しない選択肢を利用して、「〜ではあるが、私はこう思う」というような表現になっています。冒頭を飾るアクセントとしてはうまい表現法だと言えます。もちろん直接、「私は同じ性格やバックグランドを持った人がルームメイトになって欲しい」と最初に述べてもかまいませんが、メモに項目をまとめた段階で、少し量的にゆとりがあるなと感じた場合は、このように最初に少し付け加えることで、全体的な量を増やすことができます。直接Questionには関係ないとしても、表現の幅という点では評価できます。やや前半がふくらんではいますが、しっかりと自分の意見を述べた後に、「1年生はただでさえストレスが多いのだから、寮に帰ってまでストレスを増やすようなことはしたくない」、そして「アメリカ人以外の外国人とルームメイトになることによって、文化的な相違に関する問題点を分かち合い、部外者としてアメリカについて語り合える」というように具体的な理由を説明しています。この時点で、Questionに対して完全に答えられています。やや多めですが、時間内に収まっているので、問題はないでしょう。特に文法的な間違いは見られません。An important part of the college experience is meeting and getting to know people who are different from us. I think that's great. But 〜の部分は、長くてやや複雑な構造の文＋短く単純な文＋Butという接続詞というように、非常に効果的な表現のつながりが見られます。全体的に、やさしいボキャブラリーを的確に使いこなしています。

Exercise 4

設問訳

　次の質問を聞きなさい。

　キャンパスで生活している1年生に車の所有を認めない大学もあれば、キャンパスで生活しているすべての学生に車の所有を認める大学もあります。あなたは、1年生にとってどちらの方針がよいと思いますか、そしてそれはなぜですか。解答に具体的な詳細と例を含めなさい。

準備メモ

質問のポイント：大学側が、1年生に、キャンパス内で車の所有を認めるか否かの選択。

解答に含めるべきポイント：

◆自分の選択：認めるべきではない。

◆その理由：

1. 学生がキャンパス内で過ごす時間が多いほうがいい。

アルバイトに出かけたり、学外での付き合いを増やすよりも学内で多くの時間を過ごして友情を築く。

学内の活動に加わる。

大学のコミュニティの一部になる。

2. 車を使えない不便さはあるが、公共の交通が利用できる。

3. この機会を逃すと他の学生と交流が持ちにくくなる。

MP3 015

M O D E L   A N S W E R

①I would imagine that, with the policy that doesn't permit freshmen living on campus to have cars, the colleges are trying to keep freshmen on campus **so that** they build friendships, become involved in campus activities, **instead of** just rushing off to part-time jobs after class, or having an off-campus social life without making friends with their classmates. ②**Generally** I think it's a good policy. ③**Of course**, the inconvenience is that students can't easily get to shopping malls, **but** I think buses and other forms of public transportation are available for those times. ④**If** a student doesn't get involved in campus life in freshman year, chances are it won't happen later. (111 words)

訳

①大学としては、キャンパスで生活している1年生に車の所有を認めない方針を打ち出すことによって、1年生が、放課後にアルバイトに急いで出かけたり、クラスメイトと友達にならずに学外での付き合いをする代わりに、友情を築き、学内の活動に加わることができるように、彼らをキャンパス内にとどめておきたいのだという気がします。②一般的に、私はそれは良い方針だと思います。③もちろん学生が、気軽にショッピングモールに出かけて行ったりすることができないという不便さはありますが、その時間帯には、バスやその他の公共の交通も利用できますから。④もし学生が1年生のときにキャンパス生活に関わらなければ、後になって、そのようなことに参加できる機会はなくなってしまいます。

　最初に、大学が、1年生がキャンパス内で車を所有することを禁止するとしたら、おそらくこのような理由だろうという説明から入り、「私はこの方針を支持する」と明確にどちらを選択しているかを示しています。この最初の時点で、「放課後に車でバイトに出かけたり、学外での交友関係を広げるかわりに、1年生の間はキャンパス内で、友達を作ったり、学内の活動に参加したりするほうがいい」という1つ目の具体的な理由を説明しています。そして、メモにある「車がなくても公共の交通が使える」、そして「キャンパス生活を体験する大切な機会」という具体的な理由も付け加えています。これで、Questionに対して完全に答えているといえるでしょう。適量か、やや多めですが、時間内に収まっています。特に文法的な間違いは見られません。最初の文は、長すぎるかもしれませんが、聞いていて理解できないような複雑さではなく、具体的な例も含まれていて分かりやすい流れになっています。全体的に、多彩な表現が見られます。

Exercise 5

設問訳

　次の質問を聞きなさい。

　学費や生活費を稼ぐためにアルバイトをする学生がいます。また自分のすべての時間とエネルギーを大学生活に費やすことができるように学生ローンを借りる学生もいます。あなたは、学費や生活費の支払い方法としてどちらがよいと思いますか。そしてそれはなぜですか。解答に具体的な例と詳細を含めなさい。

準備メモ

質問のポイント：バイトをして学費や生活費を稼ぐべきか、学生ローンを借りて大学生活に専念するべきか、どちらを好むかの選択。

解答に含めるべきポイント：

◆自分の選択：学生ローンを借りるべきである。

◆その理由：

　1. バイトをしているとキャンパス内で過ごせる時間が少なくなる。

　　　他の学生との交流の時間がほとんどない。

　　　スポーツやクラブ活動に参加する機会が減る。

　　　学生特有ののんきな生活も楽しめない。

　2. 学生ローンを借りても、卒業して就職すれば返済していける。

　3. 貴重な学習時間が取られてしまう。

MODEL ANSWER

①**Although** it's probably more expensive in the long run, I think that for most students taking out a student loan is better than working a part-time job. ②Students with part-time jobs may miss out on after-class discussions with other students, sports and club activities, and just generally enjoying their relatively care-free college years. ③It may seem intimidating to start your life at 22 with a large debt, **but in fact**, most students will get good-paying jobs and can make easy low-interest monthly payments on their loans after graduation. ④Having to work a part-time job could **also** take away from valuable study-time.（101 words）

訳 ‥‥‥‥‥‥‥‥‥‥‥‥‥‥‥‥‥‥‥‥‥‥‥‥‥‥‥‥‥‥‥‥‥‥‥

①長い目で見れば、おそらくより高くつくことになるでしょうが、ほとんどの学生にとって、アルバイトをするより学生ローンを借りたほうがよいと思います。②アルバイトをしている学生は、放課後の他の学生との交流やスポーツやクラブ活動に加わる機会を逃しているかもしれませんし、そしてまた一般的に、比較的のんきな学生時代を楽しみ損ねているかもしれません。③大きな借金を抱えて、22歳から人生を始めるというのも恐ろしいことのように思えるかもしれませんが、実際は、ほとんどの学生は、卒業後は、給料のよい仕事に就き、毎月返済しやすい低金利のローンを支払っていくことになるでしょう。④また、アルバイトをしなければならないことにより、貴重な学習時間が取られてしまうかもしれません。

講評

　最初に、「学生ローンを借りたほうがいい」という自分の意見を明確に述べています。「長い目で見れば高くつくだろうが」という前置きから始めて、うまくつなげています。次に「他の学生と交流したり、スポーツやクラブ活動に参加する時間が減るし、大学生活というのんきな時期も楽しめない」という具体的な理由を説明しています。また別の理由として「学生ローンは低金利で就職すれば十分返済していける」という理由を付け加えています。「22歳で多額の借金を抱えて人生を始めるのも恐ろしいかもしれないが」という前置きの表現も効果的です。そして、最後に「貴重な学習時間が取られてしまう」というメモの3つ目の理由を出して、締めくくっています。これで、Questionに対して完全に答えているといえるでしょう。やや多めですが、時間内に収まっています。特に文法的な間違いは見られません。全体的に、やや長めで複雑な構造の文をうまく使いこなしています。miss out on、intimidating、low-interest monthly paymentなどレベルの高いボキャブラリーも的確に使いこなしています。

Integrated Task（統合型問題）対策 1

形式と内容

Question 2

形式 ①リーディング→②リスニング（会話）→③スピーキング
トピック 大学キャンパス関連

■ Question 2 形式

問題分析と対策

　これから次の例題を利用して、Question 2の問題の分析と対策を始めます。まずストップウォッチで45秒を設定し、与えられた英文を読みます。45秒後、音声をオンにして、メモを取りながら会話を聞き、続いてQuestionを聞いた後、書きとめたメモを見ながら30秒で解答の準備をします。この間音声はオンにしておいてください。30秒後にビープ音が鳴りますから、ここで音声を止めると同時に、60秒で解答してください。この60秒もストップウォッチで正確に計るようにしてください。

1. 問題形式と例題

例　題

リーディング

Directions: The Health Center is planning to make changes in the health fees. Read the notice from the Health Center. Begin reading now.

A Notice from the Health Center

The Health Center will be offering flu vaccinations for $15 at the start of next month. There is a limited supply so be sure to sign up for an appointment as soon as possible. Last flu season vaccinations were free, but due to a reduction in student fees, there will be a charge for certain medical services that formerly were free. Also, there has been an increase in the cost of the medicines from the pharmaceutical company. As a result, there will be an additional $5 charge on all prescription medicine dispensed by the Health Center.

リスニング   MP3 017

Now listen to two students discussing the notice.

M: That's a pretty good deal.

W: What do you mean? They increased the price of the vaccine and now we have to pay additional fees for some health services.

M: It's still cheaper than if you went to the hospital to have it done. I hear that they charge $80 per vaccine. We are saving a ton of money just by using the health center. Also, prescription medicine is still less than half the price of what the pharmacy downtown is charging you.

W: I guess you're right. It just doesn't seem fair that we have to pay a semester health fee and now we are going to have to pay even more.

M: Either way you look at it we are still benefiting from it. You don't have to go get a flu shot if you don't want one, and we aren't going to have to pay an increased health fee next semester. The only time it costs you more is if you get sick, and that seems pretty fair to me.

W: Yeah, maybe to you but I always end up getting sick this time of the year.

M: Well, then I suggest that you start wearing some warmer clothing and try using an umbrella.

スピーキング （準備：30秒、解答：60秒）

Question: The man expresses his opinion of the notice from the Health Center. State his opinion and explain the reasons he gives for holding that opinion. Begin speaking after the beep.

リーディング   訳

　ヘルスセンターでは保険料の変更を計画しています。ヘルスセンターからのお知らせを読みなさい。それでは始めなさい。

ヘルスセンターからのお知らせ

　ヘルスセンターは来月の初めから、15ドルでインフルエンザの予防接種を提供する予定でおります。提供できる量に限りがありますから、できるだけ早く予約を入れるようにしてください。昨年のインフルエンザシーズンの予防接種は無料でしたが、授業料の引き下げのために、一部の治療行為が有料化することになります。また薬品会社の薬価の値上げもありました。結果としてヘルスセンターによって販売される処

方薬のすべてに5ドルの追加料金が発生することになります。

リスニング　会話訳

そのお知らせについての2人の学生の会話を聞きなさい。

M: まあ、かなり納得できるものだけどね。

W: どういうつもりなの。予防接種の価格も値上げしたっていうし、今度は医療サービスの一部にも追加料金を支払わなくちゃいけないのよ。

M: それでも病院に行ってやってもらうよりは安いだろう。1回予防接種してもらうのに病院なら80ドルかかるそうだよ。ヘルスセンターを利用するだけで、かなりのお金を節約していることになるんだよ。それに、処方薬だって、街の薬局で取られる価格の半分以下で済むんだよ。

W: あなたの言う通りかもしれないけど、学期ごとに保険料を支払わなければならないなんてフェアーじゃないし、今度はもっと支払わなくちゃならなくなるのよ。

M: 君がどういう見方をしても、僕たちがまだ恩恵を受けていることは間違いないからね。もしインフルエンザの予防接種が受けたくないなら、受けなくていいんじゃないの。そうしたら、来学期の値上がりした保険料も払わなくて済むだろう。病気になったときだけちょっと多く支払えばいいんじゃないの。僕にはそれで公平だと思えるけどね。

W: うん、多分あなたにとってはね。でも私、この時期にはいつも調子を崩すのよね。

M: じゃあ、もっと温かい服装をして、傘を持ち歩くようにしてみたら。

スピーキング　設問の訳

男性は、ヘルスセンターからのお知らせについて意見を述べています。彼の意見を述べて、彼がそのように考える理由を説明しなさい。

2. Question 2 の徹底分析

(1) 出題から解答までの流れ

まず英文を読んで、次に会話を聞いた後に、Questionに答えます。最初にナレーターが「大学のキャンパス関連の短い英文を読んで、同じトピックに関する会話を聞きます。英文と会話の両方からの情報を使って設問に答えます。質問を聞いた後、30秒の準備時間、60秒の解答時間が与えられます」という主旨の指示を与えた後、「ヘルスセンターでは保険料の変更を計画しています。ヘルスセンターからのお知らせを読みなさい。それでは始めてください」という指示が流れます。ここで、英文を読み始めます。始まると、コンピュータの画面の上に時計が現れ、残り時間がわかります。この45秒が経過すると、英文は画面から消えて、会話を交わしている2人の学生の写真が現れます。そしてナレーターが「お知らせについて話している2人の学生の会話を

聞きなさい」と告げた後に会話が始まります。会話が終わると、写真が消えてNow get ready to answer the question.（それでは解答する準備をしてください）という表示に切り替わります。次にQuestionが画面に現れ、ナレーターがそれを読みます。そのときに、Preparation time: 30seconds / Response time: 60 secondsという表示も一緒に現れます。「準備を始めてください」、「話し始めてください」という指示に順に従います。いずれも、コンピュータ画面上の時計で、残り時間が確認できるようになっています。30秒の準備時間が経過すると、再びビープ音が鳴り、ここから話し始めます。

（2）Question 2の出題形式と解答のポイント

　Question 1とは違い、実際に話し始めるまでに随分多くのプロセスがあります。Question 2に出題されるトピックは、Campus-related（大学キャンパス関連）のものです。まず最初に100字前後の英文を読みますが、これは学費やカリキュラム、あるいは大学各部署からのシステム変更のお知らせなどで、Announcement from the University President（大学学長からのお知らせ）のようなタイトルがついています。続いてこれに関して、2人の学生の会話を聞くことになります。Questionの内容は、「お知らせの内容に対するどちらか一方の学生の意見をまとめたうえで、なぜその学生はそう考えるのかを説明させる」というものです。英文を読むときも、会話を聞くときもメモを取ることが許されています。英文は、45秒たつと画面から消えてしまいますから、重要なポイントは必ず書き留めておいて、話すときに利用しましょう。**会話を聞いているときも、それぞれの学生が、このお知らせについてどのような意見を持っているか、あるいはなぜそのような意見を持っているのかを聞き取って、書き留めておかなければなりません。**解答時間の60秒は、Question 1よりも少し長めで、理想的な解答の語数は、100 〜 120語といったところでしょう。120語以上はかなり難しいと思います。それにある程度の語数さえクリアしておけば、後は語数が多ければいいというものではありません。100語前後でうまくポイントがまとめられていればOKです。**解答の中に、（1）お知らせの主旨がはっきり示されていること、（2）問われているほうの学生の意見がはっきり示されていること、（3）その意見を持っている理由がはっきりと示されていることが重要です。**

3. 4点を取るための解答法

（1）準備：ナレーターの指示を参考に

　「英文を読みなさい」という指示が出る前に、The Health Center is planning the changes in the health fees.（ヘルスセンターは、保険料の変更を計画しています）というように、**ナレーターが英文のポイントに簡単に触れるのでしっかりと聞き取っておきましょう。**実際に「始めてください」という指示があって読み始めますが、英文は

短めでおおよそ75 〜 100語前後です。これを45秒で読むわけですが、読む速度が遅い人にとってはかなり不利です。**余裕を持って読みこなせ、しかもポイントをメモ書きできるぐらいまで訓練しておく必要があります。**大学のキャンパスでよく使われるようなボキャブラリーに習熟しておく必要はありますが、特に難解な単語が出題されるわけではありません。

(2) 準備：「お知らせ」の主旨をメモにまとめる

「英文を読んでメモを取る」といっても、あまり細かいところまで書き取る必要はありません。実際の解答では、どちらかの学生の意見とその理由をメインにまとめていくわけですから、この英文では主なポイントだけが理解できていれば十分です。とりあえずは、次の例のように「**お知らせ**」の主旨がしっかりとわかる程度のものでいいのです。

英文のメモの例

英 語

◆**Notice from HC**
+ **flu vaccinations for \$15 — free last year**
  Due to red. in fees & increase in the cost of medicines.
+ **charge for part of medical care**
+ **\$5 charge for Rx**

日本語

◆ヘルスセンターからのお知らせ
+ インフルエンザ予防接種有料化
  —学費値下げ、薬価の値上げが原因
+ 一部の治療有料化
+ 処方薬も値上げ

(3) 準備：お知らせの主旨を念頭に置いて会話を聞く

英文を読む45秒が終わると、次に2人の学生の会話を聞きます。このときに大切なのは、英文で読み取った「ヘルスセンターでは、インフルエンザの予防接種やその他の医療サービスが有料化される予定」という**お知らせの主旨を念頭に置く**ことです。メモは英語でも日本語でも、自分にわかりやすいほうでかまいません。すぐに話し出しやすいように英語でメモをしておくほうが効率的と考える場合はそれもよいでしょ

う。会話では、お知らせの主旨などに対して賛成か反対か、そしてその理由は何かについて話されるはずです。実際に会話を聞いてポイントのメモを取ると次のようになります。

会話のメモの例

英 語

◆M: A good deal
Reasons: Cheaper than going to the hospital

◆W: Unfair
Reasons: have to pay a semester health fee & pay even more

日本語

◆男性の意見：インフルエンザ予防接種や一部の医療サービスの有料化は妥当
その理由：多少お金を払ったとしても、病院に行くより安い。十分な恩恵は受けている。

◆女性の意見：有料化は不当
その理由：学期ごとの保険料も払っていて、さらに値上げされるのは不当。

これだけ押さえておけば、明確に解答することができるはずです。会話を聞き終えるまでは、どちらの学生の意見について問われるかわかりませんから、このように両方の意見と理由を簡単にメモしておくとよいでしょう。

（4）準備：メモを使って解答を組み立てる

30秒の準備時間を使って、これから話す解答を組み立てます。**限られた時間で英文と会話のメモを整理し、質問のポイントは何かを理解し、解答に含めるべきポイントを整理しなければなりません。**先に読んだ英文に関するメモから「保険料の値上げが実施される」というお知らせの主旨がわかるので、これに関する男性の意見を会話の内容のメモから取ってきて準備メモとしてまとめます。自分で解答の流れがわかるようにポイントを簡単に書きとめておくか、頭の中で整理しておきましょう。人に見せるのではなく、自分で理解できればいいので、日本語でも英語でも記号であっても、体裁を気にする必要はありません。

第2章 スピーキング問題の徹底分析と対策

質問のポイント：男性がお知らせについてどのような意見を持っているか。

解答に含めるべきポイント：

◆保険料の値上げはなお妥当。

◆妥当と考える根拠：

　1. インフルエンザの予防接種の価格は、病院のほうが65ドル高い。

　2. ヘルスセンターの処方薬は街の薬局の半額で購入できる。

◆保険料の値上げに反対する女性へのアドバイス：

　1. 値上げされる保険料を払う必要はない。

　2. 予防接種料金だけ、あるいは病気になったときにだけ薬代を払うだけでもよい。

　3. 暖かい服装をして、常に傘を持ち歩き、病気の予防に努める。

(5)実際の解答：男性の意見とその理由付け

　頭の中で、準備メモのような内容が整理できていれば、次は解答を話し始めます。「お知らせについて男性がどのような意見を持っているか」という質問の意図に対して、**まず明確に答えます**。「男性は、保険料の値上げに対して妥当だと考えている」という意味の発言ができていればOKです。例えば、最初の発言は次のようになります。

The man says that he feels the increase of health fees is still a good deal.（男性は、保険料の値上げはなお妥当であると思うと述べています）

　次に「男性がそのような意見を持つ理由は何か」を具体的に述べる必要があります。男性が保険料の値上げが妥当だと考えている主な理由としては、「値上げがあったとしても病院に行くよりはるかに安いこと」と「処方薬も半額で購入できる」の2つが、次のように入っていればOKです。

The man points out that the cost of an influenza shot is $65 more at a hospital.（男性は、インフルエンザの予防接種の価格は、病院のほうが65ドルも高いことを指摘しています）

He also says that prescription medicine at the health center is half the price of what it is at the downtown pharmacy.（彼はまた、ヘルスセンターの処方薬は街の薬局の半額で購入できるとも述べています）

　まずはここまでしっかり解答の中で発言できれば高得点が望めます。ただ、これだけでは、解答時間の60秒を埋めるにはやや短いので、「女性は男性の意見に反対していること」や「女性に対するアドバイスなど」、あるいは英文のお知らせから、「保険料を値上げの原因が、授業料の引き下げや、薬品会社の薬価の値上げにある」という情報

について少し触れてもいいと思います。ただしこれは、男性が今回の保険料の値上げ措置が妥当だと考えている直接的な理由ではないことに注意してください。したがってこれについてはまったく触れていなくても大丈夫です。

4. サンプル解答の採点基準分析

　それでは例題に対するサンプル解答を紹介しましょう。サンプル解答を採点基準に照らし合わせながら検討していきます。

◀ 4点のサンプル解答

　次のサンプルは4点(満点)のスコアの解答例です。4点ですから、採点基準で示した次の項目を満たしています。

採点項目	評価
①話し方 Delivery	○明瞭(clear)な話し方をしている
	○滑らかな(fluid)話し方をしている
	○不自然なほど遅くならず、自然な速さで話している
	○明瞭な発音で自然なイントネーションで話している
	○不自然な間合いがあったり、詰まったりしていない
②言語の使い方 Language Use	○基本的な文法が正しく使えている
	○より複雑で豊かな文構造が使えている
	○適切な基本語彙表現がうまく使えている
	○幅広く豊かな語彙表現が使えている
③トピックの展開の仕方 Topic Development	○Questionに対して完全に答えている
	○具体性があり、うまくトピックが展開している
	○考えが首尾一貫してうまく表現されている
	○複数の考えがうまく関連づけられている
	○解答時間をほぼすべてうまく使えている

MODEL ANSWER [A]

①The man says that he feels the increase of health fees is still a good deal. ②The woman disagrees **but** ... um ... the man points out that the cost of an influenza shot is $65 more at a hospital. ③He **also** says that prescription medicine at the health center is half the price of what it is at the downtown pharmacy. ④He **also** reminds her that they are not going to have to pay for an increased health fee **and** ... and only have to spend the money on the shot **if** they want, or pay for medicine only when they get sick. ⑤He suggests that she be better prepared for weather conditions by dressing warmly and bringing an umbrella. (117 words)

訳

①男性は、保険料の値上げはなお妥当であると思うと述べています。②女性は反対の意見ですが、男性は、インフルエンザの予防接種の価格は、病院のほうが65ドルも高いことを指摘しています。③彼はまた、ヘルスセンターの処方薬は街の薬局の半額で購入できるとも述べています。④彼はまた、学生が、値上げされる保険料を払う必要はないし、望むなら予防接種料金だけ支払ったり、病気になったときにだけ薬代を払ったりすればいいんだと女性に指摘しています。⑤また、女性が暖かい服装をして、常に傘を持ち歩くことによって、もっと気象条件に備えるようにと勧めています。

講評

　最初に「男性は、保険料の値上げはなお妥当であると思うと述べている」と発言して、男性の意見を明確にしています。これでまずQuestionの最も重要なポイントに答えています。次に、「インフルエンザの予防接種の価格は、病院のほうが65ドルも高い」と「ヘルスセンターの処方薬は街の薬局の半額で購入できる」という2つの具体的な理由を挙げているので、この時点でQuestionの要求には応えたといえるでしょう。ただし、ここで終わると60秒にしては短い解答になってしまうので、「女性へのアドバイス」などをうまく引用して、バランス良く時間内にまとめています。英文のお知らせや会話の中に出てきたボキャブラリーをうまく使っていて、基本的な文法の間違いもありません。単純な構造の表現だけでなく、He also says that prescription medicine at the health center is half the price of what it is at the downtown pharmacy. のように、やや高度で複雑な構造の表現も見られます。つなぎの言葉をうまく使い、解答の組み立てや流れにも首尾一貫性があり、不自然な箇所がありません。

MP3 019

M O D E L   A N S W E R [B]

①The man thinks that the changes in the health fees are still a good deal for the students. ②He says that **even though** they have to pay $15 for a flu shot, it is still cheaper than the $80 that a hospital would charge. ③**In addition**, the flu shot is optional, **so** you don't have to get one **if** you don't want to. ④In terms of the $5 increase in prescription medicine, he says that it is still half the price of medicine at the local pharmacy. ⑤The woman disagrees with the man ... **because** she often gets sick. ⑥The man suggests that she try to prevent illness by wearing warmer clothing and using an umbrella. (115 words)

訳 ⋯⋯⋯⋯⋯⋯⋯⋯⋯⋯⋯⋯⋯⋯⋯⋯⋯⋯⋯⋯⋯⋯⋯

①男性は、保険料の変更があってもなお、学生にとっては妥当なものだと考えています。②インフルエンザの予防接種に15ドル支払ったとしても、病院でかかるだろう80ドルよりもずっと安いと述べています。③その上、インフルエンザの予防接種は任意のものなので、打ちたくなければ打たなくてもいいのです。④処方薬が5ドル上がる件に関しても、町の薬局の半額で購入することができると述べています。⑤女性は、よく病気になるので、男性の意見には反対しています。⑥男性は、女性が温かい服装をして、傘を携帯することによって病気の予防に努めるのがよいと提案しています。

講評

[A]の解答と同様に、最初に「男性は、保険料の変更があってもなお、学生にとっては妥当なものだと考えている」と発言して、男性の意見を明確にしています。これでまずQuestionの最初の要求をクリアしました。次に、「インフルエンザの予防接種に15ドル支払ったとしても、病院でかかるだろう80ドルよりもずっと安い。」と「処方薬が5ドル上がる件に関しても、町の薬局の半額で購入することができる。」という2つの理由を挙げているので、この時点でQuestionに対して完全に答えています。[A]と表現は異なっても、「病院に行くより安い」と「値上げがあってもまだ町の薬局で買うより安い」という2つのポイントはしっかりと含まれています。また[A]と同様に「女性へのアドバイス」などをうまく引用して、バランス良く時間内にまとめています。英文のお知らせや会話の中に出てきたボキャブラリーを、言い替えた表現と上手に組み合わせながらうまく使いこなしています。even though、in addition、so などのつなぎの表現もうまく流れを演出しています。基本的な文法の間違いもありません。単純な構造の表現だけでなく、In terms of the $5 increase in prescription medicine, he says that it is still half the price of medicine at the local pharmacy. のように、や

や高度で複雑な構造の表現も見られます。the $80 that a hospital would chargeの関係代名詞のthatもさりげなくうまく使えています。全体的に首尾一貫性があり、不自然な箇所がありません。

5. 3 〜 0点のサンプル解答と講評

〈 **3点のサンプル解答** 〉

> The man thinks ... uh ... that the increase of health fees is no problem. The woman disagree but ... um ... the man says that flu vaccinations ... are more expensive at a hospital. And ... and uh ... medicine of health center is cheaper than ... than the downtown pharmacy. He tells her that they don't have to pay for ... a increased health fee. She can buy medicine when they get sick. He also tells her to get warm and bring a umbrella.

講 評

　4点のサンプル解答[A]と比較してみてください。男性がこのお知らせについてどのように思っているかについては、最初に「保険料の値上げは問題ないと男性は思っている」と答えています。そして続けて、それに対する、具体的な理由が述べられている点で、おおよそQuestionに関しては答えられているといえるでしょう。全体的な流れもまずまずですが、文法的な間違いが見られます。まず、The woman disagreeというところで、動詞の3人称単数の-sが抜けています。 それから、medicine of health center is cheaper than ... than the downtown pharmacy. というところでは、比較の対象がずれています。これでは、「薬」と「薬局」を比較することになり、論理的ではありません。at the downtown pharmacyのように前置詞をつけるなどの工夫が必要です。それから、a increased health feeやa umbrellaは、それぞれan increased health fee, an umbrellaというように不定冠詞はanにしなければなりません。発話の途切れも結構あり、発音やイントネーションにもやや不明瞭なところがありますが、全体の意味がわからなくなるほど大きな妨げにはなりません。以上のような点を総合的に評価して3点となります。

《 **2点のサンプル解答** 》

The man says ... that change of ... of health fee are good. They, they are ... cheaper than hospital. I don't want to ... want increase medicine, it is cheaper medicine ... uh ... pharmacy. Woman often is ... uh ... sick. The woman wear cloth and she has an umbrella.

【講評】

　4点のサンプル解答[B]と比較してみてください。まずなんとなくQuestionに関係があることは、全体的にわかるのですが、聞き手がかなりの努力をしないと意味がうまくつながりません。かろうじてキーワードらしきものをつなげていて、なんとなくQuestionには答えているのですが、あちこちに不明瞭な箇所があります。ボキャブラリーや文法はかなりシンプルなものだけが使われていて、たくさん間違った箇所が見られます。具体的な例にも触れようとしていることはわかりますが、間違いが多すぎて意味を伝達できるところまではいきません。発話の途切れが頻繁にあり、発音やイントネーションも不明瞭です。以上のような点を総合して2点となります。

《 **1点のサンプル解答** 》

Um ... the health is not problem. The man ... is cheap medicine ... is good. He thinks it's good. Uh ... but ... um ... the man say her buy ... uh ... buy medicine. Because ... because she is sick. She likes uh ... cheap medicine ...

【講評】

　ほとんど意味が通じません。healthやmedicineなどのキーワードらしきものを使っていますから、なんとなく関係のあることを述べようとしていることはわかりますが、基本的な文法力や表現力がほとんど身についていないので、聞き手が努力をしても理解はできません。単純な単語だけを詰まりながら並べているという感じです。発音やイントネーションも不明瞭で、間違いだらけです。採点は1点となります。

《 **0点のサンプル解答** 》

I think ... I think her ... her problem. The man ... the man say ...

　ほとんど答えなかったり、まったく無関係な内容について話した場合には0点となります。

　それでは、Question 2形式の練習問題を始めましょう（全3問）。まずストップウォッチで45秒を設定し、与えられた英文を読みます。45秒後、音声をオンにして、メモを取りながら会話を聞き、続いて問題を聞いた後、書きとめたメモを見ながら30秒で解答の準備をします。この間音声はオンにしておいてください。30秒後にビープ音が鳴りますから、ここで音声を止めると同時に、60秒で解答してください。この60秒もストップウォッチで正確に計るようにしてください。MODEL ANSWERを確認した後、納得がいくまで再挑戦してください。各Exerciseも同じ手順で進めてください。

1. 問題

Exercise 1

リーディング

Narrator: The dormitory is recruiting resident advisors. Read the notice about RA positions. Start reading it now.

A Notice from the Dean of Students

　We are now accepting applications for 120 dormitory resident-advisor positions for the coming 2021-2022 school year. To qualify for an R.A. position, you must be able to submit a letter of recommendation from a faculty member who knows you well through in-class academic performance or participation in extra-curricular activities. The position comes with a tuition reduction of 20% as well as a small monthly stipend of $200.00. Detailed information about the duties and responsibilities involved in being an R.A. is available along with application forms in the Office of the Dean of Students in Collins Hall, Room 201. Applications must be submitted by April 1st, 2021.

リスニング　　　　　　　　　　　　　　　　　　　　**MP3 020**

　Now listen to two students discussing the notice.

スピーキング

Question: The man states his opinion about being a Resident Advisor. State his opinion and the reasons he gives for holding that opinion.

Narrator: The university is planning to make new curriculum changes. Read the notice about the curriculum change. Start reading it now.

A Notice from the Academic Dean

In accordance with new curriculum changes proposed by a joint faculty-student committee, and approved by the Administration, students may now opt to take the Business Ethics 101 course in the Business Department rather than the Ethics 101 course currently offered by the Philosophy Department in fulfillment of the core curriculum requirement of 3 credits in ethics. Students may also opt to take Basic Accounting 101 to fulfill the requirement of 3 credits in mathematics or logic. While the University strongly believes that every student should graduate with a solid foundation in the Arts and Sciences, we also recognize that, in some cases and for some students, applied rather than theoretical knowledge may be more relevant to their fields of study and their future careers.

Now listen to two students discussing the notice.

Question: The woman expresses her opinion about the new curriculum change. State her opinion and the reasons she gives for holding that opinion.

Narrator: The two grade options are explained in the catalogue. Read the excerpt from the catalogue. Start reading it now.

An Excerpt from a University Catalogue

1) Every student may exercise the option to receive a Pass or Fail grade rather than a letter grade in one course during the student's matriculation. Approval must be obtained in writing from the student's Department Chairperson, and the student must notify the Registrar's Office by the fifth

week of regular classes. Only the grade Pass (P) or Fail (F) will appear on the student's transcript.

2) Every student may exercise the option to withdraw from a course without penalty during the first four weeks of regular classes. No record of this withdrawal will appear on the student's transcript. If a student withdraws after the fourth week, however, grade Withdrawal (W) will appear on the student's transcript.

リスニング   **MP3 022**

Now listen to two students discussing the excerpt from the catalogue.

スピーキング

Question: The man states his opinion on the two grade options. State his opinion and the reasons he gives for holding that opinion.

2. 問題文訳と MODEL ANSWER

《 4点のサンプル解答 》

次のMODEL ANSWERは4点(満点)のスコアの解答例です。4点ですから、採点基準で示した次の項目を満たしています。

採点項目	評価
①話し方 Delivery	○明瞭(clear)な話し方をしている
	○滑らかな(fluid)話し方をしている
	○不自然なほど遅くならず、自然な速さで話している
	○明瞭な発音で自然なイントネーションで話している
	○不自然な間合いがあったり、詰まったりしていない
②言語の使い方 Language Use	○基本的な文法が正しく使えている
	○より複雑で豊かな文構造が使えている
	○適切な基本語彙表現がうまく使えている
	○幅広く豊かな語彙表現が使えている

第2章 スピーキング問題の徹底分析と対策

	○Questionに対して完全に答えている
③トピックの展開の仕方 Topic Development	○具体性があり、うまくトピックが展開している
	○考えが首尾一貫してうまく表現されている
	○複数の考えがうまく関連づけられている
	○解答時間をほぼすべてうまく使えている

Exercise 1

設問訳

男性は、寮監になることについて意見を述べています。彼の意見と、その意見を持つ理由を述べなさい。

準備メモ

質問のポイント：寮監になることについての男性の意見とその理由。

解答に含めるべきポイント：

◆男性の意見：寮監になることに賛成。

◆その理由：

1. 職務にそれほど時間をとられることはない。

2. そんなに多くの問題が起こることはない。

3. 男性の経験—遅くまで音楽を聴いていた学生がいたがすぐに解決した。

4. 新入生に関してもちょっとした世話程度のもの。

◆女性の意見：寮監になることをためらっている。

◆その理由：応募資格はあるが、職務のリストを見ていると大変そう。

MP3 023

M O D E L   A N S W E R

①The woman is worried about the responsibilities involved in being an R.A., **so** she's hesitating to apply for an R.A. position **even though** she meets all the requirements for the job. ②The man tries to reassure her that actually the job isn't so time-consuming **and** doesn't involve so much disciplining or counseling of the dorm residents. ③He gives the example of his own dorm floor to show that there was only one problem with a student listening to music after-hours — **and** it was easily solved. (84 words)

> **訳** ----------
>
> ①女性は、寮監になることで負わされる責務について心配しています。だから彼女は、たとえ、その職のすべての必要条件を満たしていたとしても、寮監の職に志願することをためらっています。②男性は、彼女に、実際は、それほど時間を取られる仕事ではないし、寮生に対するしつけやカウンセリングもそれほど多くはないと元気づけようとしています。③彼は自分の寮のフロアの例を挙げ、定時が過ぎてもある学生が音楽を聞いているという1つの問題が発生したが、それは簡単に解決したと説明しています。

講評

　英文には、寮監募集の案内と条件、そして応募方法が書かれていることを確認しメモしておきます。次に2人の学生の会話を聞いて、それぞれの意見とその理由をまとめます。Questionは、男性の意見とその理由を尋ねているので、これを中心にまとめた上で、女性の意見も少し補助的に付け加えるとバランスの良い解答になります。解答では、まず最初に「女性は、寮監になることで負わされる責務について心配している」、「だから彼女は、寮監の職に志願することをためらっている」という前置きから始めていますが、これで時間を取られすぎて、肝心の男性の意見について述べられないということになってしまうと、得点がもらえないので注意が必要です。解答では、「男性は、実際はそれほど時間を取られる仕事ではないし、寮生に対するしつけやカウンセリングもそれほど多くはないと元気づけようとしています」という次の一文でポイントをうまくまとめ上げています。さらに自分の具体的な経験について「自分の寮のフロアの例を挙げ、定時が過ぎてもある学生が音楽を聞いているという1つの問題が発生したが、それは簡単に解決したと説明している」と付け加えています。これでQuestionの要求にしっかりと応えているといえるでしょう。量的にはやや少なめですが、ポイントはしっかりととらえています。The man tries to reassure her that actually the job isn't so time-consuming and doesn't involve so much disciplining or counseling of the dorm residents. のように、やや複雑な構造を用いて、ポイントを一気にまとめ上げているところから、解答者のレベルの高さがわかります。解答の組み立てや流れにも首尾一貫性があり、不自然な箇所がありません。handholding という表現を doesn't involve so much disciplining or counseling of the dorm residents というように言い替える表現力が備わっています。

リーディング　**訳**

ナレーター：寮は寮監を募集しています。寮監の仕事に関するお知らせを読みなさい。それでは始めなさい。

学生部長からのお知らせ

　来る2021～2022学年度の120名の寮監の志願者を受け入れています。寮監になる資格としては、学業成績や課外活動の参加を通じてあなたのことをよく知っている教職員の推薦状を提出できなければなりません。寮監になると、月額200ドルの固定給がもらえるだけでなく、授業料20%減額が受けられます。寮監になることの任務や責任に関する細かい情報は、コリンズ・ホールの201号室の学生部長室にある申請用紙に書かれています。申請は、2021年の4月1日までに提出されなければなりません。

リスニング　**会話のトランスクリプト**

M: I'm thinking of applying to be an R.A. next year, but I haven't decided who I should ask to recommend me.

W: I was gonna apply, since I have a 3.5 and I could easily get a recommendation from Professor Gibson, but when I saw the list of duties and responsibilities, I had second thoughts. I mean ... I'm not sure I could handle having to counsel students and solve roommate problems, or break up parties and that kind of stuff. You're practically on duty all the time!

M: I know it sounds really intimidating but when you think about it, how many really big problems have there been on your floor this year? On my floor, we had one guy who kept playing music during quiet hours, but after 2 or 3 warnings, he stopped. And with freshmen, I think it's just kind of handholding...you know, they feel stressed and want someone to talk to.

W: I guess you're right. Maybe I will apply after all!

会話訳 ....

　そのお知らせについての2人の学生の会話を聞きなさい。

M: 来年は、寮監に応募しようと考えているんだけど、誰に推薦を頼むべきかまだ決めていないんだ。

W: 私も応募しようと思ってたんだ。成績は3.5だから、ギブソン先生から推薦状は簡単にもらえると思うけど、職務と責任のリストを見たとき、ちょっとためらったわ。つまり、学生の相談に乗ったり、ルームメイトの問題を解決したり、パーティをお開きにしたりなんて、そんなこと私にはできそうにないわ。事実上ずっと当番をしていることになるのよ。

M: 本当にすごいことのように聞こえると思うけど、ちょっと考えてみてよ、今年、君のフロアで本当に大きな問題なんていったい何回発生した？僕のフロアでは、静かな時間帯に、音楽を演奏し続けるやつがいたけど、2、3回警告したら、彼はやめたしね。1年生は、ちょっとした世話があるだけだよ。彼らはストレスを感じていて、誰か話し相手が欲しいんだよ。

Exercise 2

設問訳

女性は、新しいカリキュラムの変更について意見を述べています。彼女の意見と、その意見を持つ理由を述べなさい。

準備メモ

質問のポイント：新しいカリキュラムについての女性の意見とその理由。

解答に含めるべきポイント：

◆女性の意見：倫理学101かビジネス倫理学101を選択できるのは賛成。

◆その理由：倫理学の理論が理解できない学生が多いから。個人的には倫理学の理論を学びたい。

◆参考事項：大学側は、倫理学101かビジネス倫理学101のどちらでも、必修科目の単位として認める方針を採用する。

◆男性の意見：アリストテレスのような高いレベルの倫理学の理論を学ぶより、ビジネス倫理学を学びたい。

MP3 024

MODEL ANSWER

① The college is now allowing students an option to take their ethics requirement either in the Philosophy Department, **where** it involves the study of Ancient Greek philosophers like Aristotle, **or** in the Business Department, **where** it seems to involve more practical problems in the business world. ② **While** the man is happy that he can take Business Ethics, the woman would prefer to study ethical theories. ③ Her opinion, **however**, is that having a choice is good, **especially because** some students have trouble understanding theoretical problems in philosophy classes. (87 words)

訳

①現在、大学は、アリストテレスのような古代ギリシャの哲学者を扱う哲学科でも、実務社会でもっと実用的な問題を扱うビジネス科でも、どちらでも倫理学の必要単位を取得することを許可しようとしています。②男性は、ビジネス倫理を取ることができればいいと思っていますが、女性は倫理学の理論を勉強したいと考えています。③しかしながら、特に、哲学の授業の理論的な問題を理解するのに苦労する学生もいるので、選択ができることはいいことだというのが彼女の意見です。

　英文には、解答に必要な多くのポイントが書かれています。カリキュラムに関する新しい方針として、必修科目の倫理学3単位を取得するために、哲学科の倫理学101だけではなく、ビジネス科のビジネス倫理学101でもいいし、基礎会計学101でもいいというのが英文のポイントです。この要点は必ずメモしておきたいものです。実際、解答の冒頭の「現在、大学は、アリストテレスのような古代ギリシャの哲学者を扱う哲学科でも、実務社会でもっと実用的な問題を扱うビジネス科でも、どちらでも倫理学の必要単位を取得することを許可しようとしている」という部分は、英文の内容からまとめられます。Questionは、女性の意見とその理由を尋ねているので、これだけでは当然不十分ですが、解答の導入部分としてはよくできています。次に、男性はビジネス倫理学を、女性は倫理学の理論を学びたいと付け足した後で、いよいよポイントとなる内容が最後にまとめ上げられています。結局女性は、このようにカリキュラムの選択の幅が広がったことには賛成しており、「倫理学の理論が難しすぎて理解できない学生がいるから」というのがその理由です。これでQuestionの要求にしっかりと応えているといえるでしょう。適量で時間内に収まっています。文法的な間違いはありません。複雑な構造を用いた長めの文が多いですが、内容がうまく整理されているので、内容は明確に伝わります。解答の組み立てや流れにも首尾一貫性があり、不自然な箇所がありません。

ナレーター：大学は新しいカリキュラムの変更を計画しています。カリキュラムの変更についてのお知らせを読みなさい。それでは始めなさい。

学部長からのお知らせ

　教職員・学生合同委員会によって提案され、経営陣によって認可された新しいカリキュラム変更に従って、3単位の倫理学の必修科目の必要条件を満たすために、現在哲学科によって提供されている倫理学101のかわりに、ビジネス科のビジネス倫理学101をとる選択をしてもよいことになります。学生はまた数学や論理学の3単位の必要条件を満たすために、基礎会計学101をとる選択をしてもよいことになります。大学は、すべての学生が、文系と理系の確固たる基盤を持って卒業するべきだという強い確信を持っていますが、われわれはまた、ある場合には、そしてある学生にとっては、理論上の知識というより、応用知識のほうが、彼らの研究分野や将来の職業にとってはより適切なこともあると認識しています。

M: I'm so glad I don't have to study Aristotle and all that confusing old philosophy from ancient Greece and Rome. I'm a business major, so I'd much rather discuss the kinds of real ethical problems that we'll come across in our jobs when we graduate.

W: Not me. I'm an English Lit. major and I'm here to broaden my horizons — you know, not just get practical job skills. I like the idea of studying different theories of ethics.

M: Hey, I'm not saying that the ethics requirement is a waste of time. It's just that some people — like me — get more out of the courses that we can relate to. I mean, Aristotle's important — there's no argument there — but some of us just don't have the interest, or maybe the aptitude to study all that high-level theoretical stuff. I'd rather study Business Ethics.

W: I can see your point. What good are these philosophy courses where the students can't even understand what the professor is talking about? I think it's good that we have a choice now.

M: Yeah, me too.

会話訳

そのお知らせについての2人の学生の会話を聞きなさい。

M: 古代ギリシャやローマのアリストテレスやあのややこしい古い哲学を勉強しなくてすむなんて本当にうれしいよね。僕はビジネス専攻だから、卒業して仕事に就いたときに出くわすような実際上の倫理問題の類についてもっと討議したほうがいいと思うんだ。

W: 私はそうはいかないわ。私は英文学専攻だから、単に実用的な職業上の技術を習得するためじゃなくて、自分の視野を広げるためにここにいるのよ。私は、倫理学の違った理論を勉強するという考えは好きよ。

M: ねえ、別に僕は、倫理学の必修が時間の無駄だと言っているわけではないんだよ。僕のような人たちは、自分の専攻に関連しているコースからより多くのことを学ぶほうがいいということだよ。つまり、アリストテレスは重要で、そこに議論の余地はないと思うけど、僕たちの中には、単に興味がない人がいるし、またあんなふうにあらゆる高いレベルの理論を研究する適正がない人もいるんだ。僕は、ビジネス倫理の勉強をしたいね。

W: あなたの言うことはわかるわよ。学生が、教授が話していることについて理解することさえできないようなら、このような哲学の講義が何の役に立つというの？今、選択できるようになってよかったと思うわ。

M: うん、僕もそう思うよ。

Exercise 3

設問訳

男性は、2つの成績のつけ方の選択のことについて意見を述べています。彼の意見

と、その意見を持つ理由を述べなさい。

準備メモ

質問のポイント：2つの成績のつけ方に関する男性の意見とその理由。

解答に含めるべきポイント：

◆男性の意見：合格・不合格という成績のつけ方が選べるシステムに賛成。学期の初め
　に講義に出て気に入らなければやめることができるシステムに賛成。

◆その理由：合否の成績のつけ方だとGPAが下がらない。統計学の授業で体験済み。
　Fをつけられずに、講義や教授が気に入るかどうか、難しすぎないかどうかの見極め
　ができる。

MP3 025

M O D E L   A N S W E R

①The first grade option is the option to receive only a Pass/Fail grade instead of a letter grade in one course. ②The man likes this option and **in fact** he used it in a course — I think it was statistics — **when** he thought a bad grade like a C would bring down his GPA. ③The other option is the option to withdraw from a course within a limited time at the beginning of a semester. ④The man likes this option **because** students don't really know **if** they'll like a course or the professor — **or if** it'll be too difficult — **when** they sign up for it. ⑤This option lets students avoid getting an 'F' in courses like that.（117 words）

訳 ....

①最初の成績に関する選択は、ある講義を受けたときに、文字の表示の代わりに、合格・不合格の成績を受け取るという選択です。②男性は、この選択を好んでいて、実際に、Cのような悪い成績をとって成績評価点平均を下げてしまうかもしれないと思ったとき、ある講義で—これは統計学だったと思いますが—この成績表示を利用したことがありました。③もう1つの選択は、学期の初めの限られた期間内に講義から抜ける選択です。④男性は科目登録するときに学生が講義あるいは教授が好きになるかどうか、あるいは難しすぎやしないかということが実際にはわからないので、この選択を気に入っています。⑤この選択のおかげで、そのような講義で、学生はFを取ることを避けることができるのです。

講評

　英文から、成績のつけ方に関する2つの選択システムが読み取れます。1つ目は、成

績をABCのような文字でつけてもらうか、合格・不合格でつけてもらうかを選択できるシステムです。もう1つは、4週目までなら、コースの受講を罰則なしにやめることができるというシステムです。Questionは、この2つのシステムに関する男性の意見をまとめることを要求していますから、この時点でしっかりとメモを取っておきましょう。次に会話を聞くと、それぞれのシステムに関して、男性が賛成していることがわかります。そして理由も述べていますから、ポイントをメモすることを忘れないでください。解答では、1つ目のシステムを説明した後に、「Cのような悪い成績をとって成績評価点平均を下げてしまうかもしれないと思ったとき、この成績表示を利用したことがあった」と具体的な理由となるものを述べています。次に、2つ目のシステムについて説明した後、「科目登録するときに、学生が、講義あるいは教授が好きになるかどうか、あるいは難しすぎやしないかということが実際にはわからない」、「この選択のおかげで、学生はFを取ることを避けることができる」と具体的な理由となるものを述べています。これでQuestionの要求にしっかりと応えているといえるでしょう。女性は単にこのシステムについて質問しているだけなので、解答に含めたほうがよいところはありません。適量で時間内に収まっています。文法的な間違いはありません。内容がうまく整理されていて、理解しやすくまとめられています。解答の組み立てや流れにも一貫性があり、不自然な箇所がありません。

リーディング **訳**

ナレーター：カタログは2つの成績の付け方に関する選択が説明されています。カタログの抜粋を読みなさい。それでは始めなさい。

大学カタログからの抜粋

1) 学生の入学許可申請中に取るコースでは、文字の成績ではなく合否の成績を受ける選択ができます。その学生の学科長から、書面で許可を得なければなりません。そして学生は、通常授業の5週目までに、科目登録オフィスに知らせなければなりません。成績表には、合否の成績だけが表示されます。

2) すべての学生は、通常授業の最初の4週目までは、罰則なしにそのコースをやめるという選択ができます。学生の成績表には、受講停止の記録は表示されません。仮に、4週目以降に、受講停止をすれば、学生の成績表には、受講停止が表示されます。

リスニング **会話のトランスクリプト**

W: Do you know anything about the Pass/Fail option? I just read about it in the catalogue.

M: Yeah. Actually, I took a Pass/Fail last semester in my Statistics class. It was really tough, and I figured the best I could get was a C. I didn't want that to bring down my G.P.A.

W: So, people use it when they're expecting a bad grade? That makes sense, I guess.

M: Yeah, but you can only do it once.

W: I was also reading about the withdrawal policy. Why does it go on your transcript after the fourth week?

M: Well, you're supposed to withdraw if you think the course will be too tough or if it's not what you expected or if you don't like the professor. It's meant to avoid an F, not to erase one. That's why it shows up on your transcript if you withdraw after the fourth week.

会話訳 ···

カタログの抜粋についての2人の学生の会話を聞きなさい。

W: 合格・不合格の選択に関して何か知ってる？それについて、カタログで読んだところなんだけど。

M: うん、実は、僕は先学期の統計学の授業を、合否の方式で取っていたんだ。それは本当に難しかったから、せいぜいCがもらえたらいいところだと思ったんだ。そのせいで、成績平均値を下げたくなかったんだ。

W: 悪い成績しかとれないと予測しているときに、その方式を利用するといいのね。それなら意味がわかるわ。

M: うん、でも1回しかできないんだよ。

W: 受講をやめてもいい方針についても読んだけど、どうして4週目以降は、それが成績表に載るのかな。

M: まあ、その講義が難しすぎるか、期待していた内容とは違ったとか、教授が好きじゃないようなときに、受講をやめてもいいことになっている。それは、Fを抹消するためじゃなくて、それを避けるための措置なんだ。そういうわけで、4週目以降に受講をやめたら、それが成績表に表示されるんだよ。

Integrated Task（統合型問題）対策 2

形式 ①リーディング→②リスニング（講義）→③スピーキング
トピック アカデミックな内容

I **Question 3 形式** 　　　　　　　　　　　**問題分析と対策**

　これから次の例題を利用して、Question 3の問題の分析と対策を始めます。まずストップウォッチで45秒を設定し、与えられた英文を読みます。45秒後、音声をオンにして、メモを取りながら講義を聴き、続いてQuestionを聞いた後、書きとめたメモを見ながら30秒で解答の準備をします。この間音声はオンにしておいてください。30秒後にビープ音が鳴りますから、ここで音声を止めると同時に、60秒で解答してください。この60秒もストップウォッチで正確に測るようにしてください。

1. 問題形式と例題

例　題

リーディング

Now read the passage about two types of statuses. Start reading it now.

Ascribed Status and Achieved Status

　All human beings, as individuals, belong to a variety of social groups, and within those groups we all have a status and a role to fulfill. Our status is defined as our relative social position within a group. Statuses can vary from culture to culture, but in all societies, statuses are either achieved or ascribed. Achieved statuses are acquired by doing something. A firefighter can become a hero by saving lives, or a person can become a criminal by committing a crime. Ascribed statuses, on the other hand, are the result of being born into a particular family or being born, for example, a male or a female. They are not the result of a decision or choice made by the individual.

MP3 026

Now listen to part of the lecture in a sociology class.

So, class, today let's consider the concept of status. When we hear expressions like 'status symbol,' we tend to think of status as a higher social position. Remember, however, that social status in this case usually refers to only one kind of status, that is, economic status. In sociology, we are interested in all kinds of statuses. Everyone in this class has both an achieved status and an ascribed status. Your achieved status is that of 'college student'—you took certain actions and met certain requirements which earned you this status. Your gender, however, was not your choice. You were simply born into it. American society generally emphasizes achieved statuses, and rejects the notion that ascribed statuses should give one member of society an advantage over any other member of society.

スピーキング （準備：30秒、解答：60秒）

Question: Explain the difference between achieved status and ascribed status, using the examples given in the professor's talk. Begin speaking after the beep.

リーディング　　訳

2種類の地位についてのパッセージを読みなさい。それでは始めなさい。

個人として、あらゆる人間は、さまざまな社会集団に属しており、この集団の中で、われわれはみんな、地位や果たすべき役割を担っている。われわれの地位というものは、集団内での総体的な社会的位置づけとして定義されている。文化によって、地位の捉え方はさまざまであるが、あらゆる社会に置いて、地位というものは、獲得的なものか生得的なものかのどちらかである。獲得的地位とは、何かをすることによって獲得されるものである。消防士は、人の命を救うことによって英雄になることがあり、人は罪を犯すことにより罪人になることもある。一方、生得的地位とは、ある特定の家系に生まれついたとか、例えば男か女のいずれかに生まれついたという結果である。この地位は、個人ができる決定や選択の結果ではない。

リスニング　　講義訳

社会学の講義の一部を聞きなさい。

さてみなさん、今日は地位の概念について考えてみることにしましょう。「ステータスシンボル」というような表現を耳にすると、ステータスを社会的に高い地位のことの

ように捉えがちです。しかし、この場合の社会的地位とは、つまりたいていは、たった1つの種類の地位、経済的地位のことだけを指していることを覚えておいてください。社会学でわれわれが興味を抱いているのはあらゆる種類の地位のことです。このクラスのみんなは、獲得的地位と生得的地位の両方を持っています。あなたたちの獲得的地位とは、大学生という地位です。あなたたちは、その地位を獲得するために、ある行動を取り、ある必要条件を満たしたのです。しかし、あなたの性別はあなたの選択によるものではありません。あなたは、単にその性に生まれついただけなのです。アメリカ社会は一般的に獲得的地位を重視し、生得的地位が社会のある一員に他の人たちよりも優位性を与えるという考え方を受け入れようとしません。

スピーキング **設問の訳**

教授の講話の中で示された例を用いて、獲得的地位と生得的地位の違いを説明しなさい。

2. Question 3 の徹底分析

(1)出題から解答までの流れ

Question 2 と同様に、まず英文を読んで、次に講義を聞いた後に、Question に答えます。最初にナレーターが「学問教科関連の短い英文を読んで、同じトピックに関する話を聞きます。英文と話の両方からの情報を使って設問に答えます。質問を聞いた後、30秒の準備時間、60秒の解答時間が与えられます」という主旨の指示を与えた後、「生得的地位と獲得的地位についての英文を読みなさい。読むために与えられた時間は45秒です。始めてください」という指示が流れます。ここで、英文を読み始めます。始まると、コンピュータの画面の上に時計が現れ、残り時間がわかります。この45秒が経過すると、英文は画面から消えて、クラスで講義をしている写真が現れます。そしてナレーターが「社会学におけるこのトピックに関する講義を聞きなさい」と告げた後に講義が始まります。講義が終わると、写真が消えて Now get ready to answer the question.（それでは解答する準備をしてください）という表示に切り替わります。次に Question が画面に現れるとともにナレーターによっても読まれます。そのときに、Preparation time: 30 seconds / Response time: 60 seconds という表示も一緒に現れます。「準備を始めてください」、「話し始めてください」という指示に順に従います。いずれも、コンピュータ画面上の時計で、残り時間が確認できるようになっています。30秒の準備時間が経過すると、再びビープ音がなり、ここから話し始めます。

(2)Question 3 の出題形式と解答のポイント

Question 2 と同様に、実際に話し始めるまでに随分多くのプロセスがあります。Question 3 に出題されるトピックは、academic subject（学問教科）です。まず最

初に100字前後の英文を読みます。これは、ある学問教科のあるトピックを取り上げたものですが、専門知識がないと読みこなせないようなものではありません。英文にはAscribed Status and Achieved Status（生得的地位と獲得的地位）のようなタイトルがついています。ある学問教科の分野における見解、理論、法則、原則、概念などが含まれており、後に続く教授の講義の中では、さらに具体的な例とともにやや詳しく説明されます。**核となる見解や法則などを明確に説明した後、具体的な例との関連性を説明する問題です。**英文を読むときも、講義を聞くときもメモを取ることが許されています。英文は、45秒たった後で画面から消えてしまいますから、重要なポイントは必ず書き留めておいて、話すときに利用します。講義を聞いているときも、**それぞれの学生が、ここで話されているテーマについてどのような意見を持っているのか、あるいはなぜそのような意見を持っているのか**を聞き取って書き留めておかなければなりません。理想的な解答の語数は、100 ～ 140語といったところですが、100語に少し足りないぐらいでも、ポイントをはずしていなければいいでしょう。140語はかなり速く流暢によどみなく話さなければ難しいと思いますが、ある程度の語数さえクリアしておけば、あとは語数が多ければいいというものではありませんから、100語前後でうまくポイントがまとめられていればOKです。**解答の中に、(1)核となる見解や法則などが明確に説明されていること、(2)具体的な例との関連性が説明されていることが重要です。**

3. 4点を取るための解答法

(1)Question 3に出題される英文の特徴

　リスニングやリーディングのセクションと同じように、スピーキングセクションにも学問教科関連の講義が出題されます。読むための時間は45秒なので、時間内に講義のポイントをつかみとってメモに残すようにするのは、Question 2と同じです。キャンパストピックが出題されるQuestion 2よりも難しく感じる人が多いようですが、学問教科がトピックだといっても、それほど難解で専門的なものではありません。得意な分野が出ればよく読めるけれど、不得意な分野が出るとさっぱり読めないというような声をよく耳にすることがあります。もちろん、学問の背景知識は重要です。TOEFLに出題されるような学問分野に関しては、ある程度の背景知識をつけておいたほうが圧倒的に有利だといえると思います。しかし、これはあくまでも英語の試験であって、他の学問分野の知識を問うものではありません。つまり「背景知識がないからできない」という言い訳は通用しません。しっかりとした英語力が身についていれば対応できるということを覚えておいてください。

(2)準備：ポイントを押さえて英文のメモを取る

　Question 2の場合と同じように、メモを取る際に、あまり細かいところまで書き取

る必要はありません。ただし、講義のトピックの核になる見解や理論といくつかの例が理解できるようなものは必要です。実際の解答では、必然的に英文からよりも教授の講義の中から取り入れる部分が多くなるので、英文を読むときにはポイントだけを押さえておけば十分です。例えば次の例程度のメモでいいでしょう。

■英文のメモの例

英 語

> ◆Achieved status
> ―Acquired by doing something
> 　Ex. hero by saving lives, criminal by committing a crime
> ◆Ascribed status
> ―Cannot be chosen by the individual
> 　Ex. male or female

日本語

> ◆獲得的地位
> 　生まれた後に獲得
> 　例）英雄や犯罪者
> ◆生得的地位
> 　生まれながらに定められている
> 　例）男性か女性か

（3）準備：英文のポイントを念頭に講義のメモを取る

　英文を読む45秒が終わると、次に教授の講義を聞きます。このときに大切なのは、**英文で読み取った「獲得的地位と生得的地位の違い」を念頭に置くこと**です。この場合、いちいち「獲得的」とか「生得的」というような日本語も簡単に思いつかないでしょうから、英語でメモをしておくほうが効率的かもしれません。英語でも日本語でも自分にとって都合の良いやり方を選んでください。講義では、英文に書かれていたポイントを繰り返すとともに、achieved status と ascribed status の定義と具体例が説明されるはずです。実際に講義を聞いてポイントのメモを取ると次のようになります。

講義のメモの例

英 語

◆social status = economic status
/ sociology — interested in all the statuses
◆achieved status
Ex. college student
◆ascribed status
Ex. gender
◆American society emphasizes achieved status.

日本語

◆社会的地位＝経済的地位
社会学—すべての地位を扱う
◆獲得的地位
例）大学生
◆生得的地位
例）性別
◆アメリカ社会—獲得的地位重視

　これだけ押さえておけば、明確に解答することができるはずです。**自分でわかるな
ら、もっと省略した記号を使ってもいいでしょう。**ただし、あまり多くのことをメモし
すぎて、話すときの妨げにならないように注意してください。

(4)解答の組み立て：英文メモと講義メモから解答をまとめる

　30秒の準備時間を使って、これから話す解答を組み立てます。まず、英文のメモと
講義のメモから、achieved status と ascribed status の違いをまとめることができ
ます。後は、具体的な例をその中から取り出して説明します。例題では、「教授の講義
の中の例を用いて説明しなさい」という指示があるので、メモに書き留めた例を解答に
含めるようにします。解答の流れがわかるようにポイントを簡単に書きとめます。自
分で内容が理解できればいいので、日本語でも英語でも記号であっても、体裁を気にす
る必要はありません。

準備メモ 》

質問のポイント：achieved status と ascribed status の違いは何か。

解答に含めるべきポイント：

◆2つのstatusの違い：獲得的地位が選択することができるのに対し、生得的地位は選択できない。

◆獲得的地位の具体例：ある条件を満たし、ある決断をする人が、大学生という地位を獲得する。

◆生得的地位の具体例：人が生まれついたときに備わっているもので、性別の違いがこれにあたる。

◆アメリカ社会での傾向：

1. 一般的に、アメリカ社会は、生得的地位よりも獲得的地位をより重視する。
2. 生得的地位に基づいて差別されることを嫌う。

(5)実際の解答プロセス

　頭の中で、準備メモのような内容が整理できていれば、次は解答を話し始めます。**「achieved status と ascribed status の違いは何か」**という質問の意図に対して、まず明確に答えます。**「獲得的地位が選択することができるのに対し、生得的地位は選択できない」**という意味の発言ができていればOKです。例えば、最初の発言は次のようになります。

The professor says that the difference between achieved status and ascribed status is that achieved status can be chosen, but ascribed status cannot. （獲得的地位と生得的地位の違いは、前者が選択することができるのに対し、後者は選択できないということだと教授は述べています）

　次に教授の講義に出てくる具体的な例を解答の中に入れる必要があります。achieved status の例としては「大学生であること」、ascribed status の例としては「生まれたときに性別が決まっていること」を入れる必要があります。次のような発言が含まれていればいいでしょう。

A person who meets certain requirements and makes certain decisions earns the status of being a college student. （ある条件を満たし、ある決断をする人が、大学生という地位を獲得します）

The professor gave the example of gender as an ascribed status. （教授は生得的地位として性別の例を挙げていました）

　まずはここまでしっかり発言できれば高得点が望めます。解答時間の60秒を埋め

るにはやや短いと感じた場合は、講義の中で触れられているように「アメリカ社会では獲得的地位を重視する」や「生得的地位により、社会のある一員が特権を与えられるようなことを嫌う」というようなことを付け加えてもいいでしょう。ただし、具体的な例を挙げることなしに、このことだけについて触れるのはよくないので、注意してください。

4. サンプル解答の採点基準分析

それでは例題に対するサンプル解答を紹介しましょう。サンプル解答を採点基準に照らし合わせながら検討していきます。

《 4点のサンプル解答 》

次のサンプルは4点(満点)のスコアの解答例です。4点ですから、採点基準で示した次の項目を満たしています。

採点項目	評価
①話し方 Delivery	○明瞭(clear)な話し方をしている
	○滑らかな(fluid)話し方をしている
	○不自然なほど遅くならず、自然な速さで話している
	○明瞭な発音で自然なイントネーションで話している
	○不自然な間合いがあったり、詰まったりしていない
②言語の使い方 Language Use	○基本的な文法が正しく使えている
	○より複雑で豊かな文構造が使えている
	○適切な基本語彙表現がうまく使えている
	○幅広く豊かな語彙表現が使えている
③トピックの展開の仕方 Topic Development	○Questionに対して完全に答えている
	○具体性があり、うまくトピックが展開している
	○考えが首尾一貫してうまく表現されている
	○複数の考えがうまく関連づけられている
	○解答時間をほぼすべてうまく使えている

MP3 027

M O D E L   A N S W E R   [A]

①The professor says that the difference between achieved status and ascribed status is that achieved status can be chosen, **but** ascribed status cannot. ②He says that an achieved status is something that is earned, **for example** a person who meets certain requirements **and** makes certain decisions earns the status of being a college student. ③ Ascribed status is something that people are sometimes born into. ④ The professor gives the example of gender as an ascribed status. ⑤A person can't choose to be born as a male or female. ⑥**Generally speaking**, American society tends to put more emphasis on achieved statuses than ascribed statuses **and** discourages discrimination on the basis on ascribed statuses. (113 words)

訳 ‥‥‥‥‥‥‥‥‥‥‥‥‥‥‥‥‥‥‥‥‥‥‥‥‥‥‥‥‥‥‥‥‥‥‥‥‥‥‥

①獲得的地位と生得的地位の違いは、前者が選択することができるのに対し、後者は選択できないということだと教授は述べています。②彼は、獲得的地位とは、獲得されるもので、例えば、ある条件を満たし、ある決断をする人が、大学生という地位を獲得すると述べています。③生得的地位とは、時に人が生まれついたときに備わっているものです。④教授は生得的地位として性別の例を挙げています。⑤人は、男女のどちらに生まれるかを選択することはできません。⑥一般的に、アメリカ社会は、生得的地位よりも獲得的地位をより重視する傾向にあり、生得的地位に基づいて差別されることを嫌います。

講 評

　最初に「獲得的地位と生得的地位の違いは、前者が選択することができるのに対し、後者は選択できないということだと教授は述べている」と発言して、achieved status と ascribed status の違いを明確にしています。これでまず Question の最初の要求をクリアしました。次に、「獲得的地位とは獲得されるもので、例えばある条件を満たしある決断をする人が大学生という地位を獲得する」と「教授は生得的地位として性別の例を挙げており、人は男女のどちらに生まれるかを選択することはできない」というように、講義の中に登場した具体例を入れているので、この時点で Question に対する要求には応えたといえるでしょう。ただし、ここで終わると60秒にしては短い解答になってしまうので、「アメリカ社会の地位に対する姿勢」などをうまく引用して、バランス良く時間内にまとめています。基本的な文法間違いもありません。英文や講義の中に出てきたボキャブラリーをうまく使って、a person who meets certain requirements and makes certain decisions earns the status of being a college

student. というような、やや高度で複雑な構造の表現も見られます。つなぎの言葉を
うまく使い、解答の組み立てや流れにも首尾一貫性があり、不自然な箇所がありませ
ん。

MP3 028

M O D E L   A N S W E R   [B]

①**According to** the reading and the professor, achieved status is
something that people acquire from their actions and decisions. ②He
says that being a college student is an example of an achieved status,
since a person has to meet certain requirements **and** make certain
decisions to earn this status. ③**However**, being male or female is not a
choice, **so** he would classify sex as an ascribed status. ④The concept of
'status symbol' is merely a high-level economic status and sociology is
interested in **not only** economic ones but also all types of statuses. ⑤
In addition, he feels that American society values achieved status
much more than it does ascribed status **because** people should have
equal opportunities **when** they are born. (120 words)

訳 ·········

①英文と教授の講義によると、獲得的地位とは、人々が自分たちの行動や決断か
ら獲得するものだと説明されています。②教授は大学生であることは、獲得的
地位の一例だと述べています。というのは、この地位を獲得するために、人はあ
る条件を満たし、ある決断をしなければならないからです。③しかしながら、男
性であるか、女性であるかということは選択できませんから、性別は生得的地位
として位置づけています。④「ステータスシンボル」という概念は、単に高いレ
ベルの経済的地位のことですが、社会学が興味を持つのは、単に経済的地位だけ
ではなく、あらゆるタイプの地位に対してです。⑤さらに、教授は、アメリカ社
会は、人々が生まれながらに平等の機会を与えられるべきだと考えるので、生得
的地位よりも獲得的地位を重んじていると感じています。

講評

　[A]の解答は、最初にachieved statusとascribed statusの違いを明確にした発言
から始まりましたが、[B]では、achieved statusの定義＋具体例、次にascribed
statusの定義＋具体例のような形になっています。違いが明確にされており、具体例
も含まれている点から、どちらもQuestionの2つの要求は完全にクリアできていま
す。最初に「獲得的地位とは、人々が自分たちの行動や決断から獲得するもの」と発言
して、続いて「大学生であることは、獲得的地位の一例だ」と具体例を挙げ、まず

achieved statusに関する説明を終えています。そしてhowever（しかしながら）といういう逆接のつなぎ語をうまく利用して、ascribed statusを「男性であるか、女性であるかということは選択できないから、性別は生得的地位として位置づけている」と具体例も含めて、明確に説明を加えています。この時点で、achieved statusとascribed statusの違いが説明できたといえるでしょう。ただし、[A]の場合と同じように、ここで終わると60秒にしては短い解答になってしまうので、「社会学が研究対象としているstatusの範囲」や「アメリカ社会の地位に対する姿勢」などをうまく引用して、バランス良く時間内にまとめています。基本的な文法間違いもありませんし、howeverやin additionなどのつなぎ語もうまく使えています。英文や講義の中に出てきたボキャブラリーをうまく使って、He says that being a college student is an example of an achieved status, since a person has to meet certain requirements and make certain decisions to earn this status. というような、やや高度で複雑な構造の表現も見られます。that節内の主語として、being a college student（大学生であること）という動名詞を使うなどの工夫もできています。解答の組み立てや流れにも首尾一貫性があり、不自然な箇所がありません。

5. 3～0点のサンプル解答と講評

《 3点のサンプル解答 》

The professor says that uh ... that achieved status can be chosen, but ascribed status cannot chosen. That is the difference between them. For example, people can become college students ... Um ... if they want to, and meet some requirements. This is an example of achieved status. People cannot choose to be born like a man or a woman. This is an example of ascribed status. Generally, American society like achieved status than ascribed status.

講 評

　4点のサンプル解答[A]と比較してみてください。獲得的地位と生得的地位の違いは何かについては、最初に「achieved statusは選べるがascribed statusは選べない」と答えています。ただascribed status cannot be chosenのbe動詞が抜けているのは残念です。そして続けて、それぞれのstatusに対する、具体的な理由が述べられている点で、おおよそQuestionに関しては答えられているといえるでしょう。全体的な流れもまずまずですが、文法的な間違いが見られます。born like a man or a womanのlikeは「～ように」の意味なので、これは「～として」と言う意味のasにしな

第2章 スピーキング問題の徹底分析と対策

ければなりません。それから、最後のAmerican society like achieved status than ascribed status. という文では、likeという動詞に三人称単数の-sがついていないことと、thanという比較の接続詞の前に肝心の比較級の表現が抜けています。発話の途切れもいくつかあり、発音やイントネーションにもやや不明瞭なところがありますが、全体の意味がわからなくなるほど大きな妨げにはなりません。以上のような点を総合的に評価して3点となります。

> Achieved status is ... is ... uh ... something people get. He says being a college student achieved status. But ascribed status is man or woman. They are different. And uh ... American like achieved status. It is better than ascribed status, and Um ... ascribed status have ... when we are born.

講評

　4点のサンプル解答[B]と比較してみてください。まずなんとなくQuestionに関係があることは、全体的にわかるのですが、聞き手がかなりの努力をしないと意味がうまくつながりません。achieved statusとascribed statusというキーワードは使っていますが、なんら明確な説明にはなっていません。なんとなくQuestionには答えている印象はありますが、あちこちに不明瞭な箇所があります。ボキャブラリーや文法はかなりシンプルなものだけが使われていて、たくさん間違った箇所が見られます。college studentやman or womanのような単語を使っていることから、具体的な例にも触れようとしていることはわかりますが、間違いが多すぎて意味を伝達できるところまではいきません。発話の途切れが頻繁にあり、発音やイントネーションも不明瞭です。以上のような点を総合して2点となります。

〈 1点のサンプル解答 〉

> Um ... the difference is ... achieved status and ascribed status ... between them. College students ... uh ... college students cannot choose. A man and a woman. can choose. American people ... uh ... they are ...

講評

　ほとんど意味が通じません。achieved statusやascribed statusなどのキーワードを使っていますから、なんとなく関係のあることを述べようとしていることはわか

りますが、基本的な文法力や表現力がほとんど身についていないので、聞き手が努力をしても理解はできません。単純な単語だけを詰まりながら並べているという感じです。発音やイントネーションも不明瞭で、間違いだらけです。採点は1点となります。

《 0 点のサンプル解答 》

American people ... think ... uh ... status ... uh ... like it ...

[講 評]

　ほとんど答えなかったり、まったく無関係な内容について話した場合には0点となります。

それでは、Question 3 形式の練習問題を始めましょう（全3問）。まずストップウォッチで45秒を設定し、与えられた英文を読みます。45秒後、音声をオンにして、メモを取りながら講義を聞き、続いて Question を聞いた後、書きとめたメモを見ながら30秒で解答の準備をします。この間音声はオンにしておいてください。30秒後にビープ音が鳴りますから、ここで音声を止めると同時に、60秒で解答してください。この60秒もストップウォッチで正確に計るようにしてください。MODEL ANSWER を確認した後、納得がいくまで再挑戦してください。各Exercise も同じ手順で進めてください。

1. 問題

Exercise 1

リーディング

Now read the passage about gentrification. Start reading it now.

Gentrification

In the 1970's and early 1980's, many large American cities witnessed an exodus of residents abandoning increasingly deteriorating and dangerous neighborhoods and heading for the suburbs. Since the mid-80's, however, there has been a reverse trend, with young professionals moving into less fashionable downtown areas to take advantage of relatively low rents and real-estate prices, as well as to enjoy the convenience and cultural advantages of city life. Through the phenomenon known as gentrification, run-down neighborhoods are being suddenly transformed into fashionable up-scale areas, as buildings are renovated and trendy cafes, restaurants and shops spring up to cater to the needs and tastes of the new residents.

リスニング 　　　　　　　　　　　　　　　　　　　　　　MP3 **029**

Now listen to part of the lecture in a sociology class.

スピーキング （準備 **30** 秒、解答 **60** 秒）

Question: Explain how the professor's view of gentrification differs from the characterization of gentrification in the passage?

Exercise 2 ▶

リーディング

Now read the passage about the application of Darwin's law to economics. Start reading it now.

The Survival of the Fittest

Darwin's law of "the survival of the fittest" is perhaps the best-known part of his theory of evolution. That principle can also be applied in other fields, such as economics. In the Anglo-American model of free-market capitalism, competition, which Darwin observed in nature among living species, is viewed as the essential driving force of the marketplace. In short, weaker unsuccessful enterprises "naturally" lose out to stronger successful ones, and therefore government intervention to protect or subsidize certain businesses is not only futile but actually counterproductive. Accordingly, in a capitalist society, market forces, not governments, should determine which businesses "survive" and which become "extinct."

リスニング　　　　　　　　　　　　　MP3 030

Now listen to part of the lecture in an economics class.

スピーキング　（準備 30 秒、解答 60 秒）

Question: Explain how the professor applies the concept of "survival of the fittest" to the American media in this talk.

Exercise 3 ▶

リーディング

Now read the passage about inductive reasoning. Start reading it now.

Inductive Reasoning

Induction, otherwise known as inductive reasoning or inductive logic, is the process of reasoning in which the premises, assumptions or hypotheses lead to and support a conclusion, but do not absolutely ensure it. Based on limited observations of recurring phenomenal patterns, a general conclusion is reached or a "law" is formulated, yet not absolute certainly can be ascribed to this conclusion or "law." This is opposed to deduction, also known as deductive reasoning or deductive logic, in which the conclusion is said to logically follow from or be contained in the premises, thereby giving it absolute certainty.

MP3 031

リスニング

Now listen to part of the lecture in a logic class.

スピーキング 　（準備 30 秒、解答 60 秒）

Question: Explain how the professor's example of eating in restaurants in a foreign country is used to illustrate the concept of inductive reasoning?

2. 問題文訳と MODEL ANSWER

《 **4 点のサンプル解答**

　次の MODEL ANSWER は 4 点（満点）のスコアの解答例です。4 点ですから、採点基準で示した次の項目を満たしています。

採点項目	評価
①話し方 Delivery	○明瞭(clear)な話し方をしている
	○滑らかな(fluid)話し方をしている
	○不自然なほど遅くならず、自然な速さで話している
	○明瞭な発音で自然なイントネーションで話している
	○不自然な間合いがあったり、詰まったりしていない
②言語の使い方 Language Use	○基本的な文法が正しく使えている
	○より複雑で豊かな文構造が使えている
	○適切な基本語彙表現がうまく使えている
	○幅広く豊かな語彙表現が使えている
③トピックの展開の仕方 Topic Development	○Questionに対して完全に答えている
	○具体性があり、うまくトピックが展開している
	○考えが首尾一貫してうまく表現されている
	○複数の考えがうまく関連づけられている
	○解答時間をほぼすべてうまく使えている

Exercise 1

設問訳

　教授のgentrification（高級住宅化）に関する見解と英文の中でのgentrification
の説明方法との違いを述べなさい。

準備メモ

質問のポイント：教授のgentrificationに対する見解と、英文の説明との違い。
解答に含めるべきポイント：

◆教授の見解では、gentrificationには、プラスよりマイナスの要素のほうが多い。
　1. 土地や家屋の価格が上がり、貧しい人たちが金銭的に住めなくなる。
　2. 物価が上がり、貧しい人たちがその地域でものを買えなくなる。
　3. 結局、彼らは引っ越すことになり家や友人を失うことになる。

◆英文におけるgentrificationの特徴づけ：gentrificationにより、その地域の活性化
が進み、建物や企業の質が向上する。

MP3 032

MODEL ANSWER

①The professor views gentrification negatively **while** the passage
presents a positive image. ②The passage claims that gentrification
revitalizes urban neighborhoods by improving the quality of the
buildings and businesses. ③The professor agrees with this claim, **but**
says that the improvement causes the value of the property to increase
as well. ④This increase causes many poor families to be unable to
afford the goods for sale in their own neighborhood and their rents
become too expensive. ⑤These people have to move and lose their
homes and friends **as a result**. ⑥The professor believes that the
negative results outweigh any of the benefits. (101 words)

訳

①英文が、肯定的な印象を与えているのに対し、教授はgentrification（高級住
宅化）を否定的に捉えています。②英文では、高級住宅化が、建物や企業を改善
することによって、その都市地区を活性化すると主張しています。③教授はこ
の主張に同意していますが、その改善が、土地家屋の価格もまた引き上げる原因
になると述べています。④この値上がりにより、多くの貧しい家庭は、その地区
で売られている商品を買う余裕もなくなり、家賃もまた高すぎるという結果を
招くことになります。⑤このような人たちは、結果として、引越しをして、家や

友人を失わなければならなくなってしまいます。⑥教授は、否定的な結果が、利点を上回っていると信じています。

講評

gentrificationがキーワードで、当然この基本的な概念を理解しておかなければなりませんが、このQuestionにはこの言葉を説明しなさいという指示がないことに注意しなければなりません。ごく簡単に定義を述べるぐらいはかまいませんが、少しつっこんで説明すると時間が足りなくなる恐れがあります。英文でgentrificationの概念が説明されていますが、教授が講義で話している内容が、この英文の内容とどのように違うかを説明する必要があります。MODEL ANSWERでは、最初に「英文が、肯定的な印象を与えているのに対し、教授はgentrification（高級住宅化）を否定的に捉えている」と明確に違いをまとめていますが、これが大きなポイントとなります。続けてどのように違うかを具体的に付け加えています。「高級住宅化が、建物や企業を改善することによって、その都市地区を活性化する」と、まず英文の内容をまとめた後に、教授はこれには同意しているが、「もともとこの地域に住んでいた貧しい人たちが追い出されてしまう」という否定的な面も、講義の中の具体例を用いてまとめています。最後の「否定的な結果が利点を上回る」というまとめの発言も、しっかりと的を射た締めくくりになっています。Questionの要求にしっかりと応えているといえるでしょう。無駄なく適量でまとめられています。基本的な文法間違いもありません。The passage claims that gentrification revitalizes urban neighborhoods by improving the quality of the buildings and businesses.のように、本文の内容をうまくまとめる力を備えています。解答の組み立てや流れにも首尾一貫性があり、不自然な箇所がありません。revitalizeやoutweighのようにややレベルの高い単語もうまく使いこなしています。

リーディング　　**訳**

高級住宅化についてのパッセージを読みなさい。それでは始めなさい。

1970年代から1980年代初頭には、多くのアメリカの大都市では、大量の住人たちが、ますます荒廃が進んで危険な地域を捨てて、郊外に向かって移動する現象が見られた。しかしながら、1980年代半ば以来、若い専門職の人たちが、都市生活の便利さや文化的優位性を享受するためだけではなく、比較的安い家賃や不動産の価格を利用しようと、あまりおしゃれではないダウンタウン地区に移動してくるようになり、逆の傾向が見られるようになってきた。高級住宅化として知られる現象を通じて、荒廃した地域は、新しい住人たちのニーズを満たすために、建物が改築され、流行の先端を行くカフェやレストランが出現するにつれて、突然おしゃれで高級な地域へと変貌を遂げつつある。

リスニング　　講義のトランスクリプト

　　OK, class, you're all familiar with gentrification — what do you think of it? At first glance, it sounds pretty good, doesn't it? Dirty and dangerous neighborhoods are suddenly clean and safe...downtown businesses are thriving...the cities are back to life...and everybody's making money and living well! Sounds perfect, right? Well, think again! What's often left out of this rosy little picture is the problems that gentrification can cause for the original long-time residents of these poor urban areas. As their neighborhoods are transformed, landlords raise rents, and prices of goods and services suddenly rise, making it unaffordable for many of these people to remain in their own neighborhoods. Where do these displaced people go? A whole underclass of poor and often elderly people have become the victims of gentrification. We should think twice before applauding the benefits of this kind of urban development. While newer residents are sipping their cappuccinos at sidewalk cafes, older residents may be packing up to move, leaving behind their homes, their friends, and neighborhood ties that often span several generations.

講義訳 ┈┈┈

　社会学の講義の一部を聞きなさい。それでは始めなさい。

　さてみなさん、高級住宅化についてはみんなよく知っていますね。それについてどう思いますか。一見すると、とても良いことのように思えますよね。汚くて危険な地区は突然清潔に、そして安全になり、ダウンタウン地区の企業は栄え始め、都市は活気を取り戻し、そしてみんなが儲かるようになりいい暮らしをし始める。完璧ですよね。でも、もう一度考えてください。このばら色の小さな構図からたびたび仲間はずれになるものが、高級住宅化がその貧しい都市の一画にもともと長い間住んでいた人々にもたらす問題なのです。その地域が変貌を遂げるにつれて、家主は家賃の値上げをし、商品やサービスの価格も急激に上昇し、元の住人たちの多くがこの地区にとどまることを不可能にしてしまうのです。このように追い出された人々はどこに行くのでしょうか。貧しくて、しかも年配であることが多い底辺層全体が、高級住宅化の犠牲者になってきたのです。この種の都市開発がもたらす利益に諸手を挙げて賛同する前に、われわれは、今一度考え直すべきなのです。新しい住人たちが歩道脇のカフェでカプチーノをすすっている一方で、古い住人たちは、彼らの家や友達や、何世代にもわたることもよくあるような付き合いをしてきた近所の人のきずなを後に残して、荷物をまとめて引っ越していくかもしれないのです。

設問訳

　話の中で、教授は「適者生存の概念」をアメリカのメディアにどのように当てはめて解釈しているかを説明しなさい。

準備メモ

質問のポイント：「適者生存の概念」のアメリカのメディアへの応用解釈の説明。
解答に含めるべきポイント：

◆英文と講義で説明されているメディアにおける「適者生存の概念」：

1. 視聴率が高い番組が生き残り、低い番組は消滅する。
2. 競争は質の良さを表すので、市場原理が働くメディアの世界に政府が介入すべきではない。

◆この捉え方に対する教授の見解：

1. 一部の私的なメディア企業が、一般人をミスリードする可能性がある。
2. 市民を保護するために、政府による規制を認めるべき。

MP3 033

MODEL ANSWER

①The professor mentions that market forces determine what we watch on TV. ②He claims that **if** consumers don't watch a particular TV show, the commercial sponsors stop supporting it **and** it goes off the air. ③**In this way**, the strongest programs naturally survive and the weaker ones die. ④He says that most Americans think that since competition equals quality, the government should not interfere with the 'evolution' of the media. ⑤**However**, he warns that privately owned media corporations could mislead the public. ⑥He **also** adds that TV violence may cause our society to become more violent, **so** the government should be allowed to protect the citizens from these types of problems. (111 words)

訳 ‥‥‥‥‥‥‥‥‥‥‥‥‥‥‥‥‥‥‥‥‥‥‥‥‥‥‥‥‥‥‥‥‥‥‥‥‥

①教授は市場の力が、われわれが何をテレビで見るのかを決定すると述べています。②彼は、もし、消費者がある特定のテレビ番組を見なければ、そのコマーシャルのスポンサーはその番組を支持することをやめ、放送中止になります。③このようにして、一番強い番組が当然のことながら生き残り、弱いものが消滅します。④彼は、ほとんどのアメリカ人は、競争は質を意味するので、政府は、メ

ディアの「進化」に介入すべきではないと考えていると述べています。⑤しかしながら、彼は、私有メディア企業が、一般人を誤解させるかもしれないと警告しています。⑥彼はまた、テレビの暴力がわれわれの社会の暴力を増長させるかもしれないので、政府は、このようなタイプの問題から市民を保護することを許可されるべきだと付け加えています。

講 評

　英文では、ダーウィンの進化論の適者生存の概念が説明されていますが、これはあくまでもベースにあるものであって、これを説明しなさいというのがQuestionの主旨ではないことに注意してください。ごく簡単にまとめるぐらいならかまいませんが、この問題では、the survival of the fittestの基本的な概念を説明していると時間が足りなくなることが予測されます。この適者生存の概念を踏まえたうえで、アメリカメディアについて説明していきます。解答に含めるべきポイントは2つあります。「テレビ番組が良いか悪いかの判断は、視聴者の判断にゆだねられる。そこには適者生存の原理そして市場の原理が働き、人気のある番組は残り、人気のない番組はスポンサーも離れて消滅してしまう」というのが1つ目のポイントです。教授が、適者生存の概念を、どのようにアメリカメディアにあてはめているのかというQuestionの主旨に対する解答です。次に「アメリカ国民は、自由競争に政府が介入すべきではないと考えているが、悪意を持ったメディア会社から市民を保護するためには、ある程度の政府の介入が必要である」という教授の主張があります。Questionに対する直接的な解答は、1つ目のポイントなのですが、この2つ目のポイントは、教授が力説しているところなので、解答には含めておいたほうがいいでしょう。模範解答では、この2つのポイントがバランス良く説明されていて、Questionの要求にしっかりと応えているといえるでしょう。無駄なく適量でまとめられています。基本的な文法間違いもありません。He says that most Americans think that since competition equals quality, the government should not interfere with the 'evolution' of the media. のように、やや高度な構造の文も使いこなせています。つなぎ語をうまく利用して、解答の組み立てや流れにも首尾一貫性があり、不自然な箇所がありません。ボキャブラリーの巧みな使い方が、解答者の極めて高い英語力をうかがわせます。

リーディング　　訳

　ダーウィンの法則の経済学への応用についてのパッセージを読みなさい。それでは始めなさい。

適者生存

　ダーウィンの「適者生存」の法則は、彼の進化論の中で最もよく知られているもので

ある。その原則は、経済学のような他の分野にもまた当てはめることができる。アングロサクソン系アメリカ人の自由市場資本主義のモデルでは、競争、これはダーウィンが自然界において生き物たちの間で観察したものだが、この競争が、市場の本質的な推進力とみなされている。つまり、弱小で業績が振るわない企業は、「必然的に」敗退し、より強い成功企業に道を譲ることになる。したがって、ある特定の企業を保護したり、補助金を出すというような政府の介入は、無益であるだけではなく、実際には逆効果となる。したがって、資本主義社会においては、政府ではなく市場の力がどの企業が「生き残り」、そしてどの企業が「消滅」すべきかを決定付けるべきである。

リスニング　**講義のトランスクリプト**

　　In America today, market forces dictate what we watch on TV. Americans are proud of living in a society where government does not own or censor the media. If people are not interested in a certain type of TV program, viewership declines and commercial sponsors drop it. What we're seeing here is a kind of survival of the fittest — in this case, the most popular TV programs survive. To most Americans, competition means quality, and we would balk at the thought of the government stepping in telling us what we can or can't watch, what we should or shouldn't see. But let's look at the other side of the coin. If privately-owned media control our TV news, then who can guarantee that we're not being misinformed or even manipulated? If violence on TV, is making our society more violent, then who can stop the people who market and sell this violence? Can't anyone step in and prevent these things from happening? Think twice before you argue against government intervention — perhaps what we need is government protection!

講義訳 ・・・

　経済学の講義の一部を聞きなさい。

　今日アメリカでは、市場の力が、われわれがテレビで何を見るのかを左右しています。アメリカ人は、政府がメディアを所有したり、検閲したりしない社会に住んでいることを誇りに思っています。もし、人々がある種のテレビ番組に興味がないなら、視聴率は下がり、コマーシャルのスポンサーもそれから離れます。ここで私たちが目撃しているのが適者生存です。この場合、最も人気のあるテレビ番組が生き残るわけです。ほとんどのアメリカ人にとって、競争は質を意味しますから、われわれが見ることができるもの、見ることができないもの、見るべきであるもの、見るべきでないものに政府が介入してくるという考えにはためらいを覚えてしまうでしょう。しかし、コインの裏側を見てみましょう。もし民間のメディアがわれわれのテレビニュースをコントロールするとしたら、それならわれわれが誤った情報を与えられていないか、操作さえされていることはないかということを誰が保証してくれるでしょうか。もしテレビに登場する暴力シーンがわれわれの社会をさらに暴力的にしているとしたら、もしそう

なら、この暴力シーンを売買する人々をいったい誰が止めるというのでしょうか。誰かが介入して、このような事態が起こることを防ぐことはできないのでしょうか。政府の介入に反論する前にもう一度考えてみてください。おそらくわれわれが必要とするものは政府の保護でしょう。

Exercise 3

設問訳

教授の提示する外国のレストランでの食事の例が帰納推理の概念を説明するのにどのように使われているかを説明しなさい。

準備メモ

質問のポイント：外国のレストランでの食事の例と帰納推理の概念の関係。
解答に含めるべきポイント：
◆帰納法とは観察から結論を導き出すものだが、絶対的な確証はないもの。
◆教授は外国のレストランとタバスコの例を使って帰納法を説明している。
◆ある国では、豚肉には必ずタバスコが添えられていることから、おそらくこの国では、豚肉にはタバスコがつきものだと推測できる。ただし確証はないし、逆に1つでも反証があがれば、間違いだと証明される。

MP3 034

M O D E L   A N S W E R

①Inductive reasoning is based on drawing a conclusion from observations, **yet** the conclusion is not absolutely certain. ②The professor illustrates this concept with an example using restaurants in a foreign country and Tabasco sauce. ③**In the professor's example**, you notice that every restaurant in a foreign country serves Tabasco sauce with pork. ④Using inductive reasoning, you could conclude that all restaurants in this country serve Tabasco sauce with pork. ⑤**Now**, this conclusion is not absolutely certain **since** you haven't visited every restaurant in this country, **but** it is the best logical assumption based on your observations. ⑥It is possible, **however**, that your conclusion could be disproved. (106 words)

訳 -

①帰納推理は、観察から結論を導き出すことに基づいているが、その結論は決し

第2章 スピーキング問題の徹底分析と対策

て確かなものとはいえないものです。②教授は、外国のレストランとタバスコの例で、この概念を説明しています。③教授の例では、ある外国のすべてのレストランでは、豚肉と一緒にタバスコを出すものだと気づいたとします。④帰納推理を使って、この国のすべてのレストランは豚肉と一緒にタバスコも出すのだと結論づけられるかもしれません。⑤ただし、この国のすべてのレストランを訪れたわけではないので、この結論は絶対的な確証があるものではありませんが、自分の観察に基づいた最良の論理的仮説ではあります。⑥しかしながら、その結論が間違っていると結論付けられる可能性もあるのです。

講評

Inductive reasoningがキーワードで、具体的な例との関連を説明していく上で、最初に簡単に定義づけをしておくと続けやすくなります。解答では、「帰納推理は、観察から結論を導き出すことに基づいているが、その結論は決して確かなものとはいえないもの」というように、明確に定義が述べられています。これに基づいて、レストランの例と関連づけます。講義には、deductionの説明と、具体的な例についても話されていますが、Questionの主旨とは無関係なので、触れる必要はありません。「ある外国では、レストランで豚肉を注文するといつもタバスコが一緒に出てくる。だからおそらくこの国では豚肉にはタバスコがつきものだろうと推測できる。ただし、1件でも、タバスコと一緒に出てこないレストランがあったとしたら、この仮説は覆される」のように、必要なポイントはすべて含まれており、Questionの要求にしっかりと応えているといえるでしょう。無駄なく適量でまとめられています。基本的な文法間違いもありません。Now, this conclusion is not absolutely certain since you haven't visited every restaurant in this country, but it is the best logical assumption based on your observations. のようにやや複雑な構造の組み立てがしっかりとできています。解答の組み立てや流れにも首尾一貫性があり、不自然な箇所がありません。英文や講義に出てきたボキャブラリーをうまく使いこなしています。

リーディング　　訳

帰納推理についてのパッセージを読みなさい。それでは始めなさい。

帰納推理

　別名帰納推理あるいは帰納論理学として知られている帰納法は、ある主張の前提、仮定あるいは仮説が、ある結論に結びつき裏付けるが、それを絶対的に保証するものではない推理法である。たびたび起こる現象のパターンの限定的な観察に基づいて、一般的な結論が導き出されるか、あるいは「法則」が打ち立てられるが、この結論あるいは「法則」に、絶対的な確実性を求めることはできない。これは、演繹法推理あるいは演繹

論理学として知られている演繹法の反対である。演繹法では、結論が前提から論理的に導きだされる、あるいは前提に含まれていると言われており、それによってその結論に絶対的確実性を与えるものである。

リスニング　講義のトランスクリプト

　Don't be intimidated by the very formal-sounding terms "induction" and "deduction." In fact, all of you are already familiar with and use these two forms of reasoning — you just didn't know it! Let's take an example of deduction. If I said that all of the students in the next room are from Los Angeles, and then told you that John is one of the students in the next room, you would have no problem deducing that John is from Los Angeles. This conclusion is logically contained in the two premises given, and it is not a guess — you can be absolutely certain that John is indeed from Los Angeles. It would be strange, and rather foolish, to say you didn't know because you'd never met him. Induction, on the other hand, is a bit trickier. If you were to visit a foreign country and observed that in every restaurant you ate in Tabasco sauce was served with pork, you might reasonably conclude that Tabasco sauce is always served with pork in that country. Your conclusion would be based on observations, but in fact, no matter how many restaurants you ate in, it would still be logically possible that your conclusion could be disproven — in fact, just one restaurant serving pork without Tabasco sauce would do the trick!

講義訳

　論理学の講義の一部を聞きなさい。

　帰納法と演繹法というかなり改まった響きを持つ言葉に圧倒されてはいけません。実際のところ、あなたたちはみんなこの2つの推理法にすでになじみがあり、使っているのです。単にそのことを知らなかっただけなのです。まず演繹法の例を挙げてみましょう。私が隣の部屋の学生はみんなロス出身だと言った後、ジョンは隣の部屋にいる学生の1人だとあなたたちに告げたとしたら、何の問題もなくジョンがロス出身だと推測するでしょう。この結論は与えられた2つの前提に論理的に含まれており、それは推測ではありません。ジョンが実際にロス出身であることは、絶対的に確信を持つことができます。あなたたちがジョンに会ったことがなかったので、わからなかったなんていうのは奇妙だし、とてもばかげたことでしょう。一方、帰納法は、もう少しややこしいのです。もしあなたたちが外国を訪れて、どのレストランでも、いつも豚肉がタバスコと一緒に出されるのを観察したとしたら、あなたは合理的に、その国では、タバスコはいつも豚肉と一緒に出されるのだと結論づけるかもしれません。しかし実際は、どれほど多くのレストランで食事をしたとしても、あなたたちが出した結論が間違いであると証明される可能性が論理的には残されることになります。実際のところ、

タバスコなしに豚肉が出されるたった1つのレストランに行き着くだけで、その目的
を達成してしまうことになるでしょう。

形式 ①リスニング（講義）→②スピーキング
トピック アカデミックな内容

Ⅰ Question 4 形式 　　　　問題分析と対策

　これから次の例題を利用して、Question 4の問題の分析と対策を始めます。メモを取りながら音声で講義を聞き、続いてQuestionを聞いた後、書きとめたメモを見ながら20秒で解答の準備をします。この間音声はオンにしておいてください。20秒後にビープ音が鳴りますから、ここで音声を止めると同時に、60秒で解答してください。この60秒もストップウォッチで正確に測るようにしてください。

1. 問題形式と例題

例 題

リスニング　　　　　　　　　　　　　　　MP3 035

　Now listen to part of the lecture in a chemistry class.

　So class, today, I'm going to talk about radon. Every day we are exposed to the threat of radon in our own homes. The reason is that the airspace in a home is enclosed. The more we ventilate our homes, by opening windows for example, the better our chances of reducing the formation of radon gases. Radon is a natural element in our atmosphere that comes from disintegration of radium. If high concentrations of radon enter our lungs, we increase the chances of getting lung cancer. Radon enters the home through things such as loose pipes or cracks in the floor. It may also enter the house through the water but the majority of it comes from the foundation. There are two ways to test for radon which are called passive and active. An example of a passive tester would be a charcoal disk that collects radon. This disk is then later treated with a chemical to find out the concentration of radon in the home. An example of an active tester would be something that uses electricity and continuously monitors the levels. It might be a device that you plug into the wall socket and, like a fire alarm, will beep when it reads a level that is too high. The best way to protect yourself from radon is to check with the U.S. Environmental Protection Agency. They have a listing of radon levels for all the areas in the U.S. and can tell you if your home is located in one of the danger areas.

スピーキング　（準備：**20秒**、解答：**60秒**）

Question: Using points and examples from the talk describe the danger of radon and how you can protect yourself from it. Begin speaking after the beep.

リスニング　**講義訳**

　化学の講義の一部を聞きなさい。

　みなさん、今日はラドンについて話をすることにします。私たちは、毎日、家でラドンの脅威にさらされています。家の空域は密閉されているのがその理由です。例えば窓を開けることによって家の換気をすればするほど、ラドンが発生する確率を低くすることができます。ラドンは、ラジウムが分解されることから発生する大気中に存在する天然元素です。もし高濃度のラドンが私たちの肺に入ってくると、肺がんにかかる確率が高くなります。ラドンは、緩んだパイプや床の割れ目のようなところから家に侵入してきます。水を通して侵入してくることもありますが、大部分は家の基盤から入ってきます。ラドンを検査する方法は、消極テストと積極テストの2つがあります。消極試験装置の一例としては、ラドンを集積する炭ディスクがあげられます。このディスクは、後で、家庭でのラドンの濃度を特定するために、ある化学物質で処理されます。積極試験装置の一例としては、電気を使用するものがあり、これは継続的に濃度を監視するものです。壁のコンセントにさして使うような装置で、それが高い濃度を感知すると、火災警報器のようにビーとなりだします。ラドンからあなたの身を守る最良の方法は、アメリカ環境保護機関に相談することです。そこはアメリカの全地域のラドンの濃度のリストを持っていますので、あなたの家が危険な地域の1つに位置していればそのように教えてくれます。

スピーキング　**設問の訳**

　講義の要点と事例を用いてラドンの危険性を説明し、あなたはそれから自分の身をどのようにして守ることができるかを説明しなさい。

2. Question 4の徹底分析

(1)出題から解答までの流れ

　英文を読む作業はありません。学問教科関連トピックの講義を聞いた後に、それに基づいて設問に答えます。最初にナレーターが「講義の一部を聞きます。講義の中に出てきた重要な情報を要約するように要求されます。質問を聞いた後、20秒の準備時間、60秒の解答時間が与えられます」という主旨の指示を与えた後、教室の前に教授が立っている写真が現れ、続いてナレーターが「これから化学の講義の一部を聞きます」と告げます。そして講義が始まります。講義の時間はおよそ60秒から90秒ほどの長さです。講義を聞き終えると、写真が消えて、Now get ready to answer the question.（それでは解答する準備をしてください）が現れます。続いて画面に質問が現れると同時にナレーターが読みます。そのときに、Preparation time: 20 seconds / Response time: 60 secondsという表示も一緒に現れます。「準備を始めてください」、「話し始めてください」という指示に順に従います。いずれも、コンピュータ画面上の時計で、残り時間が確認できるようになっています。20秒の準備時間が経過すると、再びビープ音がなり、ここから話し始めます。

(2)Question 4の出題形式と解答のポイント

　Question 4に出題されるトピックは、Academic Subject（学問教科）です。流される講義は、ある学問教科の分野における見解、理論、法則、原則、概念などを説明したり、ある特定の学問分野の問題に焦点を当てて取り上げたり、ある現象を紹介したりするところから始まり、それに関連する重要なポイントについて話が進みます。講義のポイントを明確に理解させるために、さらに具体的な例とともにやや詳しく説明されます。**Question 4は一言で言うと「講義の内容を要約する」問題です。**Questionには必ず、Using points and examples that were given in the lecture（講義の中で説明された要点や例を使って）という指示がありますから、解答の中に具体的な説明を含める必要があります。Question 3と同じように、学問教科のトピックといっても専門的な知識は必要ないという前提です。もちろん背景知識があれば、それだけ有利であるともいえますが、それよりもしっかりとした英語力があればよいということです。理想的な解答の語数は、100〜140語といったところですが、100語に少し足りないぐらいでも、ポイントをはずしていなければいいでしょう。140語はかなり速く流暢によどみなく話さなければ難しいと思います。ある程度の語数さえクリアしておけば、後は語数が多ければいいというものではありませんから、100語前後でうまくポイントがまとめられていればOKです。解答の中に、**(1)講義の中に出てくる見解や理論のポイントをまとめること、(2)具体的な例や説明を利用してうまく要約することが重要です。**

3. 4点を取るための解答法

(1) 準備:講義の概要と具体例を効率良くメモにする

　まず講義の中心として取り上げられている見解、理論、概念、問題点、現象が何かを聞き取ってメモをします。次に講義の概要を要約するのに必要な具体例やポイントをメモしておきます。Question 3の場合は、先に英文を読んであらかじめトピックがわかっていて、それを参照することができましたが、Question 4はリスニングだけですので、より集中力が要求されます。Question 3の場合よりも、書きとめる量は多くなりますから、効率良くメモ書きする練習が必要です。例えば、講義のメモは次のようになります。

講義のメモ

英 語

Topic: Radon (natural element — the breaking down of radium)
◆harmful to our health
◆enters home through loose pipes / cracks in the floor
Specific details:
◆enclosed airspace — dangerous / ventilation
◆cause of lung cancer
◆two kinds of test for Radon
　Passive — charcoal disk (collect radon)
　Active — device like a fire alarm (monitor level)
◆Check with U.S. EPA about radon level

日本語

トピック:ラドン(天然元素、ラジウムが分解されて発生)
◆健康に害がある
◆緩んだパイプ、床の割れ目から侵入

詳細:
◆密閉された空間が危険―換気するのがいい
◆肺がんの原因になる
◆2種類の検査法
　1. 消極―炭のディスクでラドンを集積

2. 積極―火災報知器のような装置で濃度を監視
◆ラドン値―アメリカ環境保護期間に相談

解答に必要な情報として、これだけ押さえられればいいのですが、慣れないうちはかなり難しいかもしれません。自分でわかるなら、もっと省略した記号を使ってもよいでしょう。ただし、あまり多くのことをメモしすぎて、話すときの妨げにならないように注意してください。

(2)解答の組み立て：話す内容と順番を確認し、準備メモにまとめる

20秒の準備時間を使って、これから話す解答を組み立ててみます。まず、講義のメモから、講義のポイントと具体例、詳細をまとめることができます。20秒しかないので多くのことはできませんが、**簡単に頭の中で話す内容と順番を確認しておきます。**あまりに具体例や詳細のほうに目が向いてしまって、講義のポイントがうまくまとめられないということのないように注意してください。この時点では、解答の流れと骨格だけを確認しておきます。次にほかのQuestionと同様に、**準備メモを作成するか、頭の中で整理します。**

準備メモ ▶▶

質問のポイント：具体例を用いながら、ラドンの危険性と身の守りかたについて要約すること。

解答に含めるべきポイント：

◆ラドンの危険性：濃度の高いラドンが肺の中に蓄積することから生じる。結果として肺がんにかかる可能性がある。

◆ラドンからの身の守りかた：定期的に家の換気をすること。ラドンは、家の基盤から入り込んでくるので、床の割れ目をふさぎ、パイプ類をきつく閉める。家にラドンの検査機を設置する。検査機は、消極検査機と積極検査機という形態のものがある。自宅周辺のラドン値を知るためにアメリカの環境保護機関に相談してみる。

(3)実際の解答プロセス

頭の中で、準備メモのような内容が整理できていれば、次は解答を話し始めます。「ラドンがどのように危険で、どのように身を守るべきか」という質問の意図に対して、まず明確に答えます。「**ラドンは、ラジウムから発生する天然元素であるが、健康に害を及ぼす可能性がある**」という趣旨の発言ができていれば**OK**です。例えば、最初の発言は次のようになります。

Radon, a natural element that arises from radium, can be harmful to your health.（ラドンは、ラジウムから発生する天然元素であるが、健康に害を及ぼす可能性がある）

　次に、「どのように身を守るべきか」に関しては、講義で聞いた具体例や詳細を取り入れながら、**講義のポイントを要約する**必要があります。「緩んだパイプや床の割れ目から一般の家に侵入する可能性がある」、「密閉された空間では危険なのでこまめに換気をするとよい」、「passiveとactiveの2種類のラドンの検査法がある」、「最も良い対処法は、アメリカの環境保護機関に相談すること」などを入れます。ただし項目が多いのでいくつかに絞るとか、あまり詳細には触れないようにしてまとめる工夫が必要です。次のようにまとめられていればOKです。

　話し出す順はそれほど気にしなくてもいいと思います。すべて含んでいないと高得点は取れないというわけではありませんが、要約として次のようにまとめるとよいでしょう。

Radon enters the home mainly through the foundation, for example, through loose pipes or cracks in the floor. To protect yourself from radon exposure, you should ventilate your home regularly. You can also place a radon tester in your home to detect how much radon is present. You may get in touch with the U.S. Environmental Protection Agency to get information about how much radon is present in your area. （ラドンは主に家の基盤から、例えば緩んだパイプや床のひび割れなどから侵入してくる。ラドンから身を守るためには、定期的に家の換気をするのがよい。そしてラドン量がどれくらいかを知るためにラドン検査機を設置することもできる。家の周辺のラドン量がどれくらいかに関する情報を得るために、アメリカの環境保護機関に連絡を取ることもできる）

　これだけ述べられれば、Questionの要求には応えたといえるでしょう。ただ、解答時間の60秒を埋めるにはやや短いと感じたならば、ラドンの検査機が2種類ある点などを付け加えてやれば、さらに充実した解答になるでしょう。

4. サンプル解答の採点基準分析

　それでは例題に対するサンプル解答を紹介しましょう。サンプル解答を採点基準に照らし合わせながら検討していきます。

《 4点のサンプル解答 》
　次のサンプルは4点（満点）のスコアの解答例です。4点ですから、採点基準で示した次の項目を満たしています。

採点項目	評価
①話し方 Delivery	○明瞭(clear)な話し方をしている
	○滑らかな(fluid)話し方をしている
	○不自然なほど遅くならず、自然な速さで話している
	○明瞭な発音で自然なイントネーションで話している
	○不自然な間合いがあったり、詰まったりしていない
②言語の使い方 Language Use	○基本的な文法が正しく使えている
	○より複雑で豊かな文構造が使えている
	○適切な基本語彙表現がうまく使えている
	○幅広く豊かな語彙表現が使えている
③トピックの展開の仕方 Topic Development	○Questionに対して完全に答えている
	○具体性があり、うまくトピックが展開している
	○考えが首尾一貫してうまく表現されている
	○複数の考えがうまく関連づけられている
	○解答時間をほぼすべてうまく使えている

第2章 スピーキング問題の徹底分析と対策

MP3 036

MODEL ANSWER [A]

①Radon is a natural element that arises from the breakdown of radium. ②The danger from radon comes from large concentrations of it that settles inside of our lungs. ③**The result of** this condition is ... um that the person can contract lung cancer. ④A good way to protect yourself from radon exposure is to ventilate your home regularly. ⑤**Another thing** that ... that can be done is to fill the cracks in your house's floor and tighten pipes, ... **because** radon enters the home from the foundation. ⑥**An additional form** of protection would be to have a radon indicator in the home. ⑦This could come in the form of a passive or active tester. ⑧It is **also** recommended that you contact the U.S. Environmental Protection Agency to find out the levels of radon in your area. (131 words)

訳 ┈┈┈┈┈┈┈┈┈┈┈┈┈┈┈┈┈┈┈┈┈┈┈┈┈┈┈┈┈┈┈┈┈┈┈┈┈

①ラドンは、ラジウムの分解から生じる天然元素です。②ラドンの危険性は、濃

度の高いラドンが肺の中に蓄積することから生じます。③このような状況の結果、人が肺がんにかかる可能性があります。④ラドンから身を守るよい方法は、定期的に家の換気をすることです。⑤また、ラドンは、家の基盤から入り込んでくるので、床の割れ目をふさぎ、パイプ類をきつく閉めることもよい方法です。⑥また家に、ラドンの検査機を設置するのもよいでしょう。⑦検査機は、消極検査機と積極検査機という形態のものがあります。⑧また、自宅周辺のラドン値を知るために、アメリカの環境保護機関に相談してみることもよいでしょう。

講評

まず、「ラドンは、ラジウムが分解して発生する、自然界に存在する物質である」と「健康に害を及ぼし、肺がんなどを引きおこす原因となる」という講義のポイントをうまく説明しています。続いて、ラドンに対する具体的な対処法として、次の4つのポイントの説明もできています。

(1) 密閉された空間では危険なのでこまめに換気をするとよい。
(2) 一般の家の基盤から侵入する可能性があるので緩んだパイプや床のひび割れを修繕する。
(3) passiveとactiveの2種類のラドンの検査法がある。
(4) 最もよい対処法は、アメリカの環境保護機関に相談すること。

このようにすべての情報を余すことなくしっかりと要約ができていて、Questionの要求を完璧にクリアしています。講義の中に出てきたボキャブラリーを、自分の言い替え表現の中にうまく溶け込ませながら使っています。ボキャブラリーも豊富で、全体的に砕けていないしっかりとした表現を使いこなしています。文法的な間違いがないだけではなく、It is also recommended that you contact the U.S. Environmental Protection Agency to find out the levels of radon in your area. というような、やや高度で複雑な構造の表現も効果的に使いこなしています。一瞬途切れている箇所もありますが、これぐらいならまったく問題はなく、減点の対象にはなりません。かなり速いスピードでよどみなく話し続けています。解答の組み立てや流れにも首尾一貫性があり、不自然な箇所がありません。

MP3 037

MODEL ANSWER [B]

①Radon is a naturally occurring element that comes from radium. ②It can enter homes through a variety of ways, **but** the most common way is through the foundation of a house. ③It is found in the air **and if** you breathe in too much, you can get lung cancer. ④You can protect yourself against it by ventilating your home regularly and testing for radon levels in your home. ⑤You can use a passive system, which is a piece of charcoal that absorbs radon. ⑥This charcoal is later tested with a chemical to determine how much radon is present. ⑦You can use an active system, which is an electronic monitor that plugs into the wall and beeps **when** too much radon is present. ⑧**Another way** to protect yourself is to contact the U.S. government **and** get information about which regions of the country contain the most radon. (146 words)

訳

①ラドンは、ラジウムから発生する自然界に生じる元素です。②さまざまな経路で家に侵入しますが、最も一般的なのは家の基盤からです。③大気中に存在し、大量に吸い込むと、肺がんを生じさせる可能性もあります。④家の換気を定期的に行い、家のラドン値を測定することによって防御することができます。⑤ラドンを吸収する炭を使った消極検査法が利用できます。⑥この炭は後で、どれくらいのラドンが存在するかを知るために、ある化学物質で処理されます。⑦壁のコンセントに差して、大量のラドンを感知すると音が鳴る電気モニターを使った積極検査法もあります。⑧また別の対処法として、アメリカ政府に連絡を取り、最もラドン量が多い地域に関する情報を得ることもできます。

講評

まず、「ラドンは、ラジウムが分解して発生する、自然界に存在する元素である」、「侵入経路で最も多いのは家の基盤から」、「大量に吸い込むと肺がんを引きおこす可能性がある」という講義のポイントをうまく説明しています。続いて、ラドンに対する具体的な対処法として、次の3つのポイントの説明もできています。

(1) 定期的に換気をするとよい。
(2) passive と active の2種類のラドンの検査法がある。
(3) アメリカの政府機関に連絡してラドン値に関する情報を入手する。

サンプル解答[A]では、侵入経路に関する説明は、「家の基盤から侵入してくるので、

床のひび割れをふさぎ、パイプ類をきつく締める」というように対処法として説明している一方、サンプル解答[B]では、侵入経路としてのみ説明していますが、どちらで触れてもいいと思います。[B]の解答の特徴としては、2つのラドンの検査法についてかなり詳しく説明しています。これについて詳しく説明しなければならないということではありませんが、うまく取り込むことによって解答がより内容の濃いものになっています。

　このようにすべての情報を余すことなくしっかりと要約ができていて、Questionの要求を完璧にクリアしています。講義の中に出てきたボキャブラリーをうまく使いこなしています。ボキャブラリーも豊富で、全体的に砕けていないしっかりとした表現を使いこなしています。文法的な間違いがないだけではなく、Another way to protect yourself is to contact the U.S. government and get information about which regions of the country contain the most radon. というような、やや高度で複雑な構造の表現も効果的に使いこなしています。かなり速いスピードでよどみなく話し続けていて、途切れもほとんどありません。短く単純なセンテンスを連発するのではなく、意味の固まりごとにうまくまとめながら、論理的な展開を見せています。解答の組み立てや流れにも首尾一貫性があり、不自然な箇所がありません。発音や話し方は全般的に明瞭で、イントネーションにも不自然さはありません。

5. 3 ～ 0点のサンプル解答と講評

◀ 3点のサンプル解答

Radon is a natural element. It came from radium. Radon is dangerous because ... uh ... because if we breathe in radon, ... uh ... it piles up inside the lungs. It may cause lung cancer, so ... so you need to protect you from radon. You need to open windows and get fresh air regularly. Radon enter home from the foundation. You can ... you can also use a tester. There are two kinds of testers: passive and active. It is also important to learn the level of radon in your area, and you can contact the U.S. Environmental Protect ... Protection Agency.

講評

　4点のサンプル解答[A]と比較してみてください。ラドンとはどのような物質で、どのように危険なのかについては、「ラドンは天然元素です。ラジウムから発生します。吸い込めば肺にたまるので危険です。肺がんになる可能性があります」とポイントを押さえて答えています。ただし、細切れの短い文が多いので少し工夫は必要です。こ

れに続けて、ラドンからの身の守り方についても、おおよそのポイントは押さえられているようです。全体的な流れもまずまずですが、文法的な間違いが見られます。まず、It came from radium.とありますが、cameという過去形ではなくcomesという現在形でなければなりません。そしてprotect you from radonは間違いで、protect yourself from radonとしなければなりません。また、Radon enter ～のところでは、entersと三人称単数の-sが必要です。You need to protect ～から最後までの文が、いまひとつうまく流れるようなつながりにはなっていません。発話の途切れも結構あり、発音やイントネーションにもやや不明瞭なところがありますが、全体の意味がわからなくなるほど大きな妨げにはなりません。以上のような点を総合的に評価して3点となります。

《 2点のサンプル解答

> Radon is a ... is a dangerous. Coming into home, it is dangerous. We ... uh ... we have lung cancer by radon. Checking radon is important. It is important because it is dangerous. And ... and ... uh ... protection is important. Radon is not good for you.

講評

　4点のサンプル解答[B]と比較してみてください。まず全体的になんとなくQuestionに関係があることはわかります。ラドンが危険な物質であることも繰り返していますからわかるのですが、それでもやはり聞き手がかなりの努力をしないと意味がうまくつながりません。Questionには答えているのですが、あちこちに不明瞭な箇所があるうえに、何も具体的な説明がありません。ボキャブラリーや文法はかなりシンプルなものだけが使われていて、いくつも間違った箇所が見られます。発話の途切れが頻繁にあり、発音やイントネーションも不明瞭です。以上のような点を総合して2点となります。

《 1点のサンプル解答

> Radon ... is ... uh...is danger. Please open ... your windows. Home is...is danger. And he is very careful ... about ... uh ... about radon. Radon is danger, and ... and protect you ... and yourself. Anyway I don' like radon.

講評

　ほとんど意味が通じません。radonとdangerを繰り返していますから、なんとな

く関係のあることを述べようとしていることはわかりますが、基本的な文法力や表現力がほとんど身についていないので、聞き手が努力をしても理解はできません。脈略のない短い文があちこちに挿入されています。発音やイントネーションも不明瞭で、間違いだらけです。採点は1点となります。

《 **0点のサンプル解答**

I ... and you need ... some ... something. Uh ...

講 評

ほとんど答えなかったり、まったくほとんど無関係な内容について話した場合には0点となります。

　それでは、Question 4形式の練習問題を始めましょう（全3問）。メモを取りながら音声で講義を聞き、続いてQuestionを聞いた後、書きとめたメモを見ながら20秒で解答の準備をします。この間音声はオンにしておいてください。20秒後にビープ音が鳴りますから、ここで音声を止めると同時に、60秒で解答してください。この60秒もストップウォッチで正確に測るようにしてください。MODEL ANSWERを確認した後、納得がいくまで再挑戦してください。各Exerciseも同じ手順で進めてください。

1. 問題

Exercise 1 ▶

リスニング　　　　　　　　　　　　　　　　　　**MP3 038**

　Now listen to part of the lecture in a sociology class.

スピーキング　（準備 **20** 秒、解答 **60** 秒）

Question: Using points and examples from the talk, explain how baseball's popularity in America is related to the individualistic spirit of American people.

Exercise 2 ▶

リスニング　　　　　　　　　　　　　　　　　　**MP3 039**

　Now listen to part of the lecture in a medical science class.

スピーキング　（準備 **20** 秒、解答 **60** 秒）

Question: Using points and examples from the talk, explain why the mechanistic view of the human body in Western medicine has recently come under criticism.

Now listen to part of the lecture in a zoology class.

スピーキング （準備 20 秒、解答 60 秒）

Question: Using points and examples from the talk, explain how humans' views of zoos have changed over the years.

2. 問題文訳と MODEL ANSWER

《 **4 点のサンプル解答** 》

　次の MODEL ANSWER は 4 点（満点）のスコアの解答例です。4 点ですから、採点基準で示した次の項目を満たしています。

採点項目	評価
①話し方 Delivery	○明瞭(clear)な話し方をしている
	○滑らかな(fluid)話し方をしている
	○不自然なほど遅くならず、自然な速さで話している
	○明瞭な発音で自然なイントネーションで話している
	○不自然な間合いがあったり、詰まったりしていない
②言語の使い方 Language Use	○基本的な文法が正しく使えている
	○より複雑で豊かな文構造が使えている
	○適切な基本語彙表現がうまく使えている
	○幅広く豊かな語彙表現が使えている
③トピックの展開の仕方 Topic Development	○Question に対して完全に答えている
	○具体性があり、うまくトピックが展開している
	○考えが首尾一貫してうまく表現されている
	○複数の考えがうまく関連づけられている
	○解答時間をほぼすべてうまく使えている

Exercise 1 ▶

設問訳 ▶

　話の要点や事例を用いて、どのようにアメリカでの野球の人気とアメリカ人の個人主義的精神が関連しているかを説明しなさい。

準備メモ ▶

質問のポイント：野球の人気とアメリカ人の個人主義的精神との関連性。

解答に含めるべきポイント：

◆野球は真にアメリカ的なスポーツ

　1. 1人の人間が主役になれる数少ないスポーツの1つ。

　2. チームメイトの助けもなく1人でピッチャーに立ち向かう。

　3. 成功か失敗かは個人の能力に左右される。

◆このような要素が、個人主義を重んじるアメリカ人の特質に合致する。グループより個人の能力を重視するアメリカ人にとっては、極めて魅力的なスポーツ。

MP3 041

M O D E L　A N S W E R

①**Even though** more people watch football and basketball, baseball is considered to be a truly 'American' sport. ②It is one of the few team sports where a single person takes center stage. ③**When** the batter is facing the pitcher, the uh ... the batter's individual performance is viewed in great detail. ④The batter cannot be assisted by his teammates, **so** he must accept full responsibility for his success or failure. ⑤**And as a result**, the success of the team depends on these one-on-one showdowns. ⑥**Since** Americans value individual performance above group performance, it is one of the few team sports that allow Americans to celebrate the lone competitor. (105 words)

訳 ‥‥‥‥‥‥‥‥‥‥‥‥‥‥‥‥‥‥‥‥‥‥‥‥‥‥‥‥‥‥‥‥‥‥

①フットボールやバスケットボールを見る人のほうが多いとしても、野球は真にアメリカ的なスポーツであるとみなされています。②それは、1人の人間が主役になれる数少ないチームスポーツの1つです。③バッターがピッチャーと向かい合うとき、バッター個人の能力がつぶさに観察されます。④バッターは、チームメイトに助けてもらうことができないので、うまくいくかいかないかは、完全な自己責任となります。⑤そして結果として、チームの勝利は、このような1対1の対決にかかっているのです。⑥アメリカ人は、グループの能力よりも、

個人の能力を重視するので、アメリカ人が孤独な競技者を祝福できる数少ない
チームスポーツの1つなのです。

　アメリカ人にとって、なぜこれほどまでに野球というスポーツが魅力的なのかをま
とめると、この講義の要約となり、Questionに対する解答となります。まず、最初に
「野球は真にアメリカ的なスポーツだとみなされている」とまとめておいて、具体的な
説明に入っています。「フットボールやバスケットボールを見る人のほうが多いとし
ても」と軽く付け足しているのも、うまい切り出し方といえるでしょう。次に、野球と
いうスポーツの特質を、「1人の人間が主役になれる数少ないチームスポーツの1つ」、
「バッターがピッチャーと向かい合うとき、バッター個人の能力がつぶさに観察され
る」、「バッターは、チームメイトに助けてもらうことができない」、「うまくいくかい
かないかは、完全な自己責任」、「チームの勝利は、このような1対1の対決にかかって
いる」というように、講義に基づいて具体的に説明しています。この特質は、すべてア
メリカ人の個人主義的性質につながる重要なポイントばかりですから、ほぼこれと同
じような内容は、解答に含めておきたいものです。そして「アメリカ人は、グループの
能力よりも、個人の能力を重視する」というように、アメリカ人の特質を述べて、野球と
いうスポーツと関連づけています。これで、Questionの要求にしっかりと応えてい
るといえるでしょう。無駄なく適量でまとめられています。基本的な文法間違いもあ
りません。特に難しい表現や構造の文は見られませんが、講義の中に出てきたボキャ
ブラリーをうまく利用して、本文の内容をうまくまとめあげています。解答の組み立
てや流れにも首尾一貫性があり、不自然な箇所がありません。

リスニング　講義のトランスクリプト

　　It is often said that the individualistic spirit of the American people is
reflected in the sport of baseball, which originated in the United States
and is traditionally considered to be the most popular sport in the country.
Football and basketball may draw more TV viewers, but for many American
people, baseball is the most quintessential American sport, ranking up there
with mom, apple pie and the American flag as things which evoke a special
warm feeling and unquestionable devotion in their hearts. For Americans, the
scene of the lone batter standing at home plate facing the opposing pitcher
as spectators look on is a microcosm of the individual's struggles in life itself.
With no teammates to assist him, the batter bears on his shoulders the weight
of the game, and victory or defeat seems determined in one moment by
whether or not he can hit the ball. In no other team sport does the individual's

performance regularly take center stage; in no other team sport are all eyes on a single player time after time. Every swing of his bat is recorded as foul, strike or hit; every hit is recorded as single, double, triple or home-run, and his seasonal average is recalculated after each time up at bat. No wonder, then, that Americans, who often see success as the result of individual rather than group effort, are so taken with a sport which so dramatically focuses on individual performance.

講義訳

　社会学の講義の一部を聞きなさい。

　アメリカの国民の個人主義的精神は、野球というスポーツに反映されているとよく言われます。野球はアメリカが発祥の地で、この国では、伝統的に最も人気の高いスポーツだとみなされています。フットボールやバスケットボールは、より多くのテレビ視聴者を引き付けるかもしれませんが、多くのアメリカ人にとって、野球は最も本質的なアメリカのスポーツであり、アメリカ人の心に特別な温かい感情と、疑いのない献身的な愛情を呼び起こすママやアップルパイや星条旗と並び立つものです。アメリカ人にとっては、観客たちが見守る中で、相手のピッチャーに1人ホームベースに立って立ち向かうその姿は、人生そのものの中にある個人の闘争の小宇宙なのです。支えてくれるチームメイトもなしに、バッターは、その試合の重みを一身に背負って、勝つか負けるかの勝負の行方は、彼がボールを打てるか否かによって、一瞬で決せられるように思われます。個人の能力が、これほどまでに定期的に注目を集めるチームスポーツは他にはありませんし、たった1人の選手に何度も全員の視線が注がれるようなチームスポーツは他にありません。彼のバットの一振りごとに、ファール、ストライク、ヒットと記録されます。そしてすべてのヒットは、シングルヒット、2塁打、3塁打、あるいはホームランと記録されるのです。そしてバッターのシーズン中の平均打率が、打席ごとに計算し直されます。だから、成功は、グループの努力というより個人の努力の結果と考えるアメリカ人は、劇的なまでに個人の能力を重視するスポーツに大いに引き付けられるのです。

Exercise 2

設問訳

　話の中の要点や事例を用いて、なぜ西洋医学の人間の身体を機械的なものとして捉える考え方が批判にさらされるようになったかを述べなさい。

準備メモ

質問のポイント：西洋医学の、人間の身体を機械的なものとして捉える考え方が批判的に見られるようになった理由。

解答に含めるべきポイント：

◆西洋医学が発達し、身体＝機械と捉えていた。悪くなった箇所は機械の部品と同じで、修理して直す。

◆身体＝機械という古い考え方より、精神と肉体は一体であるというホリスティック医学を支持する人が増加。

◆ストレスのために身体全体が不調になるというような症状は、機械的な見方では解決しない。

M O D E L   A N S W E R

①Western medicine developed during the industrial era. ②**Therefore**, a mechanistic view of the body became popular. ③Supporters of this viewpoint believe that the parts of the body are similar to the parts of a machine. ④**So, if** one part is not working well, you only to need to fix it and the machine or body will begin to work properly once more. ⑤**However**, recently, people are admitting that certain problems, like stress, cause malfunctions in the entire system. ⑥This belief has stimulated an increase in people supporting the idea of holistic medicine. ⑦In this type of medicine, the individual's mind and body are viewed as a whole. ⑧Holistic diagnosis and treatment **also** deal with the entire individual, not just the malfunctioning part. (122 words)

訳

①工業時代に、西洋医学が発達しました。②だから、身体を機械的なものと捉える見方が一般的になりました。③この見解を支持する人たちは、身体の各部は、機械の部品と似ていると信じています。④だから、もし部品の1つがうまく働かなくなったら、その部品や機械を修理しさえすればよく、それで身体はもう一度うまく機能し始めるということになります。⑤しかしながら、最近では、人々は、ストレスのようなある種の問題が、全体のシステムの機能停止を引き起こすことを認め始めています。⑥このようなことを信じるようになったことがきっかけとなって、ホリスティック医学という考え方を支持する人々の数が増えてきました。⑦この種の医学では、個人の精神と肉体は、一体であると考えられています。⑧ホリスティック医学の診断や治療はまた、個人全体を対象にしているのであって、不調な部分だけを対象としているのではありません。

講評

講義の前半では、西洋医学が、どのようにして人間の身体を機械とみなしていたかに

ついて説明されており、後半では、そのような考え方よりも、人間の精神と身体を一体のものとみなすホリスティック医学を支持する人が増えてきたことについて説明されています。Questionは、機械的な考え方が批判を受ける理由について尋ねていますが、これは、「ストレスのような精神面を無視して、ただ単に機械と同じように扱っていては、治療ができないものもある。そのような場合には、ホリスティック医学が有効である」というようにまとめることができます。解答の前半では、「もし部品の1つがうまく働かなくなったら、その部品や機械を修理しさえすればよく、それで身体はもう一度うまく機能し始めるということになる」というように、従来の西洋医学的見地が説明された後で、具体的に「人々は、ストレスのようなある種の問題が、全体のシステムの機能停止を引き起こすことを認め始めている」、そしてさらに「ホリスティック医学という考え方を支持する人々の数が増えてきた」、「この種の医学では、個人の精神と肉体は、一体であると考えられている」と続けることによって、人間の身体を機械とみなす西洋医学の欠点が浮き彫りになります。これで、Questionの要求にしっかりと応えているといえるでしょう。無駄なく適量でまとめられています。基本的な文法間違いもありません。特に難しい表現や構造の文は見られませんが、講義の中に出てきたボキャブラリーをうまく利用して、本文の内容をうまくまとめあげています。解答の組み立てや流れにも首尾一貫性があり、不自然な箇所がありません。

リスニング　講義のトランスクリプト

　　As the science of medicine developed in the age of industrialization in the West, a mechanistic view of the human body became predominant. In simple terms, the body came to be viewed as a machine, with each system and component part playing its own individual role in the functioning of the body as a whole. Since that time, sickness and disease have generally been viewed in Western medicine as a mere malfunctioning of one or more parts of the machine, and the physician's job, like a professional repairman, is to find the broken parts and fix them. Recently, critics have argued that this view ignores or underestimates the interrelationships that exist among these various parts and systems, and so fails to understand the complex workings of the body as a whole. In addition, it fails to give proper weight to the important relationship between mind and body when looking at the individual's general health and health problems. Certain physical problems, for example, may result from stress. For these reasons, a new approach to diagnosis and treatment is now gaining popularity in the West. Holistic medicine, which advocates diagnosis and treatment of the individual as a whole, rejects the mechanistic view of the body and its view of the physician as the repairman of the body's broken parts.

医学の講義の一部を聞きなさい。

　西洋の産業化の時代において、医学が進歩するにつれて、人間の身体を機械的なものと捉える見方が主流になりました。簡単に言うと、身体が、全体として機能することにおいて、それぞれのシステムや部品が、それぞれの役割を果たしている一台の機械としてみなされるようになったのです。それ以来、病気や疾病は、一般的に西洋医学では、単に、機械のひとつあるいはそれ以上複数の部品が機能しなくなったものとしてみなされてきました。そして、医者の仕事は、プロの修理屋のように、壊れた部品を見つけ、それを修復することなのです。最近では、批評家たちが、この見解は、これらのさまざまな部品やシステムの間に存在している相互関係を無視するか、過小評価している、そして身体の全体としての複雑な働きを理解し損なっていると主張してきました。さらに、そのような見解はまた、個人の健康や健康問題を見るときに、精神と肉体の重要な関係を重視し損なっているということです。例えば、ある肉体上の問題は、ストレスから生じるものかもしれません。このような理由で、診断や治療の新しい手法が、西洋では、ますます人気が高まりつつあります。ホリスティック医学（全体論的医学）とは、個人をひとつの全体として診断治療することを主張するものですが、身体を機械的に捉え、医者を身体の壊れた部品の修理屋として捉えることを拒みます。

Exercise 3

設問訳

　話の中の要点や事例を用いて人間の動物園に対する意識がどのように変化してきたかを説明しなさい。

準備メモ

質問のポイント：動物園に対する人間の意識の変化。

解答に含めるべきポイント：

◆動物園は、もともとはるか遠くの大陸の動物たちを、一般の人に公開するためのもの。人と動物の絆を築くのに一役買った。

◆昔は、檻やガラス、コンクリートの狭い囲いの中に動物を入れて公開していた。

◆時間の経過とともに、動物の権利に対しての意識が高まる。結果として、より自然な環境で動物を公開する動きが高まる。

◆動物を自然環境から追い出すこと自体に疑問を投げかける活動家もいる。

MP3 043

MODEL ANSWER

①**Originally**, zoos were created to display animals from far-away continents. ②Zoos were places where ordinary people would have a chance to see exotic animals for the first time. ③It is said that ... that zoos helped to create a bond between animals and humans. ④**Over time**, **however**, increased awareness of animal rights has led to a change in the way animals are displayed. ⑤**In the past**, uh ... they were displayed in cages, behind glass or in concrete spaces. ⑥**Now**, the animals are getting the chance to be displayed in more natural environments. ⑦**Yet**, animal rights activists now question whether or not we should take animals out of their natural environments in the first place. ⑧The future of zoos looks uncertain. (117 words)

訳

①もともと動物園は、はるか離れた大陸の動物たちを見せるために作られました。②動物園は、一般の人々が、初めて外来の動物を見るチャンスを与えられる場所でした。③動物園は、動物と人間の絆を築くのに一役買ったと言われています。④しかしながら、やがて時間の経過とともに、動物の権利に対する意識が強まり、動物の公開の仕方に変化が起こりました。⑤昔は、檻や、ガラスの後ろや、コンクリートの囲いの中に入れられて、見せられていました。⑥今では、動物たちも、もっと自然な環境で見せられる機会が多くなりつつあります。⑦しかし、動物の権利を主張する活動家たちは、そもそも、自然の環境から動物たちを追い出すべきか否かについて疑問の声を上げています。⑧動物園の将来は不確実なものです。

講評

　動物園に対する人間の意識がどのように変化したかがこの講義のテーマで、これをうまく要約してまとめれば、Questionに対する解答となります。「昔は、珍しいもの見たさで動物を檻や狭いところに閉じ込めていたが、動物にも権利があるということを考えれば、動物園もより自然に近い環境で公開されるべきだという考え方が強くなってきた」というのがはずしてはならないポイントですが、これだけでは、やや量的に少ないので、少し肉付けをする必要があります。解答ではまず、「動物園とはいかなるものであったのか」という説明から入っています。これは、講義の前半で取り上げられていた内容ですが、「動物園は、一般の人々が、初めて外来の動物を見るチャンスを与えられる場所」、「動物園は、動物と人間の絆を築くのに一役買った」というように簡潔にまとめられています。次に「やがて時間の経過とともに、動物の権利に対する意識

が強まり、動物の公開の仕方に変化が起こった」とはっきりとポイントが述べられており、その変化の結果どのようになったかということに関しても「今では、動物たちももっと自然な環境で見せられる機会が多くなりつつある」と付け加えられています。これで、Questionの要求にしっかりと応えているといえるでしょう。量的にはやや多めですが、時間内にまとめられています。基本的な文法間違いもありません。Over time, however, increased awareness of animal rights has led to a change in the way animals are displayed.のように、前文とうまくつなげて、やや複雑な構造をした文も使いこなせています。講義の中に出てきたボキャブラリーをうまく利用して、本文の内容をうまくまとめあげています。解答の組み立てや流れにも首尾一貫性があり、不自然な箇所がありません。

リスニング　講義のトランスクリプト

When Europeans first began to explore and colonize foreign lands, especially Africa, they brought back tales of wild and exotic creatures that their countrymen had never seen or perhaps even imagined. Certainly there must have been ancient stories, or bits and pieces of hearsay, but for the first time Europeans were able to read or hear detailed reports of first-hand encounters with amazing animals such as zebras, lions and giraffes. It is no surprise, then, that the idea of bringing these animals back to Europe and displaying them to the public captured popular imagination and zoos as we know them were born. Zoos today continue to be popular, entertaining and even educational places, where people around the world can see animals from all parts of the globe, and it can be argued that zoos have played an important role in creating a bond of familiarity between humans and animals. However, as an awareness of animal rights gradually took root in the late 20th century, more and more zoos strove to display animals in their natural habitats rather than in cages, behind glass, or in concrete confinements. This movement to create better environments for animals in zoos is certainly to be applauded, but now animal rights activists are raising questions about whether or not we humans even have the right to remove animals from their homes so that they can be displayed solely for our enjoyment. As we stand at the threshold of the 21st century, the justification for the existence of zoos is now being questioned.

講義訳 ·

　動物学の講義の一部を聞きなさい。

　ヨーロッパ人が、最初に外国の土地、特にアフリカを探索し、植民地化し始めたとき、彼らは、祖国の人たちが見たこともない、さらには想像さえしたこともないような野生のエキゾチックな生き物の話を持ち帰りました。確かに、古代の物語であったり、うわ

さの断片であったに違いありませんが、ヨーロッパ人は、初めてシマウマやライオンや
キリンのような驚くべき動物たちに直接遭遇したという細かい報告を読んだり聞いた
りすることができました。そこで、このような動物たちをヨーロッパへ連れて帰り、一
般の人に公開しようという考えが大衆の想像をかきたて、私たちが知る動物園が誕生
したのは当然のことでした。今日、動物園は人気があり、面白く、さらには教育にも役
立つ場所として存在し続けています。そこでは世界中の人たちが、地球上のあらゆる
地域から来た動物を見ることができ、動物園は、人間と動物たちの親しみの絆を築き上
げるのに、重要な役割を果たしてきたと主張することができます。しかしながら、20
世紀に、動物の権利に対する意識が、次第に根付き始めるにつれて、ますます多くの動
物園が、檻やガラスの後ろやコンクリートの監禁場所よりも、自然の生息地の環境で動
物たちを見せる努力をするようになりました。動物園の動物たちにより良い環境を作
るこの動きは、確かに大いに歓迎されるべきものではありますが、現在、動物の権利を
主張する活動家たちは、人間の楽しみのためだけに公開することができるように、動物
たちを生息地から移動させる権利を、われわれ人間が持っているのか否かということ
に関する問題を提起しています。われわれが、21世紀の出発点に立つにあたり、今、
動物園の存在の正当な理由が疑問視されつつあるのです。

第2章

スピーキング問題の徹底分析と対策

第3章

Chapter 3

問題形式別
重要表現100

伝わる表現をマスターしよう

　初級から中級レベルの学習者が思うようにスピーキングの解答が組み立てられない最大の要因の1つとして、使える表現のストックが極めて限定されていることが考えられます。この章では問題形式別にそのまま活用できる100の表現をまとめました。Questionの性質に応じて次のように3つに分けて紹介します。

　1. Question 1攻略のための重要表現　001-042
　　2つの選択肢から1つを選び、その理由を効果的に伝えるための表現です。

　2. Question 2攻略のための重要表現　043-064
　　大学キャンパス内の会話の要点をわかりやすく伝える表現です。

　3. Question 3・4攻略のための重要表現　065-100
　　アカデミックな講義の重要ポイントを正確に相手に伝えるための表現です。

　それぞれの形式のQuestionで使える表現を積極的に増やして、論理的で滑らかな英語が口をついて出てくるまで繰り返しトレーニングを続けましょう。

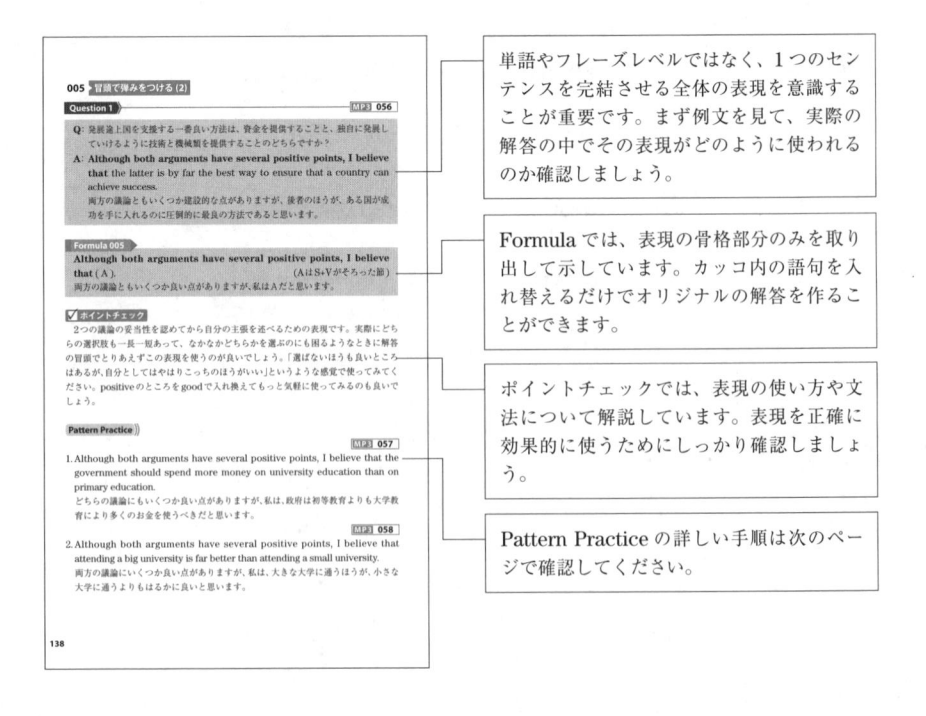

単語やフレーズレベルではなく、1つのセンテンスを完結させる全体の表現を意識することが重要です。まず例文を見て、実際の解答の中でその表現がどのように使われるのか確認しましょう。

Formulaでは、表現の骨格部分のみを取り出して示しています。カッコ内の語句を入れ替えるだけでオリジナルの解答を作ることができます。

ポイントチェックでは、表現の使い方や文法について解説しています。表現を正確に効果的に使うためにしっかり確認しましょう。

Pattern Practiceの詳しい手順は次のページで確認してください。

Pattern Practice の取り組み方

　各ターゲット表現をしっかりと定着させるために、各ページの最後に語句を入れ替えた英文を2つ用意しました。たくさん表現を知っていても、なかなか本番で使いこなすのは難しいものです。ここでは表現というより、英文をまるごと自分のレパートリーにするつもりで取り組んでください。

　次のステップでトレーニングを行いましょう。

STEP 1 ▶ リピーティング

　音声を聞いて英文を見ながら、一緒に発音してみましょう。上手くいくまで何度も繰り返してください。

STEP 2 ▶ シャドーイング

　上手く音が出せるようになったら、次に英文を見ないで流れる音声にかぶせるようにコピーしましょう。最初は意味を考えずに、とにかく音が重なるぐらいまで繰り返しましょう。次に英文の意味を考えながらシャドーイングをしてみましょう。

STEP 3 ▶ リテンション

　音も意味も十分になじんだところで、次は音声を流した後、自分で同じように英文を再生して言ってみましょう。最初のうちはやや長い英文を再生するのが難しいかもしれませんが、繰り返しトレーニングを続けると次第にうまくできるようになります。

STEP 4 ▶ 音読

　音と意味の回路が出来上がったところで、英文を何度も音読しましょう。覚えきってしまうぐらいまで繰り返しておきましょう。

STEP 5 ▶ 実践

　語句を入れ替えながら習得した表現を使ってみましょう。意識して何度も使ううちに気づけば自分の得意な表現になっていることでしょう。

001 ▶ Question 1 の解答の冒頭はこれで決める

Question 1 ▷ —————————————————————————————— MP3 044

Q: 家と図書館のどちらで勉強するのがいいですか？
A: **I would rather** study in the school library **than** study at home.
 私は家で勉強するよりも学校の図書館で勉強するほうがいいです。

Formula 001 ▶
I would rather (A) **than** (B).
BするよりもAするほうがいいです。

✓ ポイントチェック

 Question 1は、例えば「図書館で勉強するのか、あるいは家で勉強するのかどちらがいいですか」などのような2つの選択肢から1つを選ぶ問題です。制限時間は45秒しかありませんから、解答の冒頭ではまず迷わず、どちらが良いのかを明確に伝えることが重要です。その時にこの表現を使ってみましょう。would rather A than BのAとBのところに動詞の原形を入れるだけで、ほとんどのQuestion 1の問題に対応できます。Aには自分が選んだほうを、Bには選ばないほうを入れるようにします。

Pattern Practice))

MP3 045

1. I would rather take a final exam than write a research paper.
 私は研究論文を書くよりも期末試験を受けるほうがいいです。

MP3 046

2. I would rather rent an apartment outside the campus than live on campus.
 私はキャンパスに住むよりもキャンパス外でアパートを借りるほうがいいです。

002 ▶ 好みをはっきりと言う

Question 1 ▶▶ ─────────────────────────────── MP3 047

Q: アルバイトをするなら平日の夜と週末のどちらが良いですか？

A: **I would prefer to** work part-time on weekends because of my current schedule.

私は現在のスケジュールを考えると、週末にアルバイトをするほうを好みます。

Formula 002 ▶

I would prefer to (A).
私はAするほうを好みます。

✓ ポイントチェック

　2つの選択肢からいずれか1つを選ぶ際に使う表現です。would prefer to do とで「自分だったら〜する方がいい」という意味になり、明確な主張を伝えることができます。単に prefer（〜を好む）だけの場合と、would prefer という表現には大きな違いがあることに注意してください。prefer は「（基本的にずっと）〜の方を好きでいる」という状態を意味するのに対し、would prefer は「（今回のこのケースであれば）こちらのほうを好んで選ぶだろう」というニュアンスになります。このように Question 1 の選択問題に答えるときには、would が必要になります。

Pattern Practice ▶▶

MP3 048

1. I would prefer to watch movies on a mobile device at home.
私は家で、モバイル機器で映画を見るほうを好みます。

MP3 049

2. I would prefer to do volunteer work talking to the elderly.
私は高齢者とお話をしてボランティアをするほうを好みます。

第3章 問題形式別 重要表現 100

003 ▶ 婉曲的な定型表現を使う

Q: 試験勉強は一人でするのが良いですか、それともグループでするのが良いですか？

A: **I think it would be better for me to** study alone for the examination.
私は、試験勉強は一人でするほうが良いだろうと思います。

Formula 003 ▷

I think it would be better for me to (A).
Aすることのほうがより良いだろうと思います。

☑ ポイントチェック

　これは好みを尋ねる問題に対する解答の冒頭で使える表現です。would rather や would prefer と同じように、自分の意見を伝える表現ですが、少し婉曲的でやわらかい印象を与えます。Question 1 の解答の冒頭で使う表現のバリエーションとして、とっさに使えるようにトレーニングをしておきましょう。

Pattern Practice))

MP3 051

1. I think it would be better for me to get up early to study more efficiently.
私はより効率よく勉強するために早起きするほうがよりよいだろうと思います。

MP3 052

2. I think it would be better for me to join a library tour to learn more about the library system.
図書館のシステムについてより多く知るために、図書館案内ツアーに参加するほうがより良いと思います。

004 冒頭で弾みをつける (1)

Question 1 ⟫ ─────────────── MP3 053

Q: 仕事は一人でするのが良いですか、それともグループでするのが良いですか？

A: **Although the answer to this can depend on many factors, I personally believe that** working within a team is more likely to produce better results.

これに答えるには、様々な要因にもよりますが、私は個人的にチーム内で仕事をするほうがより良い結果を生み出すことになると思います。

Formula 004 ▶

Although the answer to this can depend on many factors, I personally believe that (A). (AはS+Vがそろった節)

これに答えるには、様々な要因にもよりますが、私は個人的にAだと思います。

✓ ポイントチェック

　この表現は、「この質問に答えるためには、様々な多くの要因を考慮してみないとなんとも言えないところもありますが」というようなニュアンスを出してから自分の主張を述べるときに使います。Question 1の選択問題なら、たいていの場合、解答の冒頭部分のちょっとした時間稼ぎに使うことができるでしょう。特に必要なフレーズではありませんが、解答の入り方を滑らかにするために、お決まりフレーズとして持っておくとよいでしょう。

Pattern Practice ⟫

MP3 054

1. Although the answer to this can depend on many factors, I personally believe that lecture-style classes are better than seminar-style classes.

これに答えるには、様々な要因にもよりますが、個人的には講義形式の授業のほうがゼミ形式の授業よりも良いと思います。

MP3 055

2. Although the answer to this can depend on many factors, I personally believe that hands-on experience can be more useful than knowledge gained from books.

これに答えるには、様々な要因にもよりますが、個人的には実際の経験のほうが本から得た知識よりも有益であると思います。

第3章　問題形式別 重要表現 100

Q: 発展途上国を支援する一番良い方法は、資金を提供することと、独自に発展していけるように技術と機械類を提供することのどちらですか？

A: **Although both arguments have several positive points, I believe that** the latter is by far the best way to ensure that a country can achieve success.
両方の議論ともいくつか建設的な点がありますが、後者のほうが、ある国が成功を手に入れるのに圧倒的に最良の方法であると思います。

Formula 005 ▶

Although both arguments have several positive points, I believe that（A）.　　　　　　　　　　　（AはS+Vがそろった節）
両方の議論ともいくつか良い点がありますが、私はAだと思います。

☑ ポイントチェック

2つの議論の妥当性を認めてから自分の主張を述べるための表現です。実際にどちらの選択肢も一長一短あって、なかなかどちらかを選ぶのにも困るようなときに解答の冒頭でとりあえずこの表現を使うのが良いでしょう。「選ばないほうも良いところはあるが、自分としてはやはりこっちのほうがいい」というような感覚で使ってみてください。positiveのところをgoodで入れ換えてもっと気軽に使ってみるのも良いでしょう。

Pattern Practice 》

MP3 057

1. Although both arguments have several positive points, I believe that the government should spend more money on university education than on primary education.
どちらの議論にもいくつか良い点がありますが、私は、政府は初等教育よりも大学教育により多くのお金を使うべきだと思います。

MP3 058

2. Although both arguments have several positive points, I believe that attending a big university is far better than attending a small university.
両方の議論にいくつか良い点がありますが、私は、大きな大学に通うほうが、小さな大学に通うよりもはるかに良いと思います。

006 ▶ 自分とは異なる意見に言及する

Question 1 ▶ MP3 059

Q: 自分と同じ好みを持つ友人と、自分とは異なる友人のどちらがより有益だと言えますか？

A: **Although** a friend with the same interests can have many advantages, **I believe that** someone who is different from you is much more beneficial.

同じ好みを持つ友人には多くの利点がありえますが、自分とは異なる人のほうがさらにもっと有益だと思います。

Formula 006

Although (A), **I believe that** (B). （AとBはS+Vがそろった節）
Aなのですが、Bだと思います。

✓ ポイントチェック

　自分とは異なる立場も尊重するための表現です。ライティングではないので、長いリード（冒頭の導入部分）は不要ですが、軽く添える感じで始めると、なんとなくこなれた感じの印象を与えることができます。その際はAlthough S+Vという形で、自分が選ばないほうの選択肢について「〜にも良いところはあるけど」のように簡単に表現してみましょう。

Pattern Practice ▶

MP3 060

1. Although living in the countryside may be nice, I believe that living in a city is far more convenient.

　田舎に住むのも素敵かもしれませんが、私は都会に住むほうがはるかに便利だと思います。

MP3 061

2. Although it's true that college students can benefit from working part-time, I believe they should spend more time on study.

　大学生はアルバイトから得られるものがあることも事実ですが、もっと勉強に時間を使うべきだと思います。

第3章 問題形式別 重要表現 100

MP3 062

Q: キャンパスの寮での生活と、キャンパス外のアパートでの一人暮らしのどちら
を好みますか？

A: **I see** college **as a chance to begin** establishing my independence, **so
I'd prefer to** live alone in an apartment off campus.
私は大学を自分が独立する機会だと思うので、キャンパス外のアパートで独り
暮らしをするほうを好みます。

Formula 007 ▶

I see (A) as a chance to begin (B)ing ..., so I'd prefer to (C).
私はAがBを始める機会だと思うので、Cするほうを好みます。

✓ ポイントチェック

　自分の選択をストレートに言う前に、前振りとして自分がそれを選択する意義や理
由を簡単に言ってみるとまとまりのある出だしとなります。例文では、先に「独立する
機会となるので」という理由を簡単に述べた後に「キャンパス外のアパートでの独り暮
らし」という自分の選択を提示しています。理由を多く述べすぎないように注意しま
しょう。

Pattern Practice ⟩⟩

MP3 063

1. I see sports as a chance to begin living a healthy life, so I'd prefer to join
some sports-oriented circle activities.
私は、スポーツは健康的な生活を送り始める機会だと思うので、スポーツ関係のサー
クル活動に参加するほうを好みます。

MP3 064

2. I see cooperation as a chance to begin establishing a good relationship with
other people, so I'd prefer to join the volunteer.
私は協力を他人と良い関係を築き始める機会だと思うので、ボランティア活動に参
加するほうを好みます。

008 ▶ If の表現でためを作る (1)

Question 1 ▶

Q: 友好的な人と清潔な人のどちらと部屋をシェアしたいですか？

A: **If I were to choose** a person to share a room with, **then I would definitely** select someone who is friendly.
もし部屋を共有する人を選ぶとしたら、それなら私は絶対に友好的な人を選ぶでしょう。

Formula 008 ▶

If I were to choose (A), **then I would definitely** (B).
仮にAを選ぶとしたら、それなら私は絶対にBします。

✓ ポイントチェック

　If I were to ～という表現を用いることによって、「選択肢のどちらかを選ぶと仮定した場合」という意味で解答を始めることができます。were toを「実現の可能性がゼロに近い場合に用いる表現」と思い込んでいる人が多いのですが、この表現はそもそも実際に実現するかしないかということは一切考慮せず、ただ「このような場合はどうするか」という仮定を表現したいときに使う表現です。I would definitelyのあとに自分の選択を入れます。

Pattern Practice 》

1. If I were to choose a place to live as a college student, then I would definitely live in a city that has good access to transportation.
大学生として住む場所を選ぶとするならば、それなら私は絶対に交通の便が良い都会に住むでしょう。

2. If I were to choose a person to travel abroad with, then I would definitely select someone I can share a common interest with.
仮に海外旅行に一緒に行く人を選ぶとしたら、それなら私は絶対に共通の興味を持った人を選ぶでしょう。

第3章 問題形式別 重要表現 100

Q: 国際音楽祭と国際フードフェスティバルのどちらに行きたいですか？

A: **If I had to select one of these two choices, then I would certainly go for** the international music festival.
仮に私がこの2つの選択肢のうちのどちらかを選ばなければならないとしたら、それなら私は確実に国際音楽祭を選ぶでしょう。

Formula 009

If I had to select one of these two choices, then I would certainly go for (A).
仮に私がこの2つの選択肢のうちのどちらかを選ばなければならないとしたら、それなら私は確実にAを選ぶでしょう。

✓ ポイントチェック

　Question 1は選択問題ですから、この前半のIf表現は覚えておけばほとんどの場合、深く考えずに使うことができます。go forには「好きなものや人を選ぶ、好む」の意味がありますから、これも一緒に覚えておくと便利です。If I had to select one of these two choicesには、「どちらの選択肢も捨てがたいが、あえて選ぶとするなら」というようなニュアンスがこめられます。あえて言わなくても良い表現ですが、勢いをつけたければ使ってみましょう。

Pattern Practice))

MP3 069

1. If I had to select one of these two choices, then I would certainly go for a Japanese restaurant.
　仮に私がこの2つの選択肢のうちのどちらかを選ばなければならないとしたら、それなら私は確実に和食レストランを選ぶでしょう。

MP3 070

2. If I had to select one of these two choices, then I would certainly go for camping in the mountains.
　仮に私がこの2つの選択肢のうちのどちらかを選ばなければならないとしたら、それなら私は確実に山でのキャンプを選ぶでしょう。

010 ▶ 主張をシンプルにストレートに伝える

Question 1 ▶ ━━━━━━━━━━━━━━━━━━━━━━━━━━━━ MP3 071

Q: 入学時に専攻を決める日本の大学システムと2年生の半ばあるいは終わりまで専攻を保留できるアメリカ大学システムのどちらが良いですか？

A: The American system **suits me better**.
私にはアメリカのシステムのほうが合います。

Formula 010 ▶

（A）**suits me better**.
Aのほうが私にはより合っています。

☑ ポイントチェック

短くシンプルにストレートに自分の選択を伝えることができる表現です。～ suits meは、「人やものが自分に合う」という意味です。単純なフレーズの2択の場合は、先にこれを言ってから、順にその理由を加えていくとよいでしょう。2択ですから、betterをつけて、自分が選ばなかったほうよりも良いというニュアンスになります。

Pattern Practice 》

MP3 072

1. Rural life suits me better.
田舎暮らしのほうが私には合っています。

MP3 073

2. The new grading system suits me better.
新しい評価システムのほうが私には合っています。

第3章

問題形式別 重要表現 100

011 ～ suits me better を少し応用してみる

MP3 074

Q：2年制大学と4年制大学ではどちらが適していますか？

A：**The option that suits me better is to** enter a 4-year college.
私により合う選択肢は4年制の大学に入学することです。

Formula 011

The option that suits me better is to (A).
私により合う選択肢はAすることです。

✔ ポイントチェック

すでに習得した～ suits me betterという表現をもう少し形を変えて使ってみます。短くて直接的な表現もいいですが、ちょっとした工夫で少しレベルがアップしたような気にもなります。The option that suits me better（私により合う選択）を主語にして、その選択の内容をbe動詞isでつなげてto enter a 4-year college（4年大学に入学すること）のようにto不定詞で表現します。

Pattern Practice

MP3 075

1. The option that suits me better is to take a longer vacation at a time.
   私により合う選択肢は一度により長い休暇を取ることです。

MP3 076

2. The option that suits me better is to study for the exam together in a group.
   私により合う選択肢はグループで一緒に試験勉強をすることです。

012 ▶ since で軽く自分の立場を説明する

Q: 文系の選択科目と理系の選択科目ではどちらを取りますか？

A: **Since** my major is in the humanities, **I'd like to** take an elective course in the sciences.
私の専攻は文系なので、私は理系の選択科目を取ってみたいです。

Formula 012 ▶

Since (A), **I'd like to** (B). （AはS+Vがそろった節）
AなのでBしたいです。

✔ ポイントチェック

sinceは理由を表す接続詞として使えます。通常はsinceの後はすでに相手も知っている理由を軽く言うときに使われることが多いといえます。この場合のように、特定の選択に至る、自分の立場や背景を軽く付け足したいときに使用してみるのも良いでしょう。becauseは相手が知らない直接的な理由、つまり相手が知らない新しい情報を提供するということで、「旧情報→新情報」という英語の自然な流れに逆らうことから、文頭に用いると不自然なこともあるので注意しましょう。

Pattern Practice ⟩⟩

1. Since I am an avid movie fan, I'd like to go for the international movie festival.
私は熱狂的な映画ファンなので、国際映画祭のほうを選びたいです。

2. Since I am particular about my food, I'd like to cook at home instead of eating out.
私は食にこだわりがあるので、外食するよりも自炊したいです。

───────────────────────────── MP3 080

Q: 大学での喫煙全面禁止と指定場所での喫煙許可のどちらが好ましいと思いますか？

A: **I think** the policy to allow smoking in designated areas **is preferable for two main reasons**.

私は、2つの主な理由で、指定場所で喫煙を許可する方針のほうが好ましいと思います。

Formula 013 ▶

I think (A) is preferable for two main reasons.

2つの主な理由で、私はAが好ましいと思います。

✓ ポイントチェック

　Question 1の45秒という解答時間を考えれば、2つの理由を挙げるのが最も無理なく良い解答が出来上がる可能性が高いと言えます。自分の主張を述べるときに必ずしもfor two main reasons（2つの主な理由で）のような表現を使う必要はありませんが、ときに自分の考えを整理して実際の理由につなげるのも一つの選択肢として持っておくとよいと思います。preferableという形容詞は「好ましい、望ましい」という意味です。

Pattern Practice ⟩⟩

MP3 081

1. I think spending the money buying a book is preferable for two main reasons.

　2つの主な理由で、私はそのお金で本を購入するほうが好ましいと思います。

MP3 082

2. I think the quarter system is preferable to the semester system for two main reasons.

　2つの主な理由で、私はクオーター制度のほうがセメスター制度よりも好ましいと思います。

014 ▶ 断定を避けて自分の意見を言う

Question 1 》 ────────────────── MP3 083

Q: ダイエットキャンプと無料のジム会員で減量に効果的なのはどちらですか？

A: **I'd say** diet camps work better than free gym memberships.
　ダイエットキャンプのほうが無料のジム会員のほうが効果的だと思います。

Formula 014 ▶

I'd say (A).　　　　　　　　　　　　　　（AはS+Vがそろった節）
私の意見ではAだと思います。

☑ ポイントチェック

　冒頭にI'd say (= I would say)とつけるだけで、断定を避けて「私の意見では〜だと思う／〜と言ってもよいと思う」というニュアンスを出すことができます。In my opinion（私の意見では）やI think（私は思う）の代りに、より軽い感じで使えるので、表現のバリエーションとして覚えておくとよいでしょう。

Pattern Practice 》

MP3 084

1. I'd say that plan is pretty close to perfect.
　私の意見では、その計画はほぼ完ぺきに近いと思います。

MP3 085

2. I'd say there is a big difference between these two policies.
　この2つの方針には大きな違いがあるのではないでしょうか。

Question 1 ▶ ────────────────────────────── MP3 086

Q: 新しいことに挑戦するのとルーティーンを繰り返すのとではどちらを選びますか？

A: **I think** trying something entirely new **is more challenging and rewarding than** doing the same old thing.
完全に新しいことに挑戦するのは、相変わらずお決まりのことをするよりもやりがいがあり、実りあることだとも思います。

Formula 015 ▶

I think (A) is more challenging and rewarding than (B).
AはBよりもやりがいがあり、実り多いものだと思います。

☑ **ポイントチェック**

　いつもI think it's better than ～（それは～よりいいと思います）のような表現しか思い浮かばない人は、ここで少し一味違ったchallenging（やりがいがある）とrewarding（実りが多い、満足感が得られる）という形容詞を使ってみましょう。どちらか片方だけでもよいのですが、2つ並べて使うとより良い感じになります。主語やthanの後は、例文のように動名詞でそろえるか、名詞のフレーズでそろえてもかまいません。

Pattern Practice))

MP3 087

1. I think working on such a difficult job is more challenging and rewarding than just doing what I can do easily.
　そのような難しい仕事に取り組むことは、簡単にできることをしているだけよりもやりがいがありより満足感も得られると思います。

MP3 088

2. I think doing volunteer work in the disaster-hit area is more challenging and rewarding than working part-time at a café.
　被災地でボランティア活動をすることは、カフェでバイトをするよりもやりがいがあって、より満足感が得られると思います。

016 ▶ 好みを対比させて並べてみる

Question 1 ▶▶ ━━━━━━━━━━━━━━━━━━━━━━━━━━━━━━ MP3 089

Q: 理系科目と文系科目のどちらが好きですか？

A: **I'm interested in** science and technology, **but I also like** literature and history.

私は科学や科学技術に興味がありますが、文学や歴史も好きです。

Formula 016 ▶

I'm interested in (A), **but I also like** (B).

私はAに興味がありますが、Bも好きです。

☑ ポイントチェック

「〜に興味はあるが、私はまた〜も好きです」と言うように、自分の好みを対比させて並べる表現です。この場合、基本的に後にあげたもの、この例文の場合はliterature（文学）とhistory（歴史）に焦点を当ててエッセイを展開していくことになります。butという接続詞とalso（〜もまた）という副詞を組み合わせることにより、not only A but also B（AだけではなくBも）と同じようなニュアンスを出しています。

Pattern Practice ▶

MP3 090

1. I'm interested in subjects in the sciences such as astronomy and physics, but I also like subjects in the humanities such as linguistics and history.

私は天文学や物理学のような理系科目に興味がありますが、言語学や歴史のような文系科目も好きです。

MP3 091

2. I'm interested in French cuisine, but I also like Italian cuisine.

私はフランス料理に興味がありますが、イタリア料理も好きです。

MP3 092

Q: スポーツイベントと音楽コンサートではどちらが好みですか？

A: Watching sporting events will **encourage and inspire me much more than** music concerts do.
スポーツイベントを見るほうが、音楽コンサートよりもずっと私に希望を与えてくれ元気づけてくれるでしょう。

Formula 017 ▶

(A) **encourage and inspire me much more than** (B).
AはBよりずっと私に希望を与えてくれ元気づけてくれます。

☑ **ポイントチェック**

Question 1では2つの選択肢を比較したうえで、どちらを好むのかを主張することがよくあります。シンプルにI like A better than B.（私はBよりAが好きだ）と言うのもいいですが、より強い感情を表すために、encourage（勇気づける、希望を与える、励ます）やinspire（鼓舞する、元気づける、刺激する）を使って表現してみるのもいいでしょう。例文では2つの動詞を並べていますが、もちろんどちらか1つを使用してもかまいません。比較のバリエーションとして覚えておくと便利です。

Pattern Practice))

MP3 093

1. Reading a book encourages and inspires me much more than seeing a movie.
本を読むほうが映画を見るよりずっと私に希望を与えてくれ私を刺激してくれます。

MP3 094

2. Studying together in a group will encourage and inspire me much more than studying by myself.
みんなで集まって一緒に勉強するほうが、一人で勉強するよりもずっと私を勇気づけ刺激を与えてくれます。

018 ▶ 最上級で主張を強調する

Question 1 ▶▶   **MP3 095**

Q: 理科の授業と美術の授業ではどちらが役に立ちますか？

A: **I think the least** useful class **I have ever** taken **is** a science course taught by Mr. Poole when I was in junior high school.
今まで受けた授業の中で最も役に立たないものは、中学のときにプール先生に教わった理科の授業だと思います。

Formula 018 ▶

I think the most / least (A) I have ever (B) is (C).
私が今までBしてきた中で、最もAだった / 最もAでなかったものはCだと思います。

☑ ポイントチェック

「今までで最も〜である / 〜でないものは」と言うように、最上級を使って自分の主張を強調することができます。the most 〜 I have ever … / the least 〜 I have ever …のように名詞の固まりとしてまとめると、「私が今まで…してきた中で最も〜な / 〜でない」という意味で主語として使うことができます。

Pattern Practice ▶▶

                                                                    MP3 096

1. I think the most exciting class I have ever taken is an astronomy course taught by Professor Yamada at university.
私が受けた授業の中で最もわくわくしたものは大学で山田教授から受けた天文学のコースだと思います。

                                                                    MP3 097

2. I think the least informative special lecture I have ever attended is the one given by a professor from a leading university the other day.
私が今まで参加した特別講義の中で最も役に立たなかったものは、先日ある一流大学の教授によって行われた講義だと思います。

Question 1 ───────────────────────────── MP3 **098**

Q：知識と想像力で重要なのはどちらですか？

A: **I acknowledge that** imagination **is important, but I think that for most people** knowledge **is more important.**
想像力が重要であることは認めますが、私はほとんどの人にとって知識のほうがより重要だと思います。

Formula 019

I acknowledge that (A) is important, but I think that for most people (B) is more important.
Aが重要なことは認めますが、たいていの人にとってBはもっと重要だと思います。

☑ **ポイントチェック**

2つの選択肢のうち、自分が選ばないほうの価値も最初に認めて、その後に自分の主張を続ける表現のバリエーションです。例文のようにimagination（想像力）とknowledge（知識）という1つの単語で表せる選択肢なら、なお簡単に表現することができます。この2つの単語を入れ替えるだけで、全く反対の主張ができあがります。内容に応じてfor most peopleは取ってしまって構いません。

Pattern Practice 》

MP3 **099**

1. I acknowledge that money is important, but I think that for most people health is more important.
   お金が重要なことは認めますが、たいていの人にとって健康はもっと重要だと思います。

MP3 **100**

2. I acknowledge that diligence is important, but I think that efficiency is more important.
   勤勉さが重要なことは認めますが、私は効率性のほうがもっと重要だと思います。

020 ▶ help をうまく使いこなす

Q: 教科書とネット情報で役に立つのはどちらですか？

A: My textbook **did little to help me** understand the social and psychological conditions of the period.
私の教科書は、私がその時代の社会状況や心理状況を理解するのにほとんど役に立ちませんでした。

Formula 020 》

(A) **do / did little to help me** (B).
Aは私がBするのにほとんど訳に立ちません/立ちませんでした。

✓ ポイントチェック

do little to help me understand ～は「私が～を理解するのにほとんど役に立たない」という意味です。このhelpは後に動詞の原形を続けることができるという点で特別な動詞です。help+O+動詞の原形(to doの可能性もあり)で「Oが～するのに役立つ」という意味になり、例文のように主語を無生物にすることができます。

Pattern Practice 》

MP3 102

1. My teacher's advice did little to help me decide which to choose out of the two courses.
私の先生のアドバイスは、私が2つのコースのどちらを選ぶか決めるのにほとんど役に立ちませんでした。

MP3 103

2. Those simple instructions did little to help me understand how to use such a complicated machine.
そんな簡単な説明書では、私があんなに複雑な機械の使い方を理解するのにほとんど役に立ちませんでした。

Question 1 〉〉──────────────────────────────── **MP3 104**

Q: 試験勉強するなら図書館と家のどちらですか？

A: **I need access to** the library in the evening, after my classes.
　　私は授業が終わった後、夕方に図書館を利用する必要があります。

Formula 021 〉

I need access to (A).
私はAを入手・利用する必要があります。

☑ **ポイントチェック**

　　need access to ～で「～を入手・利用する必要がある」という意味で、この場合の access は名詞です。have access to ～「～を入手・利用する」という表現と一緒に覚えて使いこなせるようにしておきましょう。動詞で使う場合は access a network / a database / the Internet / information のように、通常 to はつけずに他動詞として用いられます。

Pattern Practice 〉〉

MP3 105

1. I need access to the database for my research paper.
　研究論文を書くためにそのデータベースを利用する必要があります。

MP3 106

2. I need access to additional information to complete the task.
　その課題を完了させるために、追加情報を入手する必要があります。

022 ▶ 選ばない選択肢の価値が低いことを強調する

Question 1 ▶ MP3 107

Q: 運動と食事制限でダイエットに効果的なのはどちらですか？

A: **I learned nothing from the experience except that this kind of exercise is a terrible anachronism.**
私は経験から、この種の運動がひどく時代錯誤的なものだということ以外に何も学ぶことはありませんでした。

Formula 022

I learned nothing from the experience except that this kind of (A) is a terrible anachronism.
私は経験から、この種のAがひどく時代錯誤的なものだということ以外に何も学ぶことはありませんでした。

✓ ポイントチェック

learn nothing except that ～は「～であること以外は何も学ばない」、つまり「ほとんど得られるものがない」ということを強調します。except that の後には自分では選ばないほうの選択肢の具体的なマイナス面を挙げます。さらに learn from the experience（経験から学ぶ）と表現することにより、自分の主張のサポートを強化することができます。自然発生的な表現ではないので、覚えておくと便利です。

Pattern Practice ⟩⟩

MP3 108

1. I learned nothing from the experience except that this kind of learning method is a terrible anachronism.
私は経験から、この種の学習法がひどく時代錯誤的なものだということ以外に何も学ぶことはありませんでした。

MP3 109

2. I learned nothing from the experience except that this kind of rehabilitative program is a terrible anachronism.
私は経験から、この種の更生プログラムがひどく時代錯誤的なものだということ以外に何も学ぶことはありませんでした。

Q: 大学生にとってアルバイトするのとしないのではどちらが良いですか？

A: **I think** working part-time **will be a good experience, giving me real-life skills that will serve me well in the future.**

アルバイトをすることは良い経験になるでしょうし、それが将来自分に大いに役立つ実生活のためのスキルを与えてくれると思います。

Formula 023 ▶

I think（A）will be a good experience, giving me real-life skills that will serve me well in the future.

Aは良い経験にもなるでしょうし、それが将来自分に大いに役立つ実生活のためのスキルを与えてくれると思います。

✔ ポイントチェック

a good experience（良い経験）というところで一度区切ってもいいのですが、「その経験というものが〜してくれる」と続けたいときには、そのまま動詞を現在分詞と呼ばれる〜 ing の形にして簡単に情報を追加することができます。短いセンテンスを何度も区切りながら解答を続けるのではなく、論理的なつながりや流れを意識しながら、このような形で情報を追加すると、全体にメリハリがでてきます。

Pattern Practice 》

1. I think working as a summer intern will be a good experience, giving me real-life skills that will serve me well in the future.

   夏のインターンとして働くことは良い経験になるでしょうし、それが将来自分に大いに役立つ実生活のためのスキルを与えてくれると思います。

2. I think helping my father with his business will be a good experience, giving me real-life skills that will serve me well in the future.

   父の仕事の手伝いをすることは良い経験になるでしょうし、それが将来自分に大いに役立つ実生活のためのスキルを与えてくれると思います。

024 ▶ 選ぶ目的を先に示す

Question 1 ▶▶▶ `MP3 113`

Q: あなたは2年制カレッジと4年制大学のどちらを選びますか？

A: **To** achieve a goal of becoming a high school teacher, **I know that I need to** get at least a bachelor's degree.

高校の教師になるという目標を達成するために、私は少なくとも学士号を取得しなければならないことを知っています。

Formula 024 ▶

To (A), **I know that I need to** (B).

Aするために、Bする必要があることを知っています。

☑ ポイントチェック

To不定詞から始めて、自分がその選択肢を取る目的を簡単に示すことができます。この例文では2年制ではなく4年制の大学を選択する理由が、「高校の教員になるため」だということが分かります。詳しい説明は後回しにするとして、聞き手にとっては極めて明快に話し手の意図が伝わる表現です。この目的を表すTo doは、文の後ろに続けることもでき、in order to do と表現されることもあります。

Pattern Practice))

`MP3 114`

1. To take over my father's business, I know I need to get an MBA at an American university.

父のビジネスを引き継ぐために、私はアメリカの大学でMBAを取る必要があることは分っています。

`MP3 115`

2. To become a good interpreter, I know I need to do a lot of sight translation practice.

良い通訳者になるために、私はたくさんのサイトトランスレーションの練習をする必要があることは知っています。

Q：本と映像では歴史を知るのにより役立つのはどちらですか？

A：**I strongly recommend** reading historical books **to anyone who wants to** develop a deep understanding of the period background.
私は、時代背景の理解を深めたいと思っている人にならだれでも歴史書を読むことをお勧めします。

Formula 025

I strongly recommend (A) to anyone who wants to (B).
私はBしたいと思っている人ならだれにでもAを強くお勧めします。

✓ ポイントチェック

　I strongly recommend ～は「～を強く勧める」という意味で、自分が選択したものの価値を強くアピールするために使うことができます。この例文では、当然映像よりもまず本を読むことが大事だということを主張しています。recommend A to B で「AをBに推薦する」という意味です。recommendの後に動名詞～ ingやthat節を続けることはできますが、to不定詞を続けてrecommend to doとは言いませんので注意してください。

Pattern Practice ⟩⟩

MP3 117

1. I strongly recommend the textbook to anyone who wants to learn the fundamentals of biology.
私は、生物学の基礎を学びたい人にならだれでもその教科書をお勧めします。

MP3 118

2. I strongly recommend that new Italian restaurant to anyone who wants to enjoy authentic Italian cuisine.
私は、本格的なイタリア料理を楽しみたい人ならだれでもあの新しいレストランを強くお勧めします。

026 ▶ 選択の前提にある自分の性質を先に伝える (1)

Question 1 ▷ ─────────────────────────── MP3 119

Q: 歴史を知るにより役立つのは週単位の課題提出と学期末の長い1本のレポートのどちらですか？

A: **I have to admit that I'm a** classic procrastinator ─ **I** always put off my assignments until the last minute.

私は、自分が典型的な面倒くさがりであることを認めなければなりません。私はいつも土壇場まで課題を先延ばしにするのです。

Formula 026 ▶

I have to admit that I'm a (A) ─ **I** (B).

私は自分がAであることを認めなければなりません。私はBします。

☑ ポイントチェック

　例文では週単位の課題提出のほうが自分には合っているという選択に至る前提として、「自分にはこんな性質がある」というように前振りをしてみます。I have to admit that ～（私は自分がthat ～であることを認めなければならない）をつけることで、より表現の幅が広がります。例文の classic は typical（典型的な）という意味です。後半の I always put off ～では、procrastinator を具体的に説明しています。

Pattern Practice ⟫

MP3 120

1. I have to admit that I'm a born optimist ─ I always look at the bright side of things.

私は、生まれながらの楽観主義者だということを認めなければなりません。私はいつも物事の明るい面ばかり見ています。

MP3 121

2. I have to admit that I'm a stubborn person by nature ─ I stick to what I have made a decision about to the last.

私は生まれつき頑固な人間だということを認めなければなりません。自分で決めたことは最後までやり通します。

第3章　問題形式別　重要表現 100

Q: 講義スタイルとゼミスタイルでよりあなたに適しているのはどちらですか？

A: **I'm the type of person who** learns best by discussing things with others.

私は他の人たちと物事を議論することによってもっとも良く学べるタイプの人間なのです。

Formula 027 ⟩

I'm the type of person who (A).

私はAするタイプの人間なのです。

☑ **ポイントチェック**

  例文ではゼミスタイルの授業のほうが自分には合っているという選択に至る前提として、「自分はこんなタイプの人間だ」というように前振りをしています。I'm the type of person who 〜（私は〜のようなタイプの人間です）という表現を使うことで、自分がなぜゼミスタイルの授業のほうがいいと思うのかが、より明確に聞き手に伝わります。by 〜 ingは「〜することによって」という意味で、方法・手段を表すときに使います。

Pattern Practice ⟩⟩

1. I'm the type of person who can't concentrate on study while listening to music.

私は音楽を聞きながら勉強に集中することができないタイプの人間なのです。

2. I'm the type of person who can get along with anyone by trying to understand each other willingly.

私は、互いを積極的に理解しようとすることによって誰とでもうまくやっていくことができるタイプの人間なのです。

028 ▶ 具体的な例を続ける (1)

Question 1 ▷————————————————————————————— MP3 125

> **Q**: 使い道自由の多額のお金を手にしたとしたら、自分のために使いますか。それとも人のために使いますか?
>
> **A**: **I would like to do something for** my parents, **like** buying them a nice big house, taking them wherever they want to go, **and** giving them part of the money.
> 私は、両親のために何かをしてあげたいです。例えば、素敵な大きな家を買ってあげたり、行きたい所にはどこにでも連れて行ってあげたり、そのお金の一部をあげたりするようなことがしたいです。

Formula 028 ▶

I would like to do something for (A) **like** (B), (C), **and / or** (D).
私はAのために何かをしたいです。例えばBとCとDのようなことです / BかCかDのいずれかのようなことです。

✅ ポイントチェック

likeは「～のような」という意味の前置詞ですが、これを使って発言に対する具体例を表現することができます。something like A, B, and C (AやBやCのような何か) のように具体例を続けることができます。例文のように動名詞～ ingでそろえることもできます。発言をいちいち区切ることなく、いくつかあげたい例があれば、このように列挙すればまとまりが良くなります。「AもBもCもすべて」ならA, B, and Cとして、「A、B、Cのいずれか」ならA, B, or Cと表現します。

Pattern Practice ▶

MP3 126

1. I would like to do something healthy for myself like jogging, swimming, or cycling.
   私は、自分のために何か健康的なことをしたいです。例えばジョギングや、水泳やサイクリングのようなことです。

MP3 127

2. I would like to do something for society, like cleaning up the streets, helping the elderly, or doing some other volunteer work.
   私は、社会のために何かしたいです。街の清掃をしたり、高齢者をサポートしたり、他の何かボランティアの仕事をするというようなことです。

> **Q**: 自分と同じタイプの友人と違うタイプの友人では、どちらのタイプを好みますか？
>
> **A**: **Through** my Norwegian friend Anna, **I have begun to think more deeply about things such as** how much plastic we use, **and** how our lifestyle can affect the environment.
> ノルウェー人の友人アンナを通して、私は、例えば私たちがいかに多くのプラスティックを使用しているか、そして私たちの生活スタイルがどのように環境に影響を及ぼすのかについてより深く考え始めるようになりました。

Formula 029

Through (A), I have begun to think more deeply about things such as (B) and (C).
Aを通して、私はBやCのようなことについてより深く考え始めました。

✓ ポイントチェック

　such asは、things such as A and B あるいは such things A and B という形で用いられ、「例えばAやBのようなもの」という意味で例を列挙するときに最もよく使われる表現の1つです。例えば vegetables such as tomatoes and cucumbers（トマトやキュウリのような野菜）あるいは such vegetables as tomatoes and cucumbers のように使うことができます。例文のように、how S+Vという名詞節（主語と動詞の要素が含まれ、全体で名詞の役割を果たす語句）を続けることもできます。

Pattern Practice

MP3 129

1. Through my American friend George, I have begun to think more deeply about things such as environmental destruction and our relationship to nature.
アメリカ人の友人ジョージを通して、私は環境破壊や私たちと自然との関係についてより深く考え始めるようになりました。

MP3 130

2. Through my psychology professor, I have begun to think more deeply about things such as human psyche and its workings.
心理学の教授を通して、私は人間の精神とその働きについてより深く考え始めるようになりました。

030 具体的な例を続ける (3)

Question 1 〉 [MP3 131]

Q: 人生で成功するためにより重要なのは、努力とひらめきのどちらですか？

A: **I am sure that** inspiration is more important than diligence in life. **For example, I think** Einstein's ideas were perhaps ninety-nine percent inspiration.

私は人生においてひらめきは勤勉さよりも重要だと確信しています。例えば、アインシュタインの考えはおそらく99パーセントがひらめきだったと思います。

Formula 030 〉

I am sure that (A). **For example, I think** (B).

(AとBはS+Vがそろった節)

私はAだと確信しています。例えばBだと思います。

✓ ポイントチェック

for example は「例えば」という意味で、一般的な発言をした後に、これから具体例をあげますよというシグナルとして、文頭で使うことができます。like や such as のように後に名詞を続けて使うのではなく、副詞のフレーズとして独立して使われることに注意してください。たとえば、For example, my sister Keiko works out at a gym after work to stay healthy. （例えば、私の姉の恵子は健康維持のために仕事の後ジムで運動をします）のように使われます。for instance も同じように使うことができます。

Pattern Practice 》

[MP3 132]

1. I am sure that inspiration is more important than diligence in life. For example, I think the ideas of my grandfather, a company founder, were perhaps ninety-nine percent inspiration.

私は人生においてひらめきが勤勉さよりも重要だと確信しています。例えば、ある会社の創設者である私の祖父の考えはおそらく99パーセントがひらめきだったと思います。

[MP3 133]

2. I am sure that hard work is more important than inspiration in life. For example, I think my aunt's success in business was perhaps due to ninety-nine percent perspiration.

私は人生において勤勉さがひらめきよりも重要だと確信しています。例えば、私の叔母のビジネスの成功はおそらく99パーセント努力のおかげだったと思います。

Q: よりお金を節約できるのは、外食を控えることと趣味や娯楽に使うお金を減らすことのどちらですか？

A: **Besides** looking for sales and bargains, **I think one of the most effective ways that I** save money **is by** not going out to eat.
安売りや特価品を探すことに加えて、私はお金を節約する最も効果的な方法の一つは外食をしないことだと思います。

Formula 031 ▶

Besides (A), I think one of the most effective ways that I (B) is by (C)ing.
Aに加えて、私はBする最も効果的な方法の1つはCすることだと思います。

☑ **ポイントチェック**

besidesはin addition toと同様に「〜に加えて」という意味の前置詞です。1つのセンテンスにするほどでもないが少し情報を追加しておきたいときに、メインの文にくっつけて簡単に使えるので便利です。besidesは「さらに」という意味の接続副詞として、例えばIt's very cold, and besides, it's raining.（とても寒い、さらには雨も降っている）のようにも使われます。beside（〜のそばに）と混同しないように注意しましょう。

Pattern Practice))

         MP3 135

1. Besides taking moderate exercise, I think one of the most effective ways that I reduce weight is by not eating too much, especially at night.
適度な運動をすることに加えて、私は体重を減らす最も効果的な方法の1つは、特に夜に食べ過ぎないことだと思います。

         MP3 136

2. Besides increasing vocabulary, I think one of the most effective ways I improve my French ability is by communicating with French people frequently.
ボキャブラリーを増やすことに加えて、私のフランス語の能力を向上させるための最も効果的な方法の1つは、フランス人と頻繁にコミュニケーションすることだと思います。

032 ▶ However を使って逆の流れを作る

Question 1 ▷────────────────────────────── MP3 **137**

> **Q**: ポップとロックではどちらが好きですか？
>
> **A**: **I prefer** pop **to** rock music. **However,** through Yuko's influence, I **have opened my mind to** rock bands **that I would never have known about.**
> 私はロックよりもポップが好きです。しかし、裕子の影響から、今まで知りえなかったようなロックバンドにも心開くようになってきました。

Formula 032 ▶

I prefer (A) to (B). However, I have opened my mind to (C) that I would never have known about.
私はBよりAが好きです。しかしながら、私はこれまで知りえなかったようなCに心開くようになってきました。

✓ ポイントチェック

　Howeverは「しかしながら」という意味で、前に言った内容に対して逆の流れを作り出すために使用されます。butとは違い、howeverは接続副詞なので、コンマだけで文と文をつなげることはできません。このような違いはあるものの、スピーキングでは、コンマは読み上げませんからあまり意識する必要はないかもしれません。ただ、接続副詞のhoweverは、Through Yuko's influence, however, I ～のように文中に挿入することもできます。これはbutにはできないことです。

Pattern Practice 》

MP3 **138**

1. I prefer mathematics to chemistry. However, through my chemistry teacher's influence, I have opened my mind to chemical experiments that I would never have known about.
   私は化学より数学が好きです。しかしながら、私の化学の先生の影響を通して、私はこれまで知りえなかったような化学の実験に心開くようになってきました。

MP3 **139**

2. I prefer skiing to snowboarding. However, through my brother's influence, I have opened my mind to the appeal of snowboarding that I would never have known about.
   私はスノーボードよりスキーが好きです。しかしながら、兄の影響を通して、私は今まで知りえなかったようなスノーボードの魅力に心開くようになってきました。

Q: 人生にとって重要なのは、家庭の充実と仕事の充実のどちらですか？

A: **First of all, having** a harmonious, enjoyable family life **is essential**.
まず最初に、円満で楽しい家庭生活が必要不可欠です。

Formula 033

First of all, having (A) is essential.
まず最初に、Aが必要不可欠です。

✓ ポイントチェック

　Question 1では、自分の主張を述べた後に、具体的な理由やサポートの根拠を2つあるいは3つ列挙していくことになります。その最初の切り出しとして、first of all を使ってみましょう。聞き手には、ここから1つ目の具体的な理由の説明が始まることが分かります。順序だてて説明していくときに first, second, third, next, finally のような表現をうまく使いこなすと、聞き手ではなく、話し手自身も話しながら頭の中でポイントを整理しやすくなるでしょう。

Pattern Practice 》

MP3 141

1. First of all, having a comfortable chat to open up a little more to someone new is essential.
　初対面の人ともう少し打ち解けるためには、くつろいだ会話を楽しむことが必要不可欠です。

MP3 142

2. First of all, having breakfast is essential on the morning of a big test.
　まず最初に、大きな試験がある朝には朝食を食べることが必要不可欠です。

034 ▶ **Also** で情報を追加する

Question 1 ▷ ──────────────────────────────── MP3 **143**

Q: バイトするなら塾とレストランのどちらが良いですか？

A: Cram school students are usually well-behaved. **Also**, teaching at a cram school **is, for me, extremely rewarding.**
塾の生徒はたいてい行儀が良いものです。さらに、塾で教えることは、私にとっては極めてやりがいがあることなのです。

Formula 034 ▷

(A). **Also**, (B) **is, for me, extremely rewarding.**（AはS+Vがそろった節）
Aです。さらに、Bは、私にとっては極めてやりがいがあることなのです。

☑ ポイントチェック

Also は「さらに、～もまた」というように情報の追加をするときに使われる接続副詞です。肯定あるいは否定のいずれの情報の追加にも使えます。この例文のように文頭に使うこともあれば、文中に埋め込まれて使われることもよくあります。Anna cooked dinner. Also, she helped me with my homework. (アンナは夕食を作ってくれた。さらに彼女は私の宿題も手伝ってくれた。)は、Anna cooked dinner. She also helped me with my homework. のようにも表現されます。

Pattern Practice 》

MP3 **144**

1. I'm sure such an internship program can help me build up my confidence. Also, working as an intern is, for me, extremely rewarding.
そのようなインターン制度は私が自信をつけるのに役立つと確信しています。さらに、インターンとして働くことは、私にとっては極めてやりがいのあることなのです。

MP3 **145**

2. I'm studying Russian culture. Also, acquiring Russian is, for me, extremely rewarding.
私はロシア文化を研究しています。さらに、ロシア語を習得することは私にとって極めてやりがいのあることなのです。

Question 1 ▶ ────────────────────────── MP3 **146**

Q: バイトするなら塾とレストランのどちらが良いですか？

A: I think a summer job should be stress-free and rewarding. **Therefore, I would definitely choose** to work at a cram school.

私は夏の仕事はストレスのないやりがいのある仕事であるべきだと思います。だから、私は絶対に塾で働くことを選ぶでしょう。

Formula 035 ▶

（A）. **Therefore, I would definitely choose**（B）.（AはS+Vがそろった節）
Aです。だから、私は絶対にBを選択するでしょう。

✓ **ポイントチェック**

　Thereforeは「だから、それ故に」という意味で、howeverと同様に接続副詞として使うことができます。前に述べたことに対して、「だから〜、その結果〜」と続けます。フォーマルなつなぎ表現ではありますが、理路整然と論理的な流れを作るスピーキングの解答でも、十分に活用することができます。She was tired, so she didn't attend the meeting.（彼女は疲れていた。だから会議には出席しなかった。）のようにsoという接続詞（やや軽くくだけた感じの接続詞）を使ってもかまいませんが、一旦文を区切って次の文をThereforeで始めるほうがフォーマルな感じになります。

Pattern Practice))

MP3 **147**

1. I'm keenly interested in teaching children at elementary school in the future. Therefore, I would definitely choose education as my major.

　私は将来小学校で子供たちに教えることに強い興味があります。だから、私は絶対に教育を私の専攻として選びたいと思います。

MP3 **148**

2. I'm always conscious of protecting my health. Therefore, I would definitely choose to cook at home rather than to eat out.

　私は常に健康を維持していくことに意識を向けています。だから、絶対に外食するより自炊することを選ぶでしょう。

036 ▶ Of course 〜 , but 〜の組み合わせで締める

MP3 149

Q：映画は映画館と家のどちらで楽しむのが良いですか？

A：**Of course it is much more** expensive **to** go to the movie theater, **but I think it's worth it.**
もちろん映画館に行くほうがずっと高くつきますが、私はそれだけの価値はあると思います。

Formula 036 ▶

Of course it is much more (A) to (B), but I think it's worth it.
もちろんBすることはずっとAではありますが、それだけの価値はあると思います。

☑ ポイントチェック

of course（もちろん）の後には、自分が選択したほうに関するちょっとしたマイナス面を少しだけ続け、butの後で「それでもやはり自分が選択したほうこそが良い」と強調して締めくくります。of courseの後には誰もが納得いくような内容を述べますが、but以降の内容を加えずに、自分の選択したほうのメリットを強調するときにも使えます。解答の最後を締めくくるひとつのバリエーションとしてマスターしておくとよいでしょう。

Pattern Practice 〉〉

MP3 150

1. Of course it is much more challenging to present a paper at an academic conference, but I think it's worth it.
もちろん学会で論文を発表することはずっと難しくやりがいがあることですが、それだけの価値はあると思います。

MP3 151

2. Of course it is much more time-consuming to complete such a big jigsaw puzzle, but I think it's worth it.
もちろんそのような大きなジグソーパズルを完成させるのはずっと長い時間がかかることですが、私はそれだけの価値はあると思います。

Q: 学校で身につけるのは、知識と社会性のどちらですか？

A: We go to school to attain knowledge, **and the more** knowledgeable we become, **the more** useful we can be in society.

私たちは知識を身につけるために学校に行きます。私たちは知識が身に着けばつくほど、より社会の役に立つことができます。

Formula 037

(A), **and the more** (B), **the more** (C). 　　　　　(AはS+Vがそろった節)
Aです。Bであればあるほど、Cになります。

✓ ポイントチェック

the+ 比較級 S+V, the + 比較級 S+V という形で2つのセンテンスをつなぐと、「～すればするほど、ますます～」という意味が表現できます。通常形容詞あるいは副詞の比較級にthe をつけて文頭に出して並列させます。この表現を入れることにより、平坦な話口調に変化をつける事ができます。ただし、意識して使い続けないとなかなか自然な感じで口をついて出てくることはないかもしれません。

Pattern Practice))

MP3 153

1. We eat a healthy diet and take moderate exercise to stay fit, and the healthier we become, the more enjoyable our life is.

私たちは健康でいるために、健康的な食事をして適度な運動をするのです。そして健康になればなるほど、人生はより楽しいものになります。

MP3 154

2. We go to school to learn something, and the more we learn, the more we realize how ignorant we are.

私たちは何かを学ぶために学校に行きます。そして私たちが学べば学ぶほど、私たちがいかに無知であるかに気づきます。

038 ▶ unlike を使って対比する

Q: 夏のバイトで選ぶなら塾とレストランのどちらですか？

A: **Unlike** working in a restaurant, which can be really hectic and stressful, teaching **is much** calmer **because** you have more control over the content and pace of your job.

あくせく動き回ってストレスがたまる可能性があるレストランの仕事とは違い、仕事の内容やペースをもっと自分で管理できるので、教える仕事はずっと落ち着いてできるものです。

Formula 038

Unlike（A），（B）**is much**（C）**because**（D）.　　（DはS+Vがそろった節）
Aとは違い、DなのでBはずっとCです。

✓ ポイントチェック

unlikeは「〜とは違って」という意味の前置詞なので、後に続く表現と対比するときに使うことができます。名詞以外に、この例文のように動名詞を続けることもできます。unlikeのunは否定の接頭語で、like（〜のように）という前置詞の反意語として覚えておくと便利です。ときに、対比のin contrast with / to 〜（〜とは対照的に）という表現に似たニュアンスで使われることがあります。

Pattern Practice ▶

1. Unlike studying in the library, studying at home is much more comfortable because I can take a break anytime lying on my bed.
   図書館で勉強するのとは違い、いつでもベッドに寝そべって休憩することができるので、家で勉強するほうがずっと快適です。

2. Unlike studying for an exam, writing a research paper is much more demanding because extensive preparation is required to complete it.
   試験勉強とは違い、完成させるには多岐にわたる準備が必要なので、研究論文を書くことはずっときついことなのです。

第3章 問題形式別 重要表現 100

　　　　　　　　　　　　　　　　　　　　MP3 158

Q：学期末試験と学期末レポートの2つのうち好ましいのはどちらですか？

A：I always put off my assignments until the last minute. **For that reason, I've always had a problem with** longer written assignments, especially term papers.

私はいつも課題を最後のぎりぎりまで先延ばしにします。そのような理由で、私はいつも長めのレポート課題、特に学期末レポートが出されたときにはいつも苦労してきました。

Formula 039 ▶

(A). **For that reason, I've always had a problem with** (B).

(AはS+Vがそろった節)

Aです。そのような理由で、私はいつもBに苦労してきました。

☑ **ポイントチェック**

　先に理由に相当する説明を述べ、その後でFor that reasonで文を初めて結果、結論を加えます。この例文では先に「自分が課題をいつも先延ばしにする悪い傾向がある」と説明してから、「長いペーパー課題を書くときにはいつも苦労する」と締めくくっています。for that reasonは「このことが理由で」という意味で、このつなぎを入れることにより、2つのセンテンスの関係が明確に伝わります。

Pattern Practice ⟫

MP3 159

1. I always have difficulty getting up early in the morning. For that reason, I've always had a problem with making it in time for the first period.

　私はいつも朝早く起きることに苦労します。そのような理由で、1時間目の授業に間に合うのにいつも苦労してきました。

MP3 160

2. I have to admit that I'm a classic online game addict. For that reason, I've always had a problem with concentrating on study at home.

　私は典型的なオンラインゲーム中毒者だと認めなければなりません。そのような理由で、家で勉強に集中するのにいつも苦労してきました。

040 ▶ where を使って情報を追加する

Q： 途上国の開発援助としてより効果的なのは、資金提供とスキルや仕組みの研修のどちらですか？

A： **I believe** you can provide a country with a strong economic foundation **where** its citizens can create a promising, long-term future, independent of foreign influence.

ある国に、その国民が外国の影響から独立した、将来有望ではるか先の未来を作り出すことができる強固な経済的基盤を提供することができると私は信じています。

Formula 040 ▶

I believe ... (A) **where** (B).
私はBであるAを...と信じています。

☑ ポイントチェック

　where S+V の部分は、例文で「将来有望ではるか先の未来を作り出すことができる強固な経済的基盤」という意味になることから分かるように、前の foundation（基盤）という名詞を説明しています。多少長くなりますが、どのような foundation なのか聞き手にも分かりやすく説明することができます。where は文法的には関係副詞と呼ばれます。

Pattern Practice ▷▷

1. I believe the government should make every effort to establish a solid economic foundation where we can enjoy our daily life without worrying about our future.
政府は、我々が将来を心配することなしに日常生活を楽しめることができる確固たる経済的基盤を確立する最大の努力をすべきだと私は思います。

2. I believe a university should provide its students with a spacious café where they can meet up, relax, drink coffee, and enjoy each other's company.
大学は、学生に彼らが集まってリラックスでき、コーヒーを飲んで交流を楽しむことができる広々としたカフェを提供すべきだと私は思います。

041 分かりやすく言い換える (1)

Question 1 〉 MP3 164

Q: ルームメートに求めるのは、親しみやすさと清潔さのどちらですか?

A: Having an enjoyable home life would be impossible if your roommate were unfriendly. **I mean**, we wouldn't be able to share a joke, chill out, or chat together.

もしルームメートが親しみやすくなければ、楽しい家での生活を送ることは不可能でしょう。つまり、私たちは冗談を言い合ったり、のんびりしたり、一緒におしゃべりをすることもできないでしょう。

Formula 041 〉

(A). **I mean**, (B).　　　　　　　　(AとBはS+Vがそろった節)
Aです。つまりBです。

☑ ポイントチェック

　先に述べたことを言い換えるときに最も簡単に使えるのがI meanです。これは「つまり、というのは」という意味ですが、スピーキングの解答で困った時に使うつなぎの表現としてとても便利です。that is (to say) やin other wordsはライティングでも使えるよりフォーマルな表現なのに対して、I meanはくだけた会話でもよく使われます。例えば、Mom, can I have some milk, I mean orange juice? (ママ、ミルクちょうだい、じゃなくてオレンジジュース) のようにちょっとした言いなおしにも使います。

Pattern Practice 〉〉

MP3 165

1. A teacher has control over the pace of a class. I mean, being a teacher is kind of like being a boss.
　教師は授業のペースをコントロールします。つまり、教師でいるということは上司でいるようなものです。

MP3 166

2. I should have studied harder for the physics exam. I mean, now I have to prepare for a makeup exam.
　物理の試験勉強をもっと一生懸命やっておくべきでした。つまり、再試験の準備をしなければなりません。

042 ▶ 分かりやすく言い換える (2)

Question 1 〉〉〉 **MP3** 167

Q: ルームメートに求めるのは、親しみやすさと清潔さのどちらですか？

A: Living with someone who is approachable **means that** if I were to have any problems in my life, then I could go to this person for advice or help.

親しみやすい人と一緒に生活するということは、もし私の生活に何か問題が生じたら、この人に助言や助けを求めに行くことができるということを意味しています。

Formula 042 ▶

(A) **mean(s) that** (B).　　　　　　　　　（BはS+Vがそろった節）

AはBであることを意味しています。

✓ ポイントチェック

　I mean と同じように先に言ったことを言い換えるための表現です。I mean よりも堅めの表現ですが、うまく使いこなせるようになると整理された明確なメッセージを伝えることができます。最初の主語は、名詞句以外にこの例文のように動名詞を使うことができます。前にすでに述べたことの言い換えであれば、This means / That means のように This や That で受け直すこともできます。

Pattern Practice 》

MP3 168

1. Getting a failing grade on my chemistry exam means that I will have to take a makeup exam.

化学の試験で落第点を取るということは、再試を受けなければならなくなるということを意味しています。

MP3 169

2. Teaching the people in a developing country how to grow certain crops means that they can start to find some way of getting out of the present situation.

発展途上国の人々にある種の作物の栽培法を教えるということは、彼らが現状から抜け出すための何らかの方法を見つけ始めることができるということを意味しています。

第3章　問題形式別　重要表現 100

043 ▶ お知らせの概要を伝える

Question 2 〉―――――――――――――――――――――――― MP3 170

Q: インターンシップのお知らせに対する男性の意見はどのようなものですか？

A: **According to the notice,** the School of Agricultural Sciences is looking for four students for a 6-month internship on the school's research farm.

お知らせによると、農業科学部は、研究農場で6か月のインターンシップに参加する4名の学生を募集しています。

Formula 043 ▶

According to the notice / the announcement, (A).
お知らせによるとAです。

☑ ポイントチェック

Question 2の解答で、最初に大学側からのお知らせの内容を簡単にまとめるときに使える表現です。解答の中心はあくまでこのお知らせに対して学生がどのような見解を示し、そしてその見解の理由をまとめることですから、必要であれば簡潔にお知らせの概要を示す程度にします。このように最初にお知らせの概要を述べることで、頭の中で解答の流れが整理しやすくなります。

Pattern Practice 》

MP3 171

1. According to the announcement, the university is planning to renovate its auditorium and some of the old school buildings this summer.
発表によると、今年の夏に大学は講堂と古い校舎のいくつかを改築する計画をしています。

MP3 172

2. According to the notice, our university is looking for participants in the annual speech contest that is scheduled to be held this fall.
お知らせによると、私たちの大学はこの秋に開催予定の毎年恒例のスピーチコンテストへの参加者を探しています。

044 ▶ シンプルな表現で立場を伝える (1)

Q: 大学による特技発表会開催のお知らせに対する男性の意見はどのようなものですか？

A: **The man is very interested in** participating in the talent show held by the university as a standup comic.
男性は大学主催で開催される特技発表会に、スタンダップコメディアン(漫談師)として参加することに大いに興味を示しています。

Formula 044 ▶

The man / The woman is very interested in (A).
男性 / 女性はAにとても興味を持っています。

☑ ポイントチェック

すでにQuestion 1対策としてI'm interested in 〜を取り上げましたが、この表現はQuestion 2対策にも使えます。大学側からのお知らせに対して好意的な見解を示す場合には、このように簡単な表現で解答を始めることができます。inの後にはこの例文のように動名詞あるいは名詞を続けます。お知らせに対して、逆にネガティブな反応をしている場合には、He is not very interested in 〜のようにnotを入れるだけで「そのお知らせには興味がない」と表現することができます。

Pattern Practice 》

MP3 174

1. The woman is very interested in the announcement about the improvement of the present curricula.
女性は、現行のカリキュラムの改善についての発表にとても興味を持っています。

MP3 175

2. The man is very interested in participating in one of the internship programs scheduled for the summer.
男性は夏に予定されているインターンシッププログラムの1つに参加することにとても興味を持っています。

Question 2 ▶ ──────────────────────────── MP3 176

Q: 大学によるキャンパスの自転車専用通路建設のお知らせに対する女性の見解はどのようなものですか？

A: **The woman is unhappy with** the university's plan to build bicycle paths on campus as part of its Green Initiative program.
女性は、大学のグリーン構想計画の一環としてキャンパスに自転車専用通路を建設するという計画に不満を抱いています。

Formula 045 ▶

The man / The woman is unhappy with (A).
男性 / 女性はAに不満を持っています。

☑ ポイントチェック

　大学側からの発表に対して、解答の対象となる男性あるいは女性が不満を持っているケースが多いといえます。be unhappy with 〜（〜に不満を抱いている）は、とてもシンプルで分かりやすい表現ですが、発表に対する不満を分かりやすく伝えるためのバリエーションとして覚えておくと便利です。be unsatisfied / dissatisfied with 〜のように表現することもできます。

Pattern Practice))

MP3 177

1. The man is unhappy with the university's plan to open a new research center.
男性は、大学の新しい研究センターを新設するという計画に不満を持っています。

MP3 178

2. The woman is unhappy with the announcement about the new budget planning made by the university.
女性は、大学側の新しい予算計画の発表に不満を抱いています。

046 ▶ 仮定表現で気持ちを伝える

Q: 大学の講演会に有名なゲストを招へいすることに対する女性の見解はどのようなものですか？

A: **The woman wishes that** the lectures were aimed more at students than at professors or academic people in the community.
女性は、講演が教授や地域社会の知識人ではなく、もっと学生向けであればいいのにと思っています。

Formula 046 ▶

The man / The woman wishes that (A).　　　　(AはS+Vがそろった節)
男性 / 女性はAであればいいのにと思っています。

☑ ポイントチェック

　動詞hopeが現実的な願望を表すのに対して、動詞wishは非現実的な願望を表します。また、I wish he were here.（彼がここにいてくれたらなあ）という文のように、後に続くS+Vは仮定法になるので、現在の内容であっても過去形の動詞を使います。この例文は、ほぼShe thinks that the lectures should be aimed more at students than at professors or academic people in the community. のように言い換えられますが、wishを使うとより感情豊かな表現になります。

Pattern Practice 》

MP3 180

1. The woman wishes that the current course registration procedures were more efficient.
女性は、現在の科目登録の手続きがもっと効率的であればなあと思っています。

MP3 181

2. The man wishes that the auditorium were better air-conditioned.
男性は、講堂がもっとエアコンがきいてればいいのになあと思っています。

Q: 大学による全学生の寮生活要請のお知らせに対する女性の見解はどのような
ものですか？

A: **According to the woman, this is** unacceptable, **because** it gives the
university too much control, taking away freedom of choice.
女性によると、これは、大学に主導権を与えすぎ、選択の自由を奪うものなの
で、とても受け入れられないと彼女は思っています。

Formula 047

According to the man / the woman, this is (A), **because** (B).

(BはS+Vがそろった節)

男性 / 女性によると、これはAだと思っています。その理由はBだからです。

☑ ポイントチェック

according to ～とbecauseを組み合わせると便利な表現になるので覚えて使いこ
なしてみましょう。この場合のthisは、先に説明した大学側からのお知らせや発表の
内容のことを指しています。これを使うとThis is + 形容詞で簡単に立場を明確に伝
えることができます。また、becauseで理由を続けるとより論理的な流れができて
解答がまとまりやすくなります。

Pattern Practice))

MP3 183

1. 改築期間中図書館の閉館時間が早まるという大学の発表に対する見解：According
to the man, this is inconvenient, because most students want to study in the
library until late at night, especially when preparing for an exam.
男性によると、これは不便だと思っています。ほとんどの学生が、特に試験勉強する
ときには、遅くまで図書館を使いたがるからです。

MP3 184

2. 全寮生は感謝祭の休暇期間に部屋を空けなければならないという寮長の発表に対す
る見解：According to the woman, this is unreasonable, because she has no
place to stay except the dorm during the Thanksgiving Holiday Vacation.
女性によると、これは不当だと思っています。彼女は感謝祭の休暇中に彼女は寮以
外に滞在する場所もないからです。

048 ▶ namely で具体的に言い換える

Question 2 ▶ ───────────────────────── MP3 185

Q: 大学による生徒会選挙のルールのお知らせに対する男性の見解はどのような
ものですか?

A: According to the man, three of these rules are unacceptable, **namely**
the ones limiting the number of people allowed on campaign teams,
disallowing slates, and restricting the number of words in manifestos.

男性によると、このルールのうちの3つは受け入れがたいと思っています。す
なわちそれは、選挙チームに加わる人数を制限するというもの、候補者名簿を
禁じるということ、そして公約の語数を制限することの3つです。

Formula 048

(A), **namely** (B)…
A、すなわちB…

✓ ポイントチェック

　例文で男性は3つのルールに対して疑問を抱いていますが、ルールの内容を簡潔に
列挙して説明するためのつなぎの語としてnamelyが使われています。namelyは綴
りから分かるように、「その名は〜」のように名前を明かすときにも用いられますが、
ここでは「すなわち」という意味で使われており、一般的なものから特定のものへ、あい
まいなものから具体的なものへと情報を追加するときに使われます。似たような意味
でin other words（言い換えれば）というつなぎの表現もありますが、これは同じ物
事を言いかえるときに使われる表現です。

Pattern Practice ▶

MP3 186

1. The woman is worried about the buildup of two greenhouse gases, namely
carbon dioxide and methane.

女性は、2つの温室ガス、すなわち二酸化炭素とメタンガスの蓄積について憂慮し
ています。

MP3 187

2. The man is unhappy with two points of the new curriculum, namely not
putting priority on students' needs and neglecting the current trend of
interdisciplinary fusion.

男性は、新しいカリキュラムの2つの点に関して不満に感じています。すなわち、学
生のニーズを優先していないことと、学際的融合という現在のトレンドを軽視して
いるということです。

Q: 大学によるアスレチックセンターの建設とそれに伴うアスレティックフィー
の値上げのお知らせに対する男性の見解はどのようなものですか？

A: **The man is** angry **that** the college is planning to build an expensive
new athletic center to open in 3 years and raising the Athletic Fee by
starting next year.

男性は、大学が高価な新しいアスレチックセンターを3年後に完成させる予定
で、来学期からアスレティックフィーを上げるつもりでいることに怒りを感じ
ています。

Formula 049

The man / The woman is (A) **that** (B).　　　　(BはS+Vがそろった節)
男性 / 女性はBということに対してAだと思っています。

☑ **ポイントチェック**

　be + 感情を表す形容詞 + that ～という形を使えば、大学側からのお知らせや発表
の主旨とそれに対する学生の意見や反応を一緒に表現することができます。The
man is angry という冒頭部分で見解を示し、that以下で大学側からのお知らせを簡
単にまとめます。angryの一言で大学の方針に不満を持っていることを表しますが、
詳しい主張や理由は後で追加していくようにします。

Pattern Practice))

MP3 189

1. The woman is disappointed that the university is planning to spend a great
deal of money on the construction of a new school building.
女性は、大学が新校舎の建設に多額のお金を使う計画をしていることに対して失望
しています。

MP3 190

2. The man is unhappy that the college has introduced the new grading system
that can be unfair to brilliant students.
男性は、大学が優秀な学生にとって不利になりえる新しい成績評価システムを導入
したことに対して不満に思っています。

050 ▶ 反対の立場を伝える (1)

Q: 大学構内での過度の暴力シーンや性描写がある映画上映の禁止に対する女性の見解はどのようなものですか？

A: **The woman is strongly against** the new policy for two main reasons.
女性は主に2つの理由でその新しい方針に強く反対しています。

Formula 050 ▶

The man / The woman is strongly against (A).
男性 / 女性はAに強く反対しています。

☑ ポイントチェック

　I'm against the non-smoking policy.（私は禁煙の方針に反対です）のように、againstという前置詞を使って、簡単に反対の立場を伝えることができます。この場合のagainstの反意語はforで、I'm for the non-smoking policy.（私は禁煙の方針に賛成です）のように言うことができます。解答の中では、「〜に反対する」という表現を使うことが多いので、1つのバリエーションとして覚えておきましょう。

Pattern Practice 》

MP3 192

1. The woman is strongly against the proposal made by the Faculty of Science and Engineering.
女性は、理工学部によって出された提案に強く反対しています。

MP3 193

2. The man is against the university's plan to work on the revision of the current grading system.
男性は、現行の成績評価システムの改定に取り組むという大学側の計画に反対しています。

Q: キャンパスでの安全性維持のために監視システムを導入するという発表に対する男性の見解はどのようなものですか？

A: **The man objects** in particular **to** the requirement that all visitors register and that closed circuit cameras will monitor everything that happens on campus.
男性は、特にすべての訪問者が登録し、監視カメラがキャンパスで起こるすべてを監視すべきという要件に反対しています。

Formula 051 ▶

The man / The woman objects to (A).
男性 / 女性はAに反対しています。

☑ ポイントチェック

be against ～と同様にobject to ～（～に反対する）も反対の立場を示す表現として使えます。前置詞toをつけ忘れないように注意しましょう。名詞objectionを使って、make an objection to / against ～（～に異議を唱える）のように表現することもできます。また同じように反対の立場を示すときに、The man opposes the proposal. = The man is opposed to the proposal. とも表現できます。

Pattern Practice 》

MP3 195

1. The man objects to the proposal backed by the Faculty of Law.
   男性は、法学部によって支持されている提案に反対しています。

MP3 196

2. The woman objects to the introduction of the new curriculum construction because she thinks it never reflects the demands of the students.
   女性は新しいカリキュラム構成の導入に反対しています。それは学生の要求を決して反映するものではないと彼女が思うからです。

052 ▶ 会話の相手への反論を解答に取り込む (1)

Question 2 ▷ ────────────────────────── **MP3** 197

Q: 学生課からの夏期インターンシップのお知らせに対する男性の考えについて、女性はどのような見解を持っていますか？

A: **The woman thinks that the man's perception of** this internship **is inaccurate.**
女性は、男性のこのインターンシップに対する捉え方は正確ではないと考えています。

Formula 052 ▶

The man / The woman thinks that the woman's / the man's perception of (A) is inaccurate / wrong / off the point.
男性 / 女性は、Aに対する女性 / 男性の捉え方が不正確 / 間違っている / 的外れだと思っています。

✓ ポイントチェック

　登場する2人の人物が大学側からの発表内容に関して互いに反対意見を交わしながら会話を進めていくことが多いので、解答の中ではうまく2人の意見を対比させるとより分かりやすく効果的な解答になります。inaccurate（不正確な）という形容詞以外にも、もっと直接的にwrong（間違った）やoff the point（的外れな）という語句を使うこともできます。

Pattern Practice))

MP3 198

1. The woman thinks that the man's perception of this volunteer work is wrong.
女性は、男性のこのボランティア活動に対する捉え方は間違っていると思っています。

MP3 199

2. The man thinks that the woman's perception of the newly established institution is off the point.
男性は、女性がその新しく設立された施設に対する捉え方が的外れだと思っています。

Question 2 MP3 200

Q: 感謝祭の休暇の間に寮が閉鎖されるという発表に対する男性の見解はどのようなものですか？

A: **The woman believes that** this is especially inconvenient for students who live far away, **but the man suggests that** they could stay at friends' homes – having guests is a Thanksgiving tradition.
女性は、これは遠くに住んでいる学生たちにとっては特に不便なことだと信じていますが、男性は客を迎えることは感謝祭の伝統なのだから友人の家に滞在させてもらえばいい、と提案しています。

Formula 053

The man / The woman believes that (A), **but the woman / the man suggests that** (B). (AとBはS+Vがそろった節)
男性 / 女性はAだと信じていますが、女性 / 男性はBと提案しています。

☑ **ポイントチェック**

The woman believes that ～ , but the man suggests that ～というように、女性の見解と男性の見解を対比させることにより、解答の流れが整理しやすくなります。butの後にターゲットとなる人物の見解をまとめるようにします。状況や伝える内容に応じてbelieve（信じる）やsuggest（提案する）という動詞の代わりに、say（言う）、mention（述べる）、point out（指摘する）、emphasize（強調する）、claim（主張する）のようなバリエーションも持っておきましょう。

Pattern Practice 》

MP3 201

1. The woman believes that this new policy will work well, but the man suggests that something more innovative should be introduced.
女性は、この新しい方針がうまくいくと信じていますが、男性は何かもっと革新的なものが導入されるべきだと提案しています。

MP3 202

2. The man claims that such lectures given by a famous person are good PR for the university, but the woman says that the university shouldn't spend such a great deal of money considering the limited budget.
男性は有名人によるそのような講演会は大学の良いPRになるはずだと主張していますが、女性は、大学は限られた予算のことを考慮してそれだけ多くのお金を使うべきではないと述べています。

054 会話の相手への反論を解答に取り込む (3)

Q: 大学による感謝祭中の寮の閉鎖のお知らせに対する男性の見解はどのようなものですか？

A: **Although the woman feels that** it's very inconvenient, **the man feels that** safety is important and the university has a good reason for doing this.
女性は、それはとても不便だと感じているが、男性は安全性が重要で、大学はこれを実行するだけの正当な理由があると感じています。

Formula 054

Although the man / the woman feels (A), the woman / the man feels that (B).　　　　　　(AとBはS+Vがそろった節)
男性 / 女性はAのように感じていますが、女性 / 男性はBのように感じています。

☑ ポイントチェック

　Question 2では会話を聞いて解答をまとめるので、解答の対象にならないほうの人物の見解を簡単に引き合いに出してまとめると分かりやすく伝わります。ここではこのお知らせに対して男性の見解をまとめなければいけないのですが、反対の立場を取る女性の見解をalthough S+Vという形で簡単にまとめることにより、男性の立場がより際立ちます。

Pattern Practice ⟩⟩

⎪MP3⎪ **204**

1. Although the man feels that the policy change proposed by the university will not work well, the woman feels that there is a strong possibility that it will go well.
男性は、大学が提案する方針の変更があまりうまくいかないと感じていますが、女性はそれがうまくいく可能性が高いと感じています。

⎪MP3⎪ **205**

2. Although the woman feels that the university's plan to introduce a new exchange program is a little disappointing, the man feels that it's good enough to meet students' demands.
女性は大学の新しい交換留学制度の導入計画について期待に添わないものと感じていますが、男性は学生の要望を満たすには十分なものだと感じています。

Q：大学の新しいアスレチックセンターの建設計画に対する男性の見解はどのようなものですか？

A：**The man has never heard** any students complain about the college athletic facilities.

男性は、学生が大学の運動施設について苦情を言うのを一切聞いたことがありません。

Formula 055 ⟩

The man / The woman has (never) heard / seen (A)(B).

男性 / 女性はAがBするのを聞いたこと / 見たことがあります(ありません)。

☑ ポイントチェック

　hear+O+V原形は「OがVすることを聞く」という意味で使われます。目的語にstudents（学生）やuniversity（大学）をおいて使ってひと工夫すると、会話の内容をうまくまとめることができます。see（見る）という知覚動詞も同じような使い方をすることができます。見たり聞いたりした動作が一時的な場合は、I heard her singing.（私は彼女が歌っているのを聞いた）のように動詞の原形ではなく動詞の現在分詞〜ingを使って表現することもできます。

Pattern Practice ⟩⟩

MP3 207

1. The woman has heard the college discussing the possibility of some curriculum change.

　女性は、大学が多少のカリキュラム変更の可能性について議論しているのを聞いたことがあります。

MP3 208

2. The man has seldom seen any students use such an old café on campus.

　男性は、学生がキャンパス内のそのような古いカフェを利用しているところをほとんど見たことがありません。

056 ▶2つの事柄の関係性を指摘する

Question 2 〉————————————————————————————— MP3 209

Q: ある教授の文学の講義のシラバスにコンピュータ・プログラミングが含まれているのに対する女性の見解はどのようなものですか？

A: **The woman feels that** learning computer coding **has little connection to** the study of literature.

女性は、コンピュータ・プログラミングを学ぶことは文学の研究とはほとんど関係がないと感じています。

Formula 056 〉

The man / The woman feels that (A) **has little connection to** (B).
男性 / 女性はAがBとほとんど関係がないと感じています。

✓ ポイントチェック

2つの事柄の関係を指摘するための表現です。littleには「ほとんど...ない」という否定の意味がありますが、この部分を変えるだけで、様々な表現が可能になります。have a connection to 〜（〜と関係がある）、have some connection to 〜（〜といくらか関係がある）、have no connection to 〜（〜と全く関係がない）、have a close connection to 〜（〜と密接な関係がある）のようなバリエーションが使えるようにしておきましょう。

Pattern Practice 〉〉

MP3 210

1. The woman feels that what the university is working on now has little connection to what students need.
   女性は、大学が今取り組んでいることは、学生が必要なこととはほとんど無関係だと感じています。

MP3 211

2. The man feels that the newly introduced grading system has a strong connection to a sharp drop in students' academic performance.
   男性は、新しく導入された成績評価システムは、学生の成績の急激な低下に大いに関係があると感じています。

第3章 問題形式別 重要表現 100

Q: 夏期特別講座を縮小するという大学の予定に対する男性の見解はどのような
ものですか？

A: **The man** is worried that he might not be able to find **classes that will
satisfy the requirements for** his second major.
男性は、彼の第2専攻の必要条件を満たす講義が見つからないかもしれないと
心配しています。

Formula 057

The man / The woman (A) **classes / courses that will satisfy the
requirements for** (B).
男性 / 女性はBの必要条件を満たす授業をAしています。

☑️ **ポイントチェック**

satisfy the / one's requirements（必要条件を満たす）は、非常によく見かけたり
聞いたりする表現です。とくにcourseやclassが、その単位取得に当たって自分の学
位取得に向けての必要条件を満たしているか否かという話題はよく出てくるので、こ
の表現はしっかりと覚えて使っていきましょう。このsatisfyという動詞の代りに
fulfillやmeetも使われます。また、現在分詞を使ってa class / classes satisfying
the requirementsのように言うこともできます。

Pattern Practice))

MP3 213

1. The woman has to take several classes that will satisfy the requirements for
her graduation in this fall semester.
女性は、この秋学期のうちに卒業のための必要条件を満たすいくつかの授業を受け
なければなりません。

MP3 214

2. The man is suggesting that the woman take Introduction to Psychology as
one of the courses that will satisfy the requirements for her major.
男性は、女性が彼女の専攻の必要条件を満たす講義の1つとして、心理学入門を受講
することを提案しています。

058 ▶ might have to を使いこなす

Q: 夏期特別講座を縮小するという大学の予定に対する男性の見解はどのような
ものですか？

A: **The man might have to** take some classes at a community college
instead of his university.
男性は、自分の大学の代わりにコミュニティーカレッジでいくつか授業を受け
なければならないかもしれません。

Formula 058

The man / The woman might have to (A).
男性 / 女性はAしなければならないかもしれません。

☑ ポイントチェック

might have to（〜しなくてはならないかもしれない）は、人の心情をうまく言い表
すことができるとても便利な表現です。mightはmayの過去形であることに間違い
ありませんが、そもそもこのmightは、純粋にmayの過去形として使われるケースの
ほうが少なく、多くはmayの婉曲表現、つまりやや丁寧で控えめな表現として使われ
ます。mayよりも「ひょっとして、もしかしたら」の気持ちが強くこめられると言って
よいでしょう。Question 2の解答ではmight have toやmight be able to（〜でき
るかもしれない）という表現を使う機会が多いので覚えておきましょう。

Pattern Practice))

MP3 216

1. The woman might have to take some of the required classes again next
semester.
女性は、来学期必修科目のいくつかを再履修しなければならないかもしれません。

MP3 217

2. The man might have to ask his adviser which courses he needs to take to
fulfill his requirements.
男性は、必要条件を満たすために彼がどの講義を取る必要があるのかアドバイザー
に尋ねてみなければならないかもしれません。

第3章 問題形式別 重要表現 100

Question 2 ▶ [MP3] **218**

Q: 新しく厳しい成績評価システムを導入するという大学の発表に対する女性の見解はどのようなものですか?

A: The woman says that this stricter policy would **make it impossible for** her **to** achieve her academic goal.
女性は、このより厳格な方針が導入されれば、彼女が学問上の目標を達成することが不可能になってしまうだろうと述べています。

Formula 059 ▶

(A) **make(s) it impossible / possible for** (B) **to** (C).
Aが原因で、BがCすることは不可能です / 可能です。

☑ ポイントチェック

　この例文は The woman says that she won't be able to achieve her academic goal if this stricter policy starts. という文を無生物の policy を主語にして言い換えたものです。make OC で「O を C にする」の意味ですが、ここでの make の O である it は to 不定詞以降を指し、for ～ は to 不定詞の動作の意味上の主語を表します。impossible（不可能な）の代わりに possible（可能な）を使った S make(s) it possible to do もいつでも使えるようにしておきましょう。

Pattern Practice 》

[MP3] **219**

1. The woman says that this inefficient old system makes it impossible for us to gather necessary information quickly.
この非効率な古いシステムのせいで、私たちは必要な情報を素早く収集するのが不可能だと女性は述べています。

[MP3] **220**

2. The man says that the professor's positive attitude has made it possible for the students to concentrate on their research project.
教授の積極的な態度のおかげで、学生たちは自分たちの研究課題に集中できたと男性は述べています。

060 ▶ 新しい方針の導入に不安を示す

Q: 大学が条件次第で終身雇用権のある教授を解雇するという方針の決定に対して女性の見解はどのようなものですか？

A: **This prospect particularly concerns the woman because** she finds Professor Thomas's classes to be highly worthwhile.
トーマス教授の授業は大いに価値があるものだと彼女は考えているので、この見通しが女性を特に不安にさせています。

Formula 060 ▶

This prospect particularly concerns the man / the woman because
(A). (AはS+Vがそろった節)
この見通しはAなので、特に男性／女性を不安にさせています。

✓ ポイントチェック

Question 2では、ターゲットの学生が大学側からのお知らせや発表に対して反対する立場をとることが多いです。動詞concernは「不安にさせる」という意味で、A concerns B（AはBを不安にさせる）、B is concerned about A（BはAについて心配している）のように使うことを覚えておきましょう。また、prospectは「将来の見通し」の意味です。becauseでその不安の理由を加えると、より分かりやすく説明できます。

Pattern Practice 〉〉

1. This prospect particularly concerns her because most students show little or no interest in the new university's plan.
ほとんどの学生が、その新しい大学の計画にほとんど、あるいは全く興味を示していないので、この見通しは特に彼女を不安にさせています。

2. This prospect particularly concerns the woman because she really likes the present curriculum construction.
女性は、現行のカリキュラム構成がとても気に入っているので、この見通しは特に彼女を不安にさせています。

Q: 大学からの卒業に必要な単位取得がより厳しくなるというお知らせに対して女性はどのような見解を持っていますか？

A: **The first reason the woman gives is that** college is a place that should challenge students.

女性が挙げる最初の理由は、大学は学生のやる気をかきたてるべき場所だということです。

Formula 061 〉

The first reason the man / the woman gives is that (A).

(AはS+Vがそろった節)

男性／女性が述べている最初の理由はAということです。

✓ ポイントチェック

Question 2では、通常大学側からの発表に対して学生のどちらかが不満や反対意見を述べる状況が多いですが、解答では「反対している」という立場を明確に伝えた後、その理由の説明もつけ加えなければなりません。この表現はいくつかあるうちの最初の理由を伝える切り出しの表現として便利です。最初にthe man / the woman givesとつけておけば、2番目の理由はThe second reason is that 〜だけで続けることもできます。くだけた話し方とは一線を画した、理路整然とした話し方をしている印象を与えることができます。

Pattern Practice 〉〉

MP3 225

1. The first reason the woman gives is that college students need a place such as a café where they can relax after hard work.

女性が挙げる最初の理由は、大学生には猛勉強の後でリラックスできるカフェのような場所が必要だということです。

MP3 226

2. The first reason the man gives is that the university hasn't provided learning facilities good enough to meet students' needs.

男性が挙げる最初の理由は、大学が学生のニーズを満たすのに十分な学習施設を提供できていないということです。

062 ▸ should で話者の主張を示す

Q: 欠席の多い学生の親に通知を送るという大学の発表に対する男性の見解はどのようなものですか？

A: **The man suggests that** students **shouldn't** be overprotected like small children.
男性は、学生を小さい子供のように過保護にすべきではないと提案しています。

Formula 062 ▸

The man / The woman suggests that (A) **should(n't)** (B).
男性 / 女性は、AはBすべきだ(すべきでない)と提案しています。

☑ ポイントチェック

「〜すべき」という意味の助動詞shouldを入れると主張が伝わります。Question 2では学生の意見を客観的に伝える必要があるので、The man / The woman thinksで始めます。この例文のように否定の場合はshouldn't（すべきではない）とします。suggest（提案する）、demand（要求する）、propose（提案する）、insist（主張する）、recommend（推奨する）、require（要求する）のような提案、主張、助言、要求を表す特定の動詞のthat節の中では、The man suggests that students not be overprotected. のようにshouldを除いた原形の動詞も使うことができます。

Pattern Practice))

MP3 228

1. The woman suggests that students should take volunteer work as a good opportunity to prepare to go into the workforce.
   女性は、学生はボランティアの仕事を社会に出る前の良い機会だととらえるべきだと提案しています。

MP3 229

2. The man suggests that students shouldn't spend too much time on working part-time.
   男性は、学生がアルバイトにあまり多くの時間をさくべきではないと提案しています。

Q: 大学の新しい成績評価システムの導入計画に対する男性の見解はどのような ものですか？

A: **The man goes on to** point out **that** such an unpopular university policy may influence future decisions.
男性はさらに、そのように不評な大学の方針は、将来の決断に影響を及ぼすか もしれないと続けて指摘しています。

Formula 063 ▶

The man / The woman goes on to (A) **that** (B). (BはS+Vがそろった節)
男性 / 女性はさらに続けてBだとAしています。

✓ ポイントチェック

go on to do（さらに続けて〜する）という表現は、さらに主張を重ねるときに使い ます。これに対し、go on 〜 ingは、Let's go on discussing the matter.（その件 について議論を続けよう。）のように「今までしてきたことを続ける」という意味なので 混同しないように注意しましょう。

Pattern Practice 》

MP3 231

1. The woman goes on to suggest that the man should get used to speaking in front of others.
   女性はさらに続けて、男性は人前で話すことに慣れるべきだと提案しています。

MP3 232

2. The man goes on to point out that most students are unhappy with the campus cafeteria.
   男性はさらに続けて、ほとんどの学生がキャンパスの食堂に満足していないことを 指摘しています。

064 ▶ 未来 + 可能性 + 義務を一緒に表現する

————————————————————— MP3 233

Q: 自転車専用道路を設置しようという大学の計画に対する男性の見解はどのようなものですか?

A: **The woman says that she will probably have to** keep getting out of the way of the people riding bicycles.

女性は、自転車に乗っている人のためにわきによけ続けなければいけないかもしれないと述べています。

Formula 064 ▶

The man / The woman says that he / she will probably have to (A).

男性 / 女性は、おそらくAしなければならないだろうと述べています。

☑ ポイントチェック

　英語では助動詞を2つ以上続けることはできませんが、実際には2つの助動詞の意味を重ねて表現したくなることも多いものです。「〜しなければならないかもしれないだろう」は日本語だとやや回りくどい表現で、未来と可能性と義務の意味が混じりあっています。willとmayとmustという助動詞を3つ並べるわけにいきませんので、同じ意味の副詞や動詞の代替表現を組み合わせることになります。

Pattern Practice ▶

MP3 234

1. The woman says that she will probably have to take some courses again next semester due to the new grading system.

　女性は、新しい成績評価システムのせいで、次のセメスターにもいくつか講義を再履修しなければならないだろうと述べています。

MP3 235

2. The man says that he will probably have to take part in the student meeting next week.

　男性は、おそらく来週学生大会に参加しなければならないかもしれないと述べています。

065 ▶ This is because で理由を後づけする

Question 3·4 ▶   **MP3 236**

Q: フィンランドの教育システム改革の成功について説明してください。

A: Today, Finland boasts one of the top educational systems in the world. **This is because** the government took steps in the 1970s to improve the educational system.

今では、フィンランドは世界でもトップクラスの教育システムの1つを誇っています。これは政府が1970年代に教育システムを改善するために措置を講じたからです。

Formula 065 ▶

（A）. **This is because**（B）.   （AとBはS+Vがそろった節）
Aです。これはおそらくBだからです。

✓ ポイントチェック

前に述べたことの理由を後づけするときに便利な表現です。これに対しThat's why S+Vは、先に理由となる内容を述べてから、結果を続ける場合に使います。The plane was delayed. That's why I was late for the meeting.（飛行機が遅れました。そのため私は会議に遅刻しました。）に対し、I was late for the meeting. This is because the plane was delayed.（私は会議に遅れました。これは飛行機が遅れたからです。）というように理由と結果の位置が逆になることに注意してください。

Pattern Practice))

                                       MP3 237

1. The fur of polar bears looks white. This is because light is refracted from the clear strands of hair.

   ホッキョクグマの毛皮は白く見えます。これは透き通った毛の束から光が屈折するからです。

                                       MP3 238

2. Mercury concentrations in fish tend to increase over time. This is because fish are not very efficient at eliminating mercury from their system.

   魚の水銀濃度は時間の経過とともに増えていく傾向あります。これは魚が体内から水銀を排除することが効率よくできないからです。

066 ▶ increase / decrease で増減を表す

Question 3・4 ▶ ──────────────── MP3 239

Q: 犯罪学の講義で説明された具体的な詐欺の手口を検証してください。

A: According to the reading, **the cases of** fraud **have increased dramatically in recent years.**
リーディングによると、近年、詐欺事件が劇的に増加しているということです。

Formula 066 ▶

the cases of (A) have increased / decreased dramatically in recent years.
Aの事例(事件)が近年劇的に増加して / 減少してきました。

✓ ポイントチェック

　講義の内容を要約するときにincrease（増加する）やdecrease（減少する）という表現を使用することも多いので、うまく使いこなせるように備えておきましょう。この例文のようにin recent yearsという副詞と一緒に現在完了形を使うと、「近年〜が劇的に増加してきた」という意味になり、現在までの傾向を表すことができます。increaseの代わりにdecrease、dramatically（劇的に）の代わりにslightly（わずかに）等を使うと、増減の程度が調整できます。

Pattern Practice 》

MP3 240

1. The cases of cyber assaults have increased dramatically in recent years.
　サイバー攻撃の事例が、近年劇的に増加してきました。

MP3 241

2. The cases of identity theft have increased dramatically in recent years.
　個人情報盗難の事例が、近年劇的に増加してきました。

067 influence で二者の関係を表す

Question 3·4 MP3 242

Q: テレビがアメリカ文化に与えた予期せぬ影響について説明してください。

A: In the 1950s, TV began to **influence** how people talked, dressed, and lived.
1950年代には、テレビが人々の話し方、着こなし方、生き方に影響を与え始めました。

Formula 067

(A) **influence / have influenced** (B).
AがBに影響を与えます/与えてきました。

✓ ポイントチェック

　動詞influenceは、他動詞なので前置詞のtoやonはつけずに、influence O（Oに影響を与える）というように使われます。affectも同意語の他動詞です。また名詞の場合はhave an influence on ～のように使われて、同様の表現にhave an effect on ～、have an impact on ～ などがあります。形容詞をつければ、a positive influence（プラスの影響）やa negative influence（マイナスの影響）のようにバリエーションを広げることが可能です。

Pattern Practice

MP3 243

1. The wide spread of the Internet has greatly influenced our life.
インターネットの広範囲にわたる普及が、我々の生活に大いに影響を及ぼしてきました。

MP3 244

2. Online ordering has influenced our way of life dramatically.
オンライン注文は劇的に私たちの生活様式に影響を及ぼしてきました。

068 講義やリーディングで述べられたことを明確にする (1)

Question 3·4 〉〉〉　　　　　　　　　　　　　　　　　　　MP3 245

Q: 嫉妬に関する実験と、嫉妬がもたらす恩恵について説明してください。

A: **The experiment described by the lecturer** involved test subjects reading descriptions of extremely successful people.
講師によって述べられていた実験には、被検者が大いなる成功者たちの叙述を読むことが含まれていました。

Formula 068 〉

The experiment / survey / example / study / point described by the lecturer (A).
講師によって述べられていた実験 / 調査 / 例 / 研究 / 要点はAです。

✓ ポイントチェック

講義の中で取り上げられた特定のexperiment（実験）、survey（調査）、example（例）、study（研究）、point（要点)についてまとめたいときに使える便利な表現です。describedは「描写された、表現された」という意味の過去分詞で、後ろから前の名詞を修飾しています。by the lecturer（講師によって)の部分はin the lecture（講義の中で)と表現しても構いません。単なる描写ではなく、「説明されていた」と表現したいときにはexplained by the lecturerとすればよいでしょう。

Pattern Practice 〉〉

MP3 246

1. The study described by the lecturer involved surveying 100 test subjects.
講師によって述べられていた研究には、100人の被検者の調査が含まれていました。

MP3 247

2. The experiment described by the lecturer involved test subjects taking a newly developed drug for one month.
講師によって述べられていた実験には被検者が1か月間新しく開発された薬を服用することが含まれていました。

Question 3·4 ───────────────────────────────── MP3 **248**

Q: アメリカの肥満問題に関連する逆説について説明してください。

A: **The paradox pointed out in the talk is that** even though Americans today are better-informed about nutrition, obesity is still a growing problem.

講義の中で指摘されている逆説とは、たとえ今日アメリカ人が栄養についてより多くの情報を持っているとしても、肥満は依然としてますます大きな問題になっているということです。

Formula 069

The problem / error / mistake / correlation / difference / similarity / paradox pointed out in the talk is that (A).　　(AはS+Vがそろった節)
講義で指摘されている問題 / 誤り / 間違い / 相関関係 / 相違点 / 類似点 / 逆説はA ということです。

✓ ポイントチェック

先に取りあげた表現と同様に、講師が講義の中で取り上げた特定のproblem（問題）、error（誤り）、mistake（間違い）、correlation（相関関係）、difference（相違点）、similarity（類似点）などについてまとめたいときに使える便利な表現です。例文ではthe paradox（逆説）という単語が使われていますが、その内容が後に続くthat節の中で説明されています。in the talkの部分はin the lecture、by the lecturer、by the speakerなどに言い換えても問題ありません。

Pattern Practice ⟩⟩

MP3 **249**

1. The problem pointed out in the talk is that the newly developed online game is plagued by bugs.
   講義で指摘されている問題は、その新しく開発されたオンラインゲームはバグが多く発生するということです。

MP3 **250**

2. The correlation pointed out in the lecture is that the more cigarettes you smoke, the higher the health risk of tobacco use is.
   講義で指摘されている相関関係は、タバコを吸えば吸うほど健康へのリスクは高くなるということです。

070 ▶ 主張をサポートする例を伝える

──────────── MP3 251

Q: 1つのものを見たり聞き続けたりすることと収穫逓減の法則との関係について説明してください。

A: **The example of** listening to one song or watching one movie **is used to illustrate** the idea of diminishing return.

ある1つの歌を聞いたりある1つの映画を見たりすることの例は、収穫逓減という考えを例証するものです。

Formula 070 ▶

The example of (A) **is used to illustrate** (B).
Aの例はBを例証するために使われています。

☑ ポイントチェック

　講義の中で講師があげた例を客観的な立場で伝えるときに便利な表現です。例をあげるときにfor example、for instance、to take ～ as an exampleのような表現がよく使われますが、少し表現のバリエーションを広げておきましょう。illustrate（～について例をあげて説明する、例証する）という動詞と共に、exemplify（～の実例をあげる、実証する、～の例となる）という動詞も覚えておきましょう。

Pattern Practice 》

MP3 252

1. The example of the correlation between income and happiness is used to illustrate the lecturer's point.

収入と幸福との相関関係の例は、講師の主張を例証するために使われています。

MP3 253

2. The example of the hardships brought on by the Great Depression is used to illustrate the lecturer's argument.

世界大恐慌によってもたらされた困難な状況の例は、講師の主張を例示するために使われています。

第3章

問題形式別　重要表現 100

Question 3·4 ────────────────────────────── MP3 254

> **Q**: フィンランドが教育分野で成功した理由について説明してください。
>
> **A**: According to the reading, the Finnish government **required that** teachers earn a master's degree.
> リーディングによると、フィンランド政府は、教員が修士号を取得することを義務付けました。

Formula 071 ▶

（A）**require / demand / suggest / recommend / command that**（B）.

（BはS+Vがそろった節）

AはBを義務付けて / 要求して / 提案して / 勧めて / 命令しています。

☑ ポイントチェック

require は「要求する、強く求める、義務づける」という意味の動詞で、アメリカ英語の用法では、that節を続ける場合、その中の動詞が原形を取ること多いです。同じ用法を取る動詞には、demand（要求する）、suggest（提案する）、propose（提案する）、insist（主張する）、urge（強く勧める）、recommend（勧める）、advise（助言する）、order（命令する）、command（命令する）、request（要求する）などがあります。例えば、I proposed that he go there alone.（私は、彼がひとりでそこにいくことを提案しました）のように、that節の中はwentでもgoesでもない原形の動詞goが使われます。I proposed that he should go there alone. のようにshouldを入れてみると理解しやすいと思います。

Pattern Practice))

MP3 255

1. The university strongly recommended that students stay away from illegal drugs.
   大学は、学生が違法ドラッグに手を出さないようにと強く勧告しました。

MP3 256

2. The school regulations require that students refrain from illegal religious activities.
   学生は違法な宗教活動を控えることが校則で定められています。

072 ▶ 冒頭の一語で聞き手の注意をひきつける (1)

Q: 外来種の特徴とブルーギルの例について説明してください。

A: **Unfortunately,** bluegills multiplied rapidly because they had no predators in Japan.

残念ながら、ブルーギルは日本には天敵がいなかったので急激に増殖しました。

Formula 072 ▶

Unfortunately, (A).   (AはS+Vがそろった節)
残念ながらAです。

✓ ポイントチェック

unfortunately（残念ながら）という副詞を冒頭で使うことがよくあります。これは文副詞と呼ばれるもので、「残念」なのは、後に続く内容です。例えば Unfortunately, he failed the test.（残念ながら、彼は試験に落ちました）は、「試験に落ちたということ」が「残念だ」ということを意味しています。It is unfortunate that he failed the test. のように言い換えることもできます。unfortunately と始めるだけで、聞き手はその後に残念なネガティブな内容が来ると予想できます。

Pattern Practice 》

1. Unfortunately, it is true that human activities have had a negative impact on the natural environment.
   残念ながら、人間の活動が自然環境にマイナスの影響を及ぼしてきたことは事実です。

2. Unfortunately, the prediction about the occurrence of an earthquake in the area was totally wrong.
   残念ながら、その地域の地震発生の予測は完全に間違っていました。

Question 3·4 ▶   MP3 260

Q: 高齢者のにおいに関する人々の持つイメージと調査結果のギャップについて説明してください。

A: **Surprisingly,** the group of old people smelled better than the middle-aged or young adults.
驚くべきことに、高齢者グループの人たちのほうが中年や若者よりも良いにおいがしたのです。

Formula 073 ▶

Surprisingly, (A).   (AはS+Vがそろった節)
驚くべきことにAです。

☑ ポイントチェック

unfortunately（残念ながら）とともに、surprisingly（驚くべきことに）も冒頭でよく用いられる文副詞です。最初に「驚くべきことに」と一言添えるだけで、次に続く内容に対する聞き手の興味をひきつけることができます。リーディングや講義の内容には、予想外の結果や見解が提示されることも多いので、内容を伝達するときに覚えておくと便利に使えるでしょう。その他の文副詞としてdisappointingly（がっかりしたことに）、curiously（興味深いことに）、regrettably（残念なことに）、amazingly（驚いたことに）なども表現のレパートリーに加えておくとよいでしょう。

Pattern Practice))

MP3 261

1. Surprisingly, U.S. President Theodore Roosevelt was disliked by many members of his party.
驚くべきことに、アメリカ大統領のセオドア・ルーズベルトは多くの党員に嫌われていました。

MP3 262

2. Surprisingly, Galileo was kept under house arrest until his death on the charge of heresy.
驚くべきことに、ガリレオは異端信仰の罪で死ぬまで軟禁されていたのです。

074 ▶ 時の流れの関係を明確に伝える

Question 3・4 ▶ MP3 263

Q：アメリカ人の肥満問題に関連する逆説について説明してください。

A：Americans **did begin to change** their diet in the 60's and 70's, **but we haven't seen the expected results**.
アメリカ人が1960年代と70年代に食事を変え始めたのは確かでしたが、まだ求められるような結果には至っていません。

Formula 074 ▶

（A）**did begin to change**（B）, **but we haven't seen the expected results**.
Aは確かにBを変更し始めましたが、まだ期待通りの結果は出ていません。

✓ ポイントチェック

「過去に行なったことの結果や影響が現在の時点でまだ出ていない」と述べたいときに使える表現です。過去形と現在完了形をうまく組み合わせて、時の流れを正確に表しましょう。beginの前のdidは強調の意味で「確かに始めた」というようなニュアンスで使われます。

Pattern Practice))

MP3 264

1. The university did begin to change the old curriculum two years ago, but we haven't seen the expected results.
大学が2年前に古いカリキュラムの変革に乗り出したのは確かですが、まだ期待されていたような結果は出ていません。

MP3 265

2. The government did begin to change its policy unpopular with its citizens last year, but we haven't seen the expected results.
政府が昨年国民に不評な政策の変革に乗り出したことは確かですが、まだ期待されていたような結果は出ていません。

第3章

問題形式別 重要表現 100

Question 3·4 ▶ ────────────────────────────── MP3 **266**

> **Q**: 学生が住居に求める最近の傾向について説明してください。
>
> **A**: **The lecturer points out that** the students of Generation Z **expect** amenities **that help them** focus on studying and staying healthy.
> Z世代の学生たちは彼らが勉強することや健康でいることに集中するのに役立つような快適さを期待していると講師は指摘しています。

Formula 075 ▶

> **The lecturer points out that (A) expect (B) that help them (C).**
> Aは彼らがCすることに役立つようなBを期待していると講師は指摘しています。

☑ **ポイントチェック**

　この例文ではamenities（快適さ）という名詞にthat以下の形容詞節をくっつけることによって情報を追加しています。このthatは関係代名詞と呼ばれるもので、「どのような快適さなのか」という情報を、文を区切ることなしに追加できるのでとても便利です。スピーキングなので、ライティングのような緻密な論理展開や組み立てに使う時間はありませんが、… amenities. The amenities help them … というように2つの文に区切るよりも、thatでつなげるほうがスムーズでうまく流れます。修飾される名詞がものの場合はwhich、人の場合はwhoを代わりに使うことができます。

Pattern Practice))

MP3 **267**

1. The lecturer points out that many college students expect a better academic environment that helps them focus on studying and staying healthy.
   多くの大学生は、彼らが勉強することや健康でいることに集中するのに役立つようなより良い学術環境を期待していると講師は指摘しています。

MP3 **268**

2. The reading points out that most students at this university expect the construction of a new café that helps them enjoy their university life more.
   この大学のほとんどの学生は、彼らが大学生活をもっと楽しむのに役立つ新しいカフェの建設を期待しているとリーディングは指摘しています。

076 ▶ 関連情報をうまく追加する (2)

Question 3・4 〉 MP3 269

Q：隕石が衝突してできたクレーターについて説明してください。

A：**According to the professor,** the impact of a meteor created a giant crater, **which** was quickly filled with molten rock from underneath.
教授によると、隕石の衝突の衝撃が巨大なクレーターを生み出しました。そしてそれはすぐに下から湧き出る溶岩に満たされました。

Formula 076 ▶

According to the professor, (A), **which** (B).　　(AはS+Vがそろった節)
教授によると、Aです。そしてそれはBです。

✓ ポイントチェック

　関係代名詞のwhichは、前にコンマをつけると先行詞と呼ばれる直前の名詞だけでなく前文の内容も指すことがあります。いったん区切って前の文の内容をthisやthatで表現することもできますが、このように [, which] で続けることもできます。スピーキングでは「コンマ」と音に出して言うわけではありませんが、頭の中で表現を整理するときにはとても大切なものなのです。例えば、I didn't say anything, which made my father angry.（私は何も言わなかった。そのことが父を怒らせた。）というように一続きの文のまま使うことができます。

Pattern Practice 》

MP3 270

1. According to the professor, the global financial system contributed to a great expansion of capitalism, which cannot be denied, but it is also true that it started to crumble.
教授によると、世界の金融システムは資本主義の拡大に大いに貢献はしたし、そのことは否定できないが、崩壊し始めていたこともまた事実だそうです。

MP3 271

2. According to the professor, vinegar has an indefinite shelf life, which is one of the biggest contributing factors of its long history and popularity.
教授によると、酢は無限に保存がきくものだが、それが酢の長きにわたる歴史と人気の最大の要因の一つだということです。

第3章　問題形式別 重要表現 100

Question 3·4 `MP3 272`

Q: 民主主義の理想は常に現実よりはるかに高いということについて説明してください。

A: **Both the reading and the lecture deal with the situations in which** ideals have been largely betrayed.
リーディングも講義も理想が多いに裏切られてきた状況について論じています。

Formula 077

Both the reading and the lecture deal with the situations in which (A).
リーディングも講義もAという状況について論じています。

☑ ポイントチェック

　関係代名詞のthatを続けて情報を追加する方法はすでに説明した通りですが、この例文のin whichのように、前置詞+whichという形でつながれる場合もあります。situations（状況）という名詞をideals have been largely betrayed（理想が大いに裏切られてきた）という完全文にくっつけるときにはin situationsのように前置詞inが必要となり、このinをつなぎのwhichにつけるとin whichとなるのです。前置詞+whichは話し言葉としては堅い印象を与えますが、スピーキングの解答では十分使えます。

Pattern Practice)))

`MP3 273`

1. Both the reading and the lecture deal with the situations in which such a serious problem as a high unemployment rate remains.
リーディングも講義も高い失業率のような深刻な問題が残る状況について論じています。

`MP3 274`

2. Both the reading and the lecture deal with the situations in which the banking system is being reorganized.
リーディングも講義も世界の金融システムが再編成されつつある状況について論じています。

078 関連情報をうまく追加する (4)

Question 3·4 ━━━━━━━━━━━━━━━━━━━━━━━━━━━━━ MP3 275

> **Q**: ベルサイユ条約締結におけるウッドロー・ウィルソンの役割について説明してください。
>
> **A**: **The reading says that** Woodrow Wilson was idealistic, hop**ing** to achieve what Voltaire had once described as "the best of all possible worlds."
> ウッドロー・ウィルソンは理想主義的でした。そしてヴォルテールがかつて「あらゆる可能性のある世界の中で最良のもの」と言い表したものを達成することを望んでいたとリーディングには書かれています。

Formula 078

The reading says that (A), (B)**ing** …   (AはS+Vがそろった節)
Aである、そしてBであるとリーディングには書かれています。

✓ ポイントチェック

この例文のhoping ～は分詞構文と呼ばれるもので、関係代名詞と同じでやはり情報を追加するときに使われます。hopingの意味上の主語は、文全体の主語のWoodrow Wilsonと同じです。He took a glance at me, going out of the room.（彼は私をちらっと見て、部屋から出ていった）という文のgoingの意味上の主語も同様に文全体の主語Heと同じです。このように分詞構文の～ingを付け足すときには、基本的にその意味上の主語が文の主語と一致することが条件であることを覚えておきましょう。

Pattern Practice))

MP3 276

1. The reading says that the Amazon is the largest rainforest on Earth, hosting an amazing showcase of flora and fauna.
   アマゾンは地球で最も大きな熱帯雨林であり、動植物たちの素晴らしい宝庫だとリーディングに書かれています。

MP3 277

2. The reading says that Spain financed the voyages of Columbus, taking a leading part in the exploration of the interior of the newly discovered lands.
   スペインはコロンブスの航海に資金提供をして、新しく発見された土地の内部探索に指導的役割を果たしたとリーディングに書かれています。

Q: 高齢者のにおいに関する人々の持つイメージと調査結果のギャップについて説明してください。

A: **According to the reading,** the researcher **tried to find out which** age and gender groups smelled the best.

講師によると、その研究者は、どの年齢層と性別のグループの人々が最も良いにおいがするのかを究明しようとしました。

Formula 079 ▶

According to the reading, (A) tried to find out what / how / when / where / which (B).

リーディングによるとAは何を / どのように / いつ / どこで / どちらのBを見つけ出そうとしました。

☑ ポイントチェック

疑問文は間接的にメインの文に埋め込むことができます。例えば、How old is he?（彼は何歳ですか）は直接的な疑問文ですが、これを誰かに間接的に伝えるには、I don't know how old he is.（私は彼が何歳なのか知りません）のように、how old の後の語順が平叙文と同じになることに注意してください。この場合のHow old he is は名詞節と呼ばれる名詞の固まりで、knowの目的語となっています。つまり疑問文の語順を変えると名詞の役割をする語句の固まりができ、主語、目的語、補語、あるいは前置詞の目的語として使用することができます。

Pattern Practice))

MP3 279

1. According to the reading, a group of researchers tried to find out how such pathogens had spread.

   リーディングによると、その研究者グループはそのような病原菌がどのように拡散したのかを究明しようとしました。

MP3 280

2. According to the reading, a group of distinguished researchers tried to find out what the main factors that affect the availability of water in that region are.

   リーディングによると、卓越した研究者グループがその地域での水の入手に影響を及ぼす主要な要因は何なのかを突き止めようとしました。

080 ▶ 特定の例やポイントについて説明する

Question 3·4 ▶───────────────────────────── MP3 281

Q: タコのカムフラージュと擬態について説明してください。

A: **In the case of** mimicry, there are certain species of octopuses that are capable of quickly changing their shape.

擬態の場合、形を素早く変えることができる特定の種のタコがいます。

Formula 080 ▶

In the case of (A), (B).　　　　　　　　　（BはS+Vがそろった節）
Aの場合、Bです。

☑ ポイントチェック

　要約すべきポイントが2つないしは3つあるときに、「これからこのポイントについて話します」ということを相手に明確に伝えるために、in the case of ～（～の場合は）と言うことができます。「～に関して」という意味で、ほぼ同じ意味の前置詞には regarding、with regard to、as regards、respecting、with respect to、concerning、as for、as to などがあります。また「～という点で、～に関して」という意味で in terms of という表現もあります。

Pattern Practice 》

MP3 282

1. In the case of cryptography, some early samples can be seen in ancient Egyptian monuments.

暗号作成術と言えば、いくつかの初期の例が、古代エジプトの遺跡にみられます。

MP3 283

2. In the case of organ transplantation, growing new organs is still in the experimental stages.

臓器移植の場合は、新しい臓器を培養するのも今はまだ実験段階にあります。

Q: 攻撃・逃避反応といじめっ子の脅しの例について説明してください。

A: When people or animals **are faced with** a threat, they have a reaction in their nervous system.

人間あるいは動物が、ある脅威に直面したとき、その神経システムに反応が現れます。

Formula 081 ▶

(A) **face(s) / are(is) faced with** (B).

AはBに直面しています。

✓ ポイントチェック

　Question 3·4で、ある分野での問題提起がされているようなケースに使える表現です。動詞 face には「直面する、直面させる」という意味があり、同じ意味で be faced with 〜のように表現することもできます。「我々が直面している問題」なら the problem we are faced with、あるいは the problem facing us のように表現できます。同意語に confront があり、confront a problem あるいは be confronted with a problem のように face と同じ使い方ができます。

Pattern Practice 》

MP3 285

1. The Japanese society is faced with a serious problem of aging population.
　日本社会は高齢化という深刻な問題に直面しています。

MP3 286

2. Many poor countries face droughts contributing to crop failure.
　多くの貧しい国々は凶作の一因となる干ばつに直面しています。

082 ▶ 重要なポイントを強調する

Question 3・4 ───────────────────────────── MP3 287

Q： 水不足の原因とその影響について説明してください。

A： **The lecturer stresses** the importance of water. It's everywhere, and yet many experience its shortage.

講師は水の重要性を強調しています。それはどこにでもありますが、多くの人々が水不足を経験しています。

Formula 082 ▶

The lecturer stresses (A).

講師はAを強調しています。

☑ ポイントチェック

stressは動詞だと「強調する」を意味します。例文のように、講師やリーディングが強調するポイントを説明するのに使えます。同意表現には、emphasize、put / lay emphasis on、put / lay stress onなどがあります。またThe lecturer stresses that it's extremely difficult to track down the cause.（講師は、その原因を見つけ出すことは極めて難しいということを強調する）のようにthat S+Vを続けることもできます。

Pattern Practice 》

MP3 288

1. The lecturer stresses that any discrimination should be followed by some disciplinary action.

   講師は、いかなる差別も懲罰処分によって対処されるべきだと強調しています。

MP3 289

2. The lecturer stresses the significance of creative imagination.

   講師は、創造的な想像力の重要さを強調しています。

第3章 問題形式別 重要表現 100

Q: 辞書の編集時に重要な要素について説明してください。

A: The lexicographer **is responsible for** establishing the standards of word usage.

辞書編集者は、単語の用法の基準を確立する責任があります。

Formula 083 〉

(A) **is responsible for** (B).

AはBに責任があります／AはBの原因となります。

☑ ポイントチェック

be responsible for ～は、責任や原因の関係性を表現することができます。この例文は、It is the responsibility of the lexicographer to establish the standards of word usage. のように言い換えることも可能です。take responsibility for ～（～に対して責任を取る）という表現も覚えておくとよいでしょう。

Pattern Practice 》

MP3 **291**

1. Unsanitary conditions are often responsible for rodent infestations.
   不衛生な状態がネズミ類の大量発生の原因となることが多いです。

MP3 **292**

2. Global economic slowdown is responsible for a sharp drop in stock prices.
   世界的な景気低迷が株式暴落の原因となります。

084 ▶ by ～ ing で手段を表現する

Question 3・4 〉〉 ━━━━━━━━━━━━━━━━━━ MP3 **293**

> **Q**: ホエールウォッチングの観光産業における役割について説明してください。
>
> **A**: Whale watching and other spectating activities have led to the economic growth **by** attract**ing** tourists from around the world.
> ホエールウォッチングやその他の観覧観光は、世界中から観光客をひきつける ことにより、経済成長につながってきました。

Formula 084 ▶

(A) **by** (B)**ing**...
BすることによってAです。

✓ ポイントチェック

　by ～ ing（～することによって）で手段を表すことができます。By controlling your mind and body, you can become healthier.（心身をコントロールすること により、より健康になれます）のように文頭に置いて手段を強調することもできます。 Question 3・4の内容を要約して伝えるときに必須の表現なので、しっかりと使いこな せるようにしておきましょう。

Pattern Practice 〉〉

━━━━━━━━━━━━━━━━━━ MP3 **294**

1. The authorities must respond to such an SOS from nature and act immediately by changing their environmental policies.
当局は、環境政策を変革することによって、そのような自然からのSOSに応えて、す ぐに行動しなければなりません。

━━━━━━━━━━━━━━━━━━ MP3 **295**

2. Their team succeeded in increasing sales considerably by introducing a well-thought-out marketing strategy.
彼らのチームは、よく練られたマーケティング戦略を導入することによって、売り上 げを大幅に増やすことに成功しました。

第3章 問題形式別 重要表現 100

Q: ナチスのドイツ語の悪用の研究について説明してください。

A: According to the talk, Nachman Blumenthal studied **the ways** the Nazis had used and abused the German language.
講義によると、ナッハマン・ブルーメンソールは、ナチスがドイツ語を使用し悪用した方法について研究しました。

Formula 085

（A）**the way(s)**（B）　　　　　　　　　　（BはS+Vがそろった節）
Bの方法 / 仕方をAします。

✓ ポイントチェック

the way(s) S+Vという形で、「SがVする方法、仕方」という意味で使われます。この例文のように具体的な複数の方法という意味の場合はwaysとなりますが、単に「～の仕方」なら、the way she speaks（彼女の話し方）、the way Tom walks（トムの歩き方）のように表現します。That's the way the accident happened.（そのようにして事故は起こりました）の場合のwayは具体的な方法ではなく、「いきさつ」という意味で、That's how the accident happened. と代わりにhowを使って表現することもできます。

Pattern Practice))

MP3 297

1. A dictionary must reflect the way the language is being used at present.
辞書は現在の言語の使われ方を反映していなければなりません。

MP3 298

2. The researcher has been studying the ways plants can be cloned.
その研究者は植物のクローンの作り方を研究してきました。

086 ▶ 現在までの継続を表現する

Question 3・4 ▶   MP3 **299**

Q: その地域で採掘産業が栄えた主な背景について説明してください。

A: For the past century and a half, people **have been** mining the region for nickel, copper, and other metals.

過去1世紀半の間、人々はニッケル、銅、その他の金属を求めてその地域の採掘をし続けてきました。

Formula 086 ▶

(A) **have / has been** (B)**ing**.
AはBし続けてきました。

✓ ポイントチェック

have been 〜 ingは現在完了進行形と呼ばれて、過去から現在まである動作や行為が継続してきていることを表します。例えばMy brother has been playing the base guitar for more than ten years.（兄は10年以上ベースを弾き続けています）という文は、10年以上前に始めたベースを現在まで継続して弾いているという意味になります。通常for two years（2年間）やsince 2000（2000年から）という時間を表す表現と一緒に使われます。Question 3・4では、ある実験や研究などの過去から現在までの継続した状況などを表現するときに便利です。

Pattern Practice ▶

               MP3 **300**

1. A group of archaeologists have been excavating the archaeological sites since 2008.

   ある考古学者のグループは2008年からずっと古代遺跡の発掘作業を続けています。

               MP3 **301**

2. Since 2010, the crime rate in that area has been increasing rapidly.

   2010年以来、その地域の犯罪率は急激に上昇し続けてきました。

Question 3·4 ────────────────────────────── MP3 302

Q: ウッドロー・ウィルソンと第一次世界大戦終結への役割について説明してください。

A: Woodrow Wilson **played a** pivotal **role in** winning the First World War, and even a larger role in the peace deliberations that followed.
ウッドロー・ウィルソンは第一次世界大戦の勝利に極めて重要な役割を果たしました。またその後に続く平和への審議においてはさらにもっと大きな役割を果たしました。

Formula 087

(A) **play(s) a** (B) **role in** (C).
AはCにおいてBの役割を果たしています。

☑ ポイントチェック

「ある人物や物事が、どの領域においてどのような役割や貢献を果たしたのか」をまとめるときに非常に便利な表現です。同意表現に play a part in 〜があります。この例文のように名詞 role（役割）の前に pivotal（極めて重要な、中枢の）という形容詞を加えることによって、役割や貢献の程度を強調することができます。特に play an important / a significant role（重要な役割を果たす）はよく使われます。play a major in 〜（大きな役割を果たす）、play a minor role in 〜（大した役割は果たしていない）も使えるようにして覚えておきましょう。

Pattern Practice))

MP3 303

1. Thomas Piketty's *Capital in the Twenty-First Century* played a major role in transforming our understanding of the history of wealth.
トマ・ピケティの「21世紀の資本」は、我々の富の歴史に対する認識を変貌させるということにおいて大きな役割を果たしました。

MP3 304

2. Jimi Hendrix, an American rock guitar virtuoso, played a significant role in reshaping people's perceptions of rock music.
ジミー・ヘンドリックスは、アメリカ人のロックギターの名手で、人々のロック音楽に対する認識を塗り替えるのに重要な役割を果たしました。

088 > 研究や出来事の役割や貢献度を示す (2)

Q: クローン研究と関連する倫理観について説明してください。

A: Researchers decided to **determine whether or not** the results of the study on cloning are actually true.

研究者たちは、そのクローンに関する研究結果が本当に事実であるかどうかを見極めることに決めました。

Formula 088

（A）**determine(s) whether or not**（B）.　　　（BはS+Vがそろった節）
AはBであるかどうかを究明します。

☑ ポイントチェック

動詞 determine は「究明する、見つけ出す、（本物かどうか）見極める」という意味で使われます。この意味の性質上 whether (or not) S+V（SがVであるかどうか）というフレーズを目的語に取ることがよくあります。Question 3・4では、「研究、調査、実験が〜かどうかを究明する」と要約できるケースがあるのでマスターしておきましょう。応用として determine の目的語として how や what の疑問詞が導く名詞節を続けることもできます。

Pattern Practice 〉

MP3 306

1. Galileo conducted an interesting experiment to determine whether or not objects fall with the same acceleration.

ガリレオは、物体が同じ加速度で落下するか否かを究明するために、興味深い実験を行いました。

MP3 307

2. A group of researchers are trying to determine how the brain works if there is damage to the brain.

ある研究者のグループは、損傷がある場合に脳はどのように働くのかを究明しようとしています。

089 研究や出来事の目的を示す

Question 3・4 ▶ ──────────────── MP3 308

Q: ナチスのドイツ語の悪用の研究について説明してください。

A: **The purpose of** Blumenthal **was to** compile a dictionary of such Nazi language.
ブルーメンソールの目的はそのようなナチスの言語の辞書を編纂する事でした。

Formula 089 ▶

The purpose / objective / goal / aim of (A) **is / was to** (B).
Aの目的 / 目標はBする事です / でした。

✓ ポイントチェック

　例文のように人の目的だけでなく、the purpose of the research / study / survey / experiment / bookとして「学術調査 / 研究 / 調査 / 実験 / 本の目的」を極めてシンプルに表すこともできます。その他、同じように目標と表したいときには、The objective of ～、The goal of ～、The aim of ～を使うこともできます。ofの後にはthe aim of correcting a shortcoming（弱点を修正するという目的）のように動名詞を続けることもできます。

Pattern Practice ▶

MP3 309

1. The purpose of the research was to determine how patients with cardiac disease react to a new drug.
その研究の目的は、心疾患患者が新薬にどのように反応するかを究明する事でした。

MP3 310

2. The purpose of the survey was to examine what academic field Japanese high school students are most interested in.
その調査の目的は、日本人高校生がどの学問分野に最も興味があるのかを調べる事でした。

090 ▶ 2つのものの選択・否定を表現する

Question 3・4 ⟩────────────────────── MP3 311

Q: 攻撃・逃避反応といじめっ子の脅しの例について説明してください。

A: The nervous system reaction is a natural response, but humans have the choice to **either** stay **or** run away.
神経システムの反応は自然な反応ですが、人間にはとどまるか、あるいは逃げるか選択できるのです。

Formula 090 ▶

either（A）**or**（B）… / **neither**（A）**nor**（B）…
AかBのどちらか… / AかBのどちらも…ない

✓ ポイントチェック

either … or … のようにペアで使われる表現は相関接続詞と呼ばれます。この例文では動詞の原形を並べていますが、品詞や語形がそろっていればどんな語句の組み合わせでも並列できるので便利です。例えば Either Takeshi or I have to go there.（武か私のどちらかがそこに行かなければなりません）のように、主語を並列することもできます。否定の neither … nor … という表現と一緒にマスターしておきましょう。

Pattern Practice ⟫

MP3 312

1. The lecturer says that neither scientists nor philosophers can agree what the consciousness of humans is comprised of.
   講師は、人間の意識が何から構成されているのかについて科学者も哲学者も意見が一致することはないと述べています。

MP3 313

2. If scuba divers either dive too deep or swim to the surface too fast, they have the possibility of getting the bends.
   スキューバダイバーが深く潜りすぎたり、水面まで速く上がりすぎたりすると、潜水病にかかる可能性があります。

Q: 学生が住居に求める最近の傾向について説明してください。

A: According to the lecture, the trend toward luxurious student housing did **not** begin with the millennials, **but** rather with the fraternity houses built in the late 19th century.

講師によると、贅沢な学生寮へのトレンドはミレニアル世代（1980年前後から2005年ごろまでに生まれた世代）からではなく、むしろ19世紀後半に建てられた大学の友愛会館から始まったということです。

Formula 091 ▶

not（A）but（B）…
AではなくB…

✓ ポイントチェック

notとbutを組み合わせることにより、論理的な流れを作ることができます。Aは一般的に信じられていること、受け入れられていることを述べ、Bで実際にはそうではないということを述べるとポイントが伝わりやすくなります。He is not a scholar but a teacher.（彼は学者ではなくて教師です）のように、短い語句を並列して使われることもよくありますが、その場合はAとBに同じ品詞、あるいは同じ形の動詞を入れるようにします。

Pattern Practice 》

MP3 315

1. The lexicographer helps create not a book of fads and fancies, but a standard reference work.
   辞書編集者は、一時的な流行や空想の本ではなく、標準的な参考図書を作り出す手助けをします。

MP3 316

2. Social reforms are not easy to achieve, but they often improve society.
   社会改革を達成することは簡単なことではありませんが、社会を改善することも多いのです。

092 ▶ 2つのものを比較する

Q: 銀河系の大きさと数について説明してください。

A: The number of stars **is** larg**er than** that of all the grains of sand on earth.

星の数は、地球上のすべての砂粒よりも多いです。

Formula 092

(A) **is** (B)**er / more** (B) **than** (C).

AはCよりBです。

✓ ポイントチェック

比較表現で使われるthanの後には比較の対象としてふさわしい語句を置く必要があります。例えばTaro is taller than my brother.（太郎は私の兄より背が高いです）の場合は、Taroとmy brotherは同じ人同士ですからこのまま比較できます。しかし、この例文のような場合、「星の数」と「地球上の砂粒」は比較の対象にならないため、「地球上の砂粒の数」となるように表現を工夫しなければなりません。この例文のthatは前出のthe numberを指しているので、これで数と数を比較することができるということです。前出の名詞が複数の場合はthoseが使われます。

Pattern Practice 》

1. Although men smelled worse than women, this difference vanished as men got older.

   男性は女性よりもにおいはよくないですが、この差は男性が年を取るにつれて消えました。

2. According to the reading, the population of China is about ten times larger than that of Japan.

   リーディングによると、中国の人口は日本の人口のおよそ10倍だということです。

Question 3・4 〉 `MP3 320`

> **Q**: 攻撃・逃避反応について説明してください。
>
> **A**: **The safest and the best** simple survival choice we humans make is to run away.
> 我々人間ができる最も安全で最善のシンプルな生き残るための選択肢は逃げることです。

Formula 093 〉

The best / The greatest / The most（A）**is**（B）.
もっともAなのはBです。

✓ **ポイントチェック**

　最上級は物事や状況を比較するときに欠かせません。Question 3・4では、さまざまなデータ結果や状況を比較することが多いので、比較級の表現と共に自然な形で使えるようにしておきましょう。safeのような短い1音節の単語の場合は語尾に-estをつけますが、beautifulのようなより長い2音節以上の単語の場合はthe most beautifulのようにthe mostをつけます。

Pattern Practice 〉〉

`MP3 321`

1. The greatest upheaval in domestic politics could be caused by the establishment of new systems.
　新しい制度の確立により内政上最大の動乱が引き起こされる可能性があります。

`MP3 322`

2. According to the lecturer, the eyes are by far the most easily damaged part of the body.
　講師によると、目は身体の中でずばぬけて最も損傷を受けやすい部分だということです。

094 ▶ 原級の表現で比較する

Q: アメリカの肥満問題に関連する逆説について説明してください。

A: People do**n't** seem to be eating **as** healthy a diet **as** they could and should.

人々は可能かもしれないあるいはそうすべきほど健康的な食事を食べていないようです。

Formula 094 ▶

as (A) as (B)... / not as (A) as (B)...
Bと同じぐらいA... / BほどAでない...

✓ ポイントチェック

比較の表現には as 〜 as もあります。肯定文の場合は Tom is as tall as his brother.（トムは彼の兄と同じぐらいの背の高さです）と、同じぐらいのレベルだということを表現できます。それに対して、この例文のように否定の not が入る場合は、「...ほど〜ではない」という意味になります。as と as の間には、通常形容詞あるいは副詞のみが入りますが、この例文のように不定冠詞の a を伴う名詞が入ることもあります。この場合、as healthy a diet as... という語順になることに注意してください。

Pattern Practice ▶

1. It is now just as hard to become a teacher as a lawyer in Finland.
フィンランドでは、今では弁護士になるのと同じぐらい教員になることは難しいのです。

2. The lecturer points out that the newly introduced policy is as impractical as the previous one.
講師は、新しく導入された政策はこれまでの政策と同じぐらい実行が難しいものだと指摘しています。

Q: 人間の深層心理と人間の精神の仕組みについて説明してください。

A: **These two examples show how** difficult it is to conduct research of the inner workings of the human psyche.
このような2つの例は、人間の精神の内部の仕組に関する研究をすることがいかに難しいかということを示しています。

Formula 095

These two / three examples / points / facts show how / that（A）.
このような2つ／3つの例／点／事実が、いかにAであるか／Aであることを示しています。

✓ ポイントチェック

　リーディングや講義の内容に基づいて2つないし3つの例やポイントをまとめて要約するための便利な表現です。この例文から分かるように、解答の最後に使います。these examplesの代りにthese pointsやthese factsなどの表現が適切な場合もあるので、内容に応じて使い分けてみましょう。

Pattern Practice

MP3 327

1. These two examples show that constant input produces reduced output.
　この2つの例は、ずっとインプットを続けるとアウトプットが減るということを示しています。

MP3 328

2. These two points show that the research project on the development of a new type of alternative energy did not go as smoothly as scheduled.
　この2つの点が、新しいタイプの代替エネルギー開発に関する研究プロジェクトが予定されていたほどスムーズにいかなかったことを示しています。

096 ▶講義の主題と全体像を伝える

Question 3·4 ───────────────────────────────── MP3 **329**

Q: タコのカムフラージュと擬態について説明してください。

A: **The lecture describes two examples of how** octopuses are able to effectively use camouflage and mimicry.

講師はタコがどのようにカムフラージュと擬態を用いることができるのかという2つの例について説明しています。

Formula 096

The lecturer describes two examples of how (A).

講師はどのようにAなのかという2つの例について説明しています。

✓ ポイントチェック

　Question 3では、リーディングの内容に対して、講義で具体的な例をあげて説明するケースがあります。例文のように、examples ofのあとに、簡潔かつ明確にリーディングと講義の両方を合わせた主題をまとめておくと、少しの工夫で分かりやすく伝わりやすい表現となります。伝える内容に応じて、ofの後にはhow以外にも what、why、when、whereなどの疑問詞を続けることができます。

Pattern Practice))

MP3 **330**

1. The lecturer describes two examples of how the pesticide known as DDT affected the environment after World War II.
講師は、第二次世界大戦後、DDTとして知られる殺虫剤が環境にどのように影響を与えたのかという2つの例について説明しています。

MP3 **331**

2. The lecturer describes two examples of how plants protect themselves from being eaten.
講師は、植物がどのようにして食べられないように身を守るのかという2つの例について説明しています。

Question 3・4 〉〉 ──────────────── MP3 332

Q: 外来種の特徴とブルーギルの例について説明してください。

A: The multiplication of the invasive species can **cause** the extinction of native species.

侵入外来種の増殖が、在来種の絶滅の原因となる可能性があります。

Formula 097 ▶

(A) **cause** (B).

AはBの原因となります。

✅ **ポイントチェック**

　2つの物事の因果関係を表すためによく使われる表現なのでしっかりと使い方をマスターしておきましょう。The large-scale walkout caused the factory to shut down for a week.（大規模なストライキのために工場は1週間閉鎖となった）のように、cause O to V（OにVさせる）という形でも使われます。

Pattern Practice 〉〉

MP3 333

1. Being different causes exclusion, prejudice, denunciation, and bullying.

人と違うことが、排除、偏見、非難、いじめの原因になるのです。

MP3 334

2. The lecturer stresses that lack of water can cause disease and even death.

水不足が病気、さらには死の原因になりえるということを講師は強調しています。

098 ▶ 講義が原因を説明していることを伝える

Question 3・4 ────────────────────────────── MP3 335

Q: オンライン脱抑制効果とその影響について説明してください。

A: **According to the lecturer,** the online disinhibition effect **is caused mainly by** two factors.
講師によると、オンライン脱抑制効果は主に2つの要因によって引き起こされるということです。

Formula 098

According to the lecturer, (A) is / are caused mainly by (B).
講師によると、Aは主にBによって引き起こされるということです。

✓ ポイントチェック

cause を受動態で使った方が効果的なことがあります。リーディングでトピックの概要を説明して、講義では具体的にそれが起こる要因を説明するケースがあります。そのような場合にこの表現を使って、その後に First, 〜、Second, 〜というように続けると、聞き手がより理解しやすくなります。

Pattern Practice))

MP3 336

1. According to the lecturer, the Civil War was caused mainly by three factors.
   講師によると、南北戦争は主に3つの要因によって引き起こされたということです。

MP3 337

2. According to the lecturer, obesity is caused mainly by three factors.
   講師によると、肥満は主に3つの要因によって引き起こされるということです。

Question 3·4 ▸ ──────────────────────────── MP3 **338**

Q: 病気の進化の歴史に関する研究がどのように役立つのか説明してください。

A: Knowing the evolutionary history of disease **allows** us **to** estimate how the disease may evolve in modern times.

病気の進化の歴史を知ることにより、私たちは病気が現代でどのように進化する可能性があるのかを推定することができるのです。

Formula 099 ▸

(A) **allow(s) / enable(s)** (B) **to** (C).
Aのおかげで、BはCすることができます。

☑ **ポイントチェック**

　少しフォーマルな表現ですが、アカデミックな内容を要約する課題で使いこなせるようにしておくと便利です。allow（許す）とenable（可能にする）はもとの意味が違いますが、どちらも無生物を主語にすることにより同じ意味を表すことができます。例えば、Hard work enabled me to pass the test.（勤勉のおかげで私は試験に合格できました）のように使います。

Pattern Practice))

MP3 **339**

1. Modern medical imaging allows doctors to get more detailed information about their patients.
  現代の医用画像法のおかげで、医者は患者に関するより詳細な情報を得ることが可能になります。

MP3 **340**

2. The shape shifting ability enables certain species of octopuses to take on the shape of different poisonous species.
  変身能力を利用すると、ある種のタコは様々な毒を持つ種の形に変わることができるのです。

100 ▶ Finally で最後を締めくくる

Q: ウッドロー・ウィルソンと第一次世界大戦終結への役割について説明してください。

A: **Finally,** Wilson's efforts failed, and the Treaty of Versailles actually helped to bring about World War II.
最後に、ウィルソンの努力は失敗に終わり、実際にはベルサイユ条約が第二次世界大戦の原因の一端となったのです。

Formula 100 ▶

Finally, (A).
最後にAです。

✓ ポイントチェック

　いくつかの例やポイントを要約した後で、最後の例やポイントの説明をするとき、あるいは解答の最後を締めるときに使える表現です。説明すべきポイントが3つある場合、First (of all)、Second / Next、Finallyのようにシグナルを使いながら進んでいけば、聞き手にも分かりやすく伝わります。ポイントとは関係なく、解答自体を締めくくるときにFinallyを使うのも良いでしょう。同じ意味でLastlyも使えます。

Pattern Practice 》

MP3 342

1. Finally, people feel free to be more aggressive and rude due to the online disinhibition effect.
最後に、オンライン脱抑制効果のために、人々は遠慮なくより攻撃的で無作法になると言えます。

MP3 343

2. Finally, although Gardner's theory has supporters and critics, it has been very influential in the field of education.
最後に、ガードナーの理論には支持者と批判者の両方がいますが、それは教育界では極めて大きな影響を及ぼしてきました。

第 **4** 章

Chapter 4

トピック別対策と
スピーキング実戦演習

1. **Familiar Topics**（日常的でなじみ深いトピック）
　　トピック別実戦演習 Question 1 形式
2. **Campus-related Topics**（大学キャンパス関連のトピック）
　　トピック別実戦演習 Question 2 形式
3. **Academic Topics**（学問教科関連のトピック）
　　トピック別実戦演習 Question 3・4 形式

1. Familiar Topics
日常的でなじみ深いトピック

Question 1 対策

Familiar Topics（日常的でなじみ深いトピック）が出題されるのは、**Question 1**です。ここでは、その出題形式を利用して、トピック別の実戦演習に取り組みます。ここに用意された14題をじっくりとこなすことによって、よく出題される中心的なトピックをひととおり習熟することができます。

すでに説明したように**Question 1では、2つの見解が提示され、自分ならどちらがよいかを選択して、それについて意見を述べていきます**。細かい手順は第2章を参照してください。

■ トピック別実戦演習 　　　　　　　　　　Question 1 形式

Question 1で取り上げられるのは主に次の2つの項目です。

> 1. 大学関連トピックの選択問題
> 2. その他の一般的なトピックの選択問題

Question 1では、Familiar Topicsが出題されますが、やはり大学関連のトピックに関する選択問題が重要です。ここでは、大学関連の問題とそれ以外の一般的な選択問題各7題を用意しています。

さあ、それではQuestion 1形式で実戦演習を積み重ねていきましょう。時間の感覚を身につけるために、ストップウォッチを用意してください。

取り組み方の手順

1

　本番どおりの手順で、Exerciseに取り組んでください。まず音声で設問を聞きます。本番では、設問はスクリーンに現れますから、聞くだけでなく見てもかまいません。この章では音声上で**15秒**の準備期間を設定していませんから、設定を聞き終えたら、音声を止めると同時に**15秒**の準備に入ってください。準備中にポイントをメモすることも忘れないでください。

2

　15秒後に解答時間を**45秒**に設定をして自分の解答を話し始めます。この時点で、設問訳以降の部分を見ないようにしてください。

3

　途中でも45秒たった時点で一度終えてください。解答が時間内に早く終了した人は、自分の解答が何秒だったのかを記録しておいてください。ここでも時間の感覚を**意識することが大切**です。

4

　ヒントが欲しい人は、「解答に含めるべきポイント」をチェックして自分の解答に修正を加えてください。「解答に含めるべきポイント」は、解答し始めるまでにメモあるいは頭の中で整理しておくべきポイントです。

5

　何度もチャレンジした後、模範解答を見て自分の解答に足りなかった箇所、語彙表現の使い方などをチェックしてください。一通りの流れとポイントを把握し、満足のいく解答が完成したところで、もう一度最初から繰り返します。

さあ、それでは始めましょう！

第4章

トピック別対策とスピーキング実戦演習

Exercise 1 ▶ 世界史は必要 vs 世界史は不必要

MP3 344

Listen to the following question.

Question: Some colleges require that all freshmen take a world history course for one or two semesters. Other colleges have no such requirement, because world history is usually taught in high school. Which type of curriculum do you think is better for freshmen and why? Include specific examples and details in your response.

設問訳

次の質問を聞きなさい。

1〜2学期間、すべての1年生が世界史の講義を受けることを必修にしている大学もあれば、世界史は通常高校で教えられるので、必修にはしていない大学もあります。1年生にとってどちらのカリキュラムがより良いと思いますか。そしてそれはなぜですか。解答に具体的な例と詳細を含めなさい。

準備メモ

質問のポイント：大学1年生は世界史の講義を受けるべきか否か、その具体的な理由。
解答に含めるべきポイント：

◆**主題文**—高校で習った重要事項の本当の意味を勉強するいい機会である。

◆**具体的な理由**—高校の歴史の授業では、事実の重要性について、本当に分析し、討議することはない。大学の世界史は、学習過程の後半である。大学レベルの講義がなければ、雑学クイズの類を除いて、歴史の講義は実際に役に立たないものになってしまう。

MP3 345

M O D E L   A N S W E R

①**Although** some students might think it's a waste of time to take another World History course in college, I think it's a great chance to study the real meaning of the important events we studied in high school. ②**As** I see it, in high school history class we input dates, names and places, **but** we don't really analyze or discuss the importance of all these facts. ③A college world history, for me, is the second part of the learning process. ④We get to really study history in depth. ⑤Without a college level course, the high school history course is practically useless, **except for** trivia quizzes and things like that. (109 words)

訳 ··

①大学で再び世界史の講義を受けることは時間の無駄だと考える学生もいるかもしれませんが、私は、高校で勉強した重要な出来事の本当の意味を勉強する大きなチャンスだと思います。②私の考えでは、高校の歴史の授業では、年代や名前や場所を頭に入れますが、これらのすべての事実の重要性について、本当に分析し、討議することはないと思います。③私にとって、大学の世界史は、学習過程の後半です。④私たちは本当に歴史を深く研究する段階に達するのです。⑤大学レベルの講義がなければ、雑学クイズの類を除いて、高校の歴史の講義は実際に役に立たないものになるでしょう。

Exercise 2 ▶ TA が教える vs 教授が教える ─────────────

MP3 346

Listen to the following question.

Question: In many universities, basic required courses are taught by teaching assistants rather than professors. Some students prefer this system, saying that teaching assistants are young, enthusiastic, and easy to understand. Other students would prefer to be taught by professors, who are recognized specialists in their field. Which system do you think is better for students and why? Include specific examples and details in your answer.

設問訳

次の質問を聞きなさい。

多くの大学では、基本必修科目は教授というより、TAによって教えられます。TAは若く、熱意があり、理解しやすいと言って、このシステムを好む学生もいます。また、その分野で認められた専門家である教授たちによって教えられることを好む学生もいます。あなたはどちらのシステムが学生にとって良いと思いますか、そしてそれはなぜですか。解答に具体的な例と詳細を含めなさい。

質問のポイント：大学の基礎必修科目はTAが教えるべきか、教授が教えるべきか、その具体的な理由。

解答に含めるべきポイント：

◆**主題文**—基礎必修科目は、教授よりもTAに教えてもらうのがよい。

◆**具体的な理由**—教授にとっては、基礎課程を教えることはまったく手腕を問われるようなものではない。実際に、その分野における知識の基盤を持っていない学生に深く彼らの専門性を教えることはできない。教授には上級レベルの課程を教えてもらうほうが、その才能と専門性をよりよく生かすことができる。生徒の立場からすると、最初に基本事項を習得する必要があり、TAたちは、確実に、彼らが教えている分野においてしっかりとした基礎を持っている。1年生を教えることに、より熱心でさえあるかもしれない。

MP3 347

MODEL ANSWER

①I think that it's generally a good idea for freshmen to be taught basic courses by teaching assistants rather than by full professors who are experts in their field. ②**From the professors' point of view**, the basic courses aren't really challenging to teach and they can't really teach their specializations in depth to students who don't have a basic foundation of knowledge in the field. ③It's much better use of their talents and expertise to have them teach upper level courses. ④**From the students' point of view**, they need to acquire basics first — the T.A.s certainly have a good foundation in the field they're teaching, **and** they may even be more enthusiastic about teaching freshmen. (115 words)

訳

①私は、1年生は、その分野の専門家である正式な教授よりもむしろ、TAによって基本科目を教えられるのが一般的にいい考えであると思います。②教授の見方からすると、基礎課程を教えることはまったく手腕を問われるようなものではなく、実際に、その分野における知識の基盤を持っていない学生に深く彼らの専門性を教えることはできないのです。③教授には、上級レベルの課程を教えてもらうほうが、その才能と専門性をよりよく生かすことができるのです。④生徒の立場からすると、最初に基本事項を習得する必要があります。TAたちは、確実に、彼らが教えている分野においてしっかりとした基礎を持っていますし、1年生を教えることに、より熱心でさえあるかもしれないのです。

Exercise 3 ▶ 男女共同の寮 vs 男女別の寮

MP3 348

Listen to the following question.
Question: Some universities have co-ed dormitories, where male and female students have rooms on the same floor. Other universities have separate dormitories for male and female students. Which type of dormitory would you choose to live in and why? Include specific examples and details in your response.

設問訳

次の質問を聞きなさい。
男女が同じフロアに部屋がある共同の寮を持つ大学もあれば、男女別の寮を持つ大学もあります。どちらのタイプの寮に住むことを選びますか。そしてそれはなぜですか。解答に具体的な例と詳細を含めなさい。

準備メモ

質問のポイント：男女共同の寮がいいか、男女別の寮がいいか、その理由。
解答に含めるべきポイント：
◆**主題文**─同性の寮に住むほうがいい。
◆**具体的な理由**─性別が違う人の前で外見をつくろうのはとてもプレッシャーがかかる。全員女性の寮では、くつろいで、パジャマやバスローブで歩き回れる。大きな声を出し騒々しい男の子たちに我慢する必要はなくなる。髪の毛や化粧やどんな風に見えるかを、始終気にする必要もなくなる。

MP3 349

M O D E L   A N S W E R

①**If** I had a choice between a same-sex dorm and a co-ed dorm, it might sound really great and open-minded to have male and female students living in the same dorm, **but** I would choose to live in a same-sex dorm. ②I think it puts too much pressure on the students to keep up appearances in front of the other sex. ③In an all-girl dorm, I could relax, walk around freely in pajamas or a bathrobe, **and** I wouldn't have to put up with some of the loud, noisy guys **and** I wouldn't have to worry about my hair and make-up, how I look all the time. ④**That's**

why I'd rather not live in a co-ed dorm. (117 words)

訳 ┈┈┈

①仮に同性同士の寮と、男女共同の寮を選択できるとしたら、同じ寮に、男女が住むほうがとてもいい考えで、寛容な考え方であるかのように聞こえますが、私なら同性の寮に住むことを選ぶでしょう。②私は、性別が違う人の前で外見をつくろうのは学生にとってとてもプレッシャーのかかることだと思います。③全員女性の寮では、くつろいで、パジャマやバスローブで歩き回れるかもしれません。それに、大きな声を出し騒々しい男の子たちに我慢する必要はなくなるでしょうし、髪の毛や化粧やどんな風に見えるかを、始終気にする必要もなくなるでしょう。④そのような理由で、私は男女一緒の寮には住みたくないのです。

Exercise 4 ▶ 発言を制限する **vs** 積極的に発言させる ─────────

MP3 350

Listen to the following question.

Question: When one student or several students dominate class discussions, some professors ask those students to speak less and give other students a chance to speak. Other professors tell the quieter students that it is their responsibility to join in and contribute to class discussions. Which professor's approach to this problem do you think is better and why? Include specific examples and details in your response.

設問訳 ▶

次の質問を聞きなさい。

1人か数人の学生が、クラスでのディスカッションの主導権をとっているとき、その学生たちに、もう少し発言を控えて他の学生にも話す機会を譲るようにと頼む教授がいます。また、よりおとなしい学生に、クラスのディスカッションに参加して貢献するのは自分たちの責任だと言う教授もいます。この問題に対して、どちらの教授の対処法がよりよいと思いますか。そしてそれはなぜですか。解答に、具体的な例と詳細を含めなさい。

準備メモ ▶

質問のポイント：ディスカッションで話しすぎる生徒に少し控えるように言うべきか、おとなしい生徒に積極的になるように言うべきか、その具体的な理由。

解答に含めるべきポイント：

◆**主題文**—先生がクラスディスカッションを支配する生徒に少し発言を控えて、他の学生にチャンスを与えるようにすべきである。

◆**具体的な理由**—学生の中には、話す前に考える時間が必要な人もいるが、先生はこのことを理解して、クラスディスカッションをコントロールすべきである。多くの学生が話したいが、そのペースが問題である。

◆**参考**—私の英会話の授業で、1人の女の子が常に先生の質問に答えていたとき、いらいらしたことをよく覚えている。

MP3 351

M O D E L   A N S W E R

①I think professors should ask the students who dominate class discussions to speak less **and** give other students a chance to speak. ②I do remember getting annoyed **when** one girl in my English conversation class always used to answer the teacher's questions. ③**However**, I felt that the teacher should have done something to give the rest of us a chance to speak. ④**Therefore**, I believe that it's the professor's job to tell these students to speak less. ⑤Some students need time to think before speaking, **and** the teacher should understand this and control the class discussion. ⑥Many students want to speak, but the pace is the problem.（105 words）

訳 ┄┄┄┄┄┄┄┄┄┄┄┄┄┄┄┄┄┄┄┄┄┄┄┄┄┄┄┄┄┄┄┄┄┄┄

①先生が、クラスでのディスカッションを支配する学生に、発言を控えて他の学生にもチャンスを与えるように指示すべきだと思います。②私の英会話の授業で、1人の女の子が常に先生の質問に答えていたとき、いらいらしたことをよく覚えています。③でも私は、先生が、残りの私たちに発言する機会を与えるために、何かをすべきだったのにと感じました。④だから、このような学生にもう少し発言を控えるように言うのは、教授の仕事だと思います。⑤学生の中には、話す前に考える時間が必要な人もいますが、先生はこのことを理解してクラスディスカッションをコントロールすべきでしょう。⑥多くの学生が話したいと思っているのですが、そのペースが問題なのです。

第**4**章

トピック別対策とスピーキング実戦演習

MP3 352

> Listen to the following question.
> **Question:** Some students prefer to take a 3-credit course which meets only once a week for three hours. Others prefer a 3-credit course which meets three times a week for one hour. Which course schedule do you think is better and why? Include specific examples and details in your response.

設問訳

次の質問を聞きなさい。

3時間で3単位の講義を週に一度だけ受けることを好む学生がいます。また、3時間で3単位の講義を、週3回に分けて1時間ずつ受けることを好む学生もいます。どちらのコーススケジュールがよりよいと思いますか。そしてそれはなぜですか。解答に具体的な例と詳細を含めなさい。

準備メモ

質問のポイント：3単位の講義を1週間に1回にするか、1週間に3回にするか、その理由。

解答に含めるべきポイント：

◆**主題文**—3時間で3単位の講義を、週3回に分けて1時間ずつ受けるほうが好き。

◆**具体的な理由**—不安に感じさせるのは質の問題。1週間に3回講義が行われたら、先生も見直すことができる。学生はすっきりとした気持ちで講義に出て、集中することができる。同じ事を3時間続けて勉強することは退屈で、講義の質も低下する。

MP3 353

MODEL ANSWER

①Many people would probably choose the class that meets only once a week, **especially if** they live far from school or have a part-time job. ② **But** I prefer a 3-credit course which meets three times a week for one hour. ③It certainly is more convenient to attend a class that meets only once a week. ④What worries me, **though**, is the quality. ⑤**If** the class meets three times a week, the teacher can review **and** everybody comes in with a clean mind **and** they can stay focused. ⑥Studying the same thing for three hours in a row is almost sure to become boring, and I think the quality of the lectures would suffer. (114 words)

訳 ┄┄┄┄┄┄┄┄┄┄┄┄┄┄┄┄┄┄┄┄┄┄┄┄┄┄┄┄┄┄┄┄┄┄┄┄┄┄┄

①特に学校から離れた所に住んでいるとか、アルバイトをしている場合は、おそらく多くの人が1週間に1回の講義を選ぶことでしょう。②しかし私は、3時間で3単位の講義を、週3回に分けて1時間ずつ受けるほうが好きです。③1週間に1回の講義を受けるほうがより都合が良いことは確かです。④でも私を不安に感じさせるのは質の問題です。⑤もし、1週間に3回講義が行われたら、先生も見直すことができるし、みんなすっきりとした気持ちで講義に出て、集中することができます。⑥同じ事を3時間続けて勉強することは、まず間違いなく退屈なことでしょうし、講義の質も低下すると思います。

Exercise 6 ノートを取る vs ノートを取らない ─────────────

MP3 354

Listen to the following question.
Question: Some students try to take as many notes as possible in class, hoping to study and understand the lecture in detail. Other students spend more class time listening to and trying to understand the lecture while it is being given. They take fewer notes and often just write key words or important points of the lecture. Which do you think is a better note-taking strategy and why? Iinclude specific examples and details in your response.

設問訳

次の質問を聞きなさい。
　講義中に、講義内容を詳細まで勉強し理解したいと願って、できるだけ多くノートを取ろうとする学生がいます。また、講義が行われている間は、講義を聞いて理解しようとすることにより集中する学生もいます。彼らは、あまり多くノートを取らず、講義に出てきたキーワードや重要なポイントだけを書き留めることが多いのです。あなたは、どちらのノートの取り方がより良いと思いますか。そしてそれはなぜでしょうか。解答に具体的な例と詳細を含めなさい。

第4章 トピック別対策とスピーキング実戦演習

質問のポイント：講義のノートをできるだけ多く取るか、講義に集中してノートは最低限にとどめるか、その具体的な理由。

解答に含めるべきポイント：

◆**主題文**—ノートを取ることは最低限にとどめることが最善策である。

◆**具体的な理由**—ノートを取っている学生は質より量に興味がある。たいてい授業の基本的な内容は、テキストやその他の配布物のような読書教材に書き留められている。先生が、クラスで講義をしているときは、私たちに理解させようとしているのだから、最大限に聞くことに集中すべきである。講義を聞いていれば、理解できないときでも質問することができる。

MP3 355

M O D E L   A N S W E R

①Sometimes in high school, I used to look around at other students scribbling away in their notebooks all during class. ②I think that students like that are more interested in quantity than quality. ③**Usually**, the basic content of the class is already written down in textbooks or other reading materials like handouts. ④**When** the teacher is lecturing in class, the teacher is trying to put things together for us — like making connections, giving background information and examples, or even giving different interpretations or criticisms of the content. ⑤**Therefore**, I think that maximum listening and thinking with minimal note-taking is best. ⑥**That way** I can also ask questions **when** I don't understand. (111 words)

訳 ....

①高校では時々、見回してみると、他の生徒たちが授業中ずっとノートに走り書きをしている姿が見受けられました。②私は、そのような学生は質より量に興味があるのだと思います。③たいてい、授業の基本的な内容は、テキストやその他の配布物のような読書教材に書き留められています。④先生が、クラスで講義をしているときは、私たちに理解させようとしているのです。例えば、関連づけを行ったり、背景知識や例を与えたり、さらにはその内容に関する違った解釈や批判を与えてくれたりするのです。⑤だから私は、最大限に聞くことに集中し、ノートを取ることは最低限にとどめることが最善策だと思います。⑥そうすれば、理解できないときでも質問することができます。

Exercise 7 ▶ 個人学習 vs グループ学習 ————————————

MP3 356

Listen to the following question.

Question: Some students study for examinations alone, reviewing their notebooks and preparing answers for exam questions. Other students study for examinations in pairs or groups, asking each other questions and practicing their answers. Which way of studying for exams is more effective for you and why? Include specific examples and details in your response.

設問訳

次の質問を聞きなさい。

ノートを見直したり、試験問題の答えを準備するなどして、1人で試験勉強する学生がいます。また、お互いに質問しあったり、解答の練習をしたりして、ペアやグループで試験勉強をする学生もいます。あなたは、どちらの試験勉強の方法がよりよいと思いますか。そしてそれはなぜですか。解答に具体的な例と詳細を含めなさい。

準備メモ ▶▶

質問のポイント：試験勉強は個人で行うのがよいのか、それともグループで行うのがよいのかとその具体的な理由。

解答に含めるべきポイント：

◆**主題文**—試験勉強はグループでやるほうがよい。

◆**具体的な理由**—1人でテキストやノートを見るとき、消極的すぎる。知っていると思っていても、実際に自分の言葉で説明できるかどうかはわからない。誰か他の人の質問に答えなければいけないとき、明確で完全な答えを出さざるを得なくなる。時には、私が見過ごしていたかもしれない重要なことを、他の誰かが指摘してくれることがある。

MP3 357

M O D E L   A N S W E R

①I definitely think that it's better to study for an exam with a friend or even a group of classmates I don't really know so well. ②**First of all**, **when** I look at my text or notes by myself, it's too passive. ③I think I

第4章 トピック別対策とスピーキング実戦演習

know it, **but** I don't know whether I can explain it in my own words. ④
When I have to answer someone else's question — it forces me to give a
clear complete answer — and it's amazing how often I find that I can't
really explain something **clearly**. ⑤**Second**, sometimes other people
point out important things that I may have overlooked. ⑥Studying with
others is much better than studying alone. (114 words)

訳 --

①私は、友達あるいは本当はあまりよく知らない何人かのクラスメイトと一緒
に試験勉強をするほうが絶対に良いと思います。②第一に、1人でテキストや
ノートを見るとき、それはあまりにも消極的すぎます。③そのことを知ってい
ると思っていても、実際に自分の言葉で説明できるかどうかはわかりません。
④誰か他の人の質問に答えなければいけないとき、明確で完全な答えを出さざ
るを得なくなります。実際はいかに明確に答えられていないかに気づいて驚く
ものです。⑤次に、時には、私が見過ごしていたかもしれない重要なことを、他
の誰かが指摘してくれることがあります。⑥他の人と勉強することは、1人で
勉強することよりもずっと良いのです。

ワンポイントアドバイス

Question 1で出題される「キャンパス関連の選択問題」は、トピック別の 2.
Campus-related Topics と大いに関連がありますので参照してください。大学
や勉強に関しては、科目登録などのシステム、図書館などの施設、シラバス、カリ
キュラム、講義、成績、教授、アドバイザー、学生、生徒会、課外活動、大学での行事
等について自分の考えをまとめておくとよいでしょう。

2. その他一般的なトピックの選択問題

Exercise 8 ▶ 道路改善 vs 公共交通システム改善 ────────────

MP3 358

　　Listen to the following question.
Question: Should governments spend more money on improving roads and highways, or should governments spend more money on improving public transportation（buses, trains, subways）? Which do you think is better and why? Include specific reasons and details in your response.

設問訳

次の質問を聞きなさい。

　政府は道や高速道路にもっとお金を使うべきでしょうか。それとも公共の交通(バス・電車・地下鉄)の改善にもっとお金を使うべきでしょうか。あなたはどちらがよいと思いますか。そしてそれはなぜですか。解答に具体的な理由や詳細を含めなさい。

準備メモ

質問のポイント：政府は道路の改善と公共交通システムの改善のどちらに投資すべきか、その具体的な理由。
解答に含めるべきポイント：
◆**主題文**—政府は、公共交通システムの改善に投資すべきである。
◆**具体的な理由**—公共交通システムを再考する時期にある。阪神大震災の後、鉄橋や線路の中には、基準に満たない材料を使って建設されていたことが明らかになった。最近ではより多くの鉄道事故が発生している。日本の公共の交通ができる限り安全であり続け、あるいはさらにずっと安全になることを確実にするために、政府が鉄道会社に目を光らし続ける必要がある。

MP3 359

M O D E L　A N S W E R

①I think that the government should spend more money improving and maintaining Japan's public transportation systems. ②**Although** Japan is known throughout the world for its safe, fast, and punctual public transportation, I think it's now time to consider it. ③I remember that it was revealed many years ago **after** the Great Hanshin Earthquake that some of the train bridges and tracks were constructed using substandard materials. ④**Moreover**, as we all know, there have been many more railroad accidents recently. ⑤I think the government needs to keep a closer eye on train companies to ensure that the public transportation in Japan stays as safe as possible or becomes even safer. (109 words)

①私は、政府が日本の公共交通システムを改善し、維持していくのにより多くのお金を使うべきだと思います。②日本は、安全で速く遅れない公共交通システムで世界に知られていますが、今それを改善していく時期にあると思います。③何年も前のことですが、阪神大震災の後、鉄橋や線路の中には、基準に満たない材料を使って建設されていたことが明らかになったことを覚えています。④さらに、私たちみんなが知っているように、最近ではより多くの鉄道事故が発生しています。⑤私は、日本の公共の交通ができる限り安全であり続け、あるいはさらにずっと安全になることを確実にするために、政府が鉄道会社により厳しく監視の目を光らせ続ける必要があると思います。

Exercise 9 教習所は必要 vs 教習所は不必要 ─────────────

MP3 360

Listen to the following question.

Question: In some countries all new drivers are required to attend driving school. In other countries, driving school is optional. Which policy do you think is better and why? Include details to support your answer.

設問訳

次の質問を聞きなさい。

新しいドライバーはみんな教習所に通わなければならない国もあれば、教習所に行くか行かないかが選択できる国もあります。あなたはどちらの政策がよいと思いますか。そしてそれはなぜですか。解答に具体的な詳細を含めなさい。

準備メモ 》

質問のポイント：すべての新人ドライバーは教習所に通うべきか否か、その具体的な理由。

解答に含めるべきポイント：

◆**主題文**—すべての新人ドライバーは教習所に通うべきである。

◆**具体的な理由**—免許証の取得は教習所で訓練を受けることで与えられる特権である。教習で若い層の運転技術が改善されればすべてのドライバーにとって、道路はより安全なものになる。

◆**参考**—高校や大学で低価格で教習を提供すべきである。教習に使われる費用は、訓練不足のドライバーたちによって起こる事故にかけられる費用よりも安くなる。もちろん、教習所の費用があまり高くないことが重要である。

MP3 361

M O D E L   A N S W E R

①I definitely think that all new drivers should attend driving school. ② Getting a license is a privilege that should be earned through training at a driving school. ③**Traditionally**, the most dangerous groups of drivers are the youngest. ④**If** the skill level of this group could be improved, the roads would be safer for all drivers. ⑤**Of course**, it is **also** important that the cost of the driving school isn't too expensive. ⑥High schools or universities could offer driver's education courses at low rates. ⑦I imagine that the money spent on the classes would be less than the money spent on the accidents caused by untrained drivers.（106 words）

訳

①私は、絶対に、すべての新人のドライバーたちは教習所に通うべきだと思います。②免許証を取得するのは教習所で訓練を受けることによって与えられるべき特権です。③昔から最も危険なドライバーは、最も若い人たちです。④この若い層の運転技術のレベルが改善されればすべてのドライバーにとって、道路はより安全なものになるでしょう。⑤もちろん、教習所の費用があまり高くないことが重要です。⑥高校や大学で、安い価格で教習コースを提供してもいいかもしれません。⑦教習の授業に使われる費用は、訓練不足のドライバーたちによって起こる事故にかけられる費用よりも安くなるでしょうから。

MP3 362

Listen to the following question.

Question: Some people think it is better for children to grow up in the countryside than in a big city. Which do you think is better for children to grow up in, the countryside or a big city? Include specific reasons and examples in your response.

設問訳

次の質問を聞きなさい。

子供は大都市よりも田舎で育ったほうがいいと考えている人がいます。あなたは、子供が田舎で育つのと大都市で育つのとどちらがよいと思いますか。解答に具体的な理由と例を含めなさい。

準備メモ

質問のポイント：子供は田舎で育つべきか、都会で育つべきか、その具体的な理由。

解答に含めるべきポイント：

◆**主題文**—子供は田舎で育つべきである。

◆**具体的な理由**—田舎は環境が良い。これは幼い子供たちの健康や幸せにとってはとても重要なこと。都会はこれに比べるとかなり汚くて騒々しい。田舎は子供たちが外で遊べる空間がずっとたくさんある。田舎では、子供たちが林や川や池のような場所で自分たちの冒険ができる機会がずっとたくさんある。これは、彼らの健康、教育、想像力にとってはいいこと。

MP3 363

M O D E L   A N S W E R

①I believe that it is better for kids to grow up in the country. ②**First**, the environment is much cleaner. ③This is very important for the health and well-being of young children. ④Cities are quite dirty and noisy. ⑤**Next**, in the countryside, there is much more room for children to play outside. ⑥I often hear that children living in cities prefer playing video games inside to "going through the trouble" of finding a fun place to play outside. ⑦In the countryside, there are more opportunities for children to have their own adventures in such places as forests, or at streams, and ponds. ⑧This is good for their health, education, and imagination. (112 words)

訳 ··

①私は、子供は田舎で育つほうがいいと思います。②まず、環境がずっと良いことです。③これは幼い子供たちの健康や幸せにとってはとても重要なことです。④都会はこれに比べるとかなり汚くて騒々しいものです。⑤次に、田舎のほうが子供たちが外で遊べる空間がずっとたくさんあるということです。⑥私は最近都会に住む子供たちが、わざわざ外で遊べる面白い場所を見つけるよりも、家の中でビデオゲームをするのを好むことをよく耳にします。⑦田舎では、子供たちが、林や川や池のような場所で自分たちの冒険ができる機会がずっとたくさんあります。⑧これは、彼らの健康、教育、想像力にとっては良いことです。

Exercise 11 ▶ **工場建設に賛成 vs 工場建設に反対** ─────────

MP3 364

Listen to the following question.
Question: A company has announced that it wishes to build a large factory near your community. Do you support or oppose the construction of the factory? Include specific examples and details in your response.

設問訳

次の質問を聞きなさい。
ある会社が、あなたの地域社会の近くに大きな工場を建設したいと発表しました。あなたは、その工場の建設に賛成ですか、それとも反対ですか。解答に具体的な例と詳細を含めなさい。

準備メモ 》

質問のポイント：会社の工場建設に賛成か、反対か、その具体的な理由。
解答に含めるべきポイント：
◆**主題文**—会社が工場を建設することに賛成。
◆**具体的な理由**—私の故郷の企業や工場の多くが倒産してきており、これが高い失業率につながってきた。工場が、私たちの地域社会に全体的な経済の繁栄に貢献してくれる仕事を提供してくれるだろう。この新しい工場のおかげで貧困や失業率も減

り、より多くの人々が生活を楽しむことができるだろう。

M O D E L   A N S W E R

①Normally, I would be against the construction of such a facility **due to** the noise, air, and water pollution that it causes. ②**However**, in recent years, many of the companies and factories in my hometown have gone bankrupt **and** this has led to a high unemployment rate. ③ **For this reason**, I would support the construction of a new factory **because** it would supply my community with jobs that would **then** contribute to the overall economic wellness of the society. ④There would be less poverty and unemployment **and** more people would be able to enjoy their lives **thanks to** this new factory. (101 words)

訳 ┄┄┄┄┄┄┄┄┄┄┄┄┄┄┄┄┄┄┄┄┄┄┄┄┄┄┄┄┄┄┄┄┄┄┄

①通常なら私は、騒音や大気汚染や水質汚染がもたらされることを考えれば、そのような施設の建設には反対するでしょう。②しかし、近年、私の故郷の企業や工場の多くが倒産してきており、これが高い失業率につながってきました。③このような理由から、私は新しい工場の建設を支持したいと思います。その工場が、社会全体の経済的健全さ維持に貢献してくれる仕事を提供してくれることでしょう。④この新しい工場のおかげで貧困や失業率も減り、より多くの人々が生活を楽しむことができるでしょう。

Exercise 12 ▶ 芸術支援 vs 環境保護 ─────────────────

Listen to the following question.
Question: A company is going to give some money either to support the arts or to protect the environment. Which do you think the company should choose? Use specific reasons and examples to support your answer.

設問訳

次の質問を聞きなさい。
ある会社は、芸術を支援するか、環境を保護するか、そのどちらかにお金を提供しよ

うとしています。あなたは、会社はどちらを選択するべきだと思いますか。そしてそれはなぜですか。解答に具体的な理由と例を含めなさい。

準備メモ

質問のポイント：芸術を支援するか、環境を保護するか、会社はどちらにお金を投資すべきか、その具体的な理由。

解答に含めるべきポイント：

◆**主題文**—会社は、環境を保護するためにお金を投資するべきである。

◆**具体的な理由**—最近では、人間が驚くべき速度で地球の環境を破壊してきている。すでに与えられたダメージを修復するために十分な措置は取られていない。現状を考えれば、環境を保護するほうが芸術を支援することよりも急務である。この会社が環境を保護するためにお金を寄付すれば、それは環境保全のお手本となるかもしれない。他の会社もこれにならってお金を寄付してくれるかもしれない。

MP3 367

MODEL ANSWER

①**Although** both of these are important, I think that it is more important that the company donate the money to protect the environment. ②**Recently**, humans have been destroying the Earth's environment at an alarming rate **and** not enough is being done to begin to fix the damage that has already been done. ③**Considering** the present situation, I believe that protecting the environment is more urgent than supporting the arts. ④**If** this company donated money to protect the environment, it may become a role model for environmental preservation **and** this may cause other companies to follow suit and donate money as well. (101 words)

訳

①両方とも重要なことですが、私は、会社が環境を保護するためにお金を寄付するほうがより重要だと思います。②最近では、人間が驚くべき速度で地球の環境を破壊してきましたが、すでに与えられたダメージを修復するために十分な措置は取られていません。③現状を考えれば、環境を保護するほうが、芸術を支援することよりも急務だと思います。④もし、この会社が、環境を保護するためにお金を寄付すれば、それは環境保全のお手本となるかもしれませんし、他の会社もこれにならってお金を寄付してくれるかもしれません。

MP3 368

Listen to the following question.

Question: Would you rather read a book on a particular subject or would you prefer to watch the movie instead? Include specific examples and details to explain your reasons.

設問訳

次の質問を聞きなさい。

あなたは、ある特定の主題に関して、本を読むことを好みますか。それとも映画を見ることを好みますか。理由を説明するために、具体的な例と詳細を含めなさい。

準備メモ

質問のポイント：ある特定の主題について、本で読むか、映画で見るか、とその具体的な理由。

解答に含めるべきポイント：

◆**主題文**—本で読むほうがよい。

◆**具体的な理由**—本を読めば、物語の登場人物たちがどのように見え、振舞い、どのように感じられるかは、想像力を駆使して思いのままになる。映画では、誰か他の人の解釈が提供されることになり、それがいつも私の解釈と一致するとは限らない。思考や感情は、映画よりも小説の方がずっと表現しやすいので、本のほうがよりよく登場人物が理解できる。本にあるすべての情報を2時間の映画に表現するのはほとんど不可能なことである。

MP3 369

M O D E L   A N S W E R

①I would rather read the book on a particular subject than see the movie. ②A book allows me to use my imagination **so that** the characters in the story look, act **and** sound exactly how I think they should. ③A movie supplies someone else's interpretation **and** it doesn't always agree with mine. ④I understand characters better in a book **because** thoughts and feelings are much easier to demonstrate in a novel than on film. ⑤**Also**, it is almost impossible to include all the information from a book in a two-hour movie. (92 words)

‥‥‥‥‥‥‥‥‥‥‥‥‥‥‥‥‥‥‥‥‥‥‥‥‥‥‥‥‥‥

①私は、ある特定の主題について、映画を見るより本を読むほうが好きです。②本を読めば、想像力を駆使して、物語の登場人物たちがどのように見え、振舞い、どのように感じられるかは、まさに私の思いのままになります。③映画では、だれか他の人の解釈が提供されることになり、それがいつも私の解釈と一致するとは限りません。④思考や感情は、映画よりも小説のほうがずっと表現しやすいので、本のほうが登場人物をよりよく理解できます。⑤また、本にあるすべての情報を2時間の映画に表現するのはほとんど不可能ですから。

Exercise 14 ▶ 嫌な人といい仕事 vs 好きな人と嫌な仕事

MP3 370

Listen to the following question.

Question: If you were given the choice of having a great job but hated the people you worked with or having a horrible job but loved the people you worked with, which would you choose and why? Include specific examples and detailes in your response.

設問訳

次の質問を聞きなさい。

一緒に仕事をするのが嫌な人とすばらしい仕事をするか、とても好きな人たちとひどい仕事をするか、どちらかを選択するとしたらどうしますか。その理由は何ですか。解答に具体的な例と詳細を含めなさい。

準備メモ

質問のポイント：嫌な人といい仕事をするか、それとも好きな人と嫌な仕事をするか、とその具体的な理由。

解答に含めるべきポイント：

◆**主題文**—嫌いな人たちといい仕事をするほうがよい。

◆**具体的な理由**—職場では、嫌な仕事よりも嫌いな人を締め出すほうが簡単なことは確実。私は臨機応変な人間で、十分な集中力もあるので周りの人に愛想の良いふりをしながら、仕事に集中できる。仕事が充実していて価値あるものである限り、私自身は安定した気持ちでいられる。嫌な仕事をすることには耐えられない。

MODEL ANSWER

①I would have to choose a job which I loved where I didn't like the people that I worked with. ②**Of course**, I wouldn't want to work with people that I don't like, **but** I'm sure that at the workplace it would be easier to shut out negative people than negative work. ③**Since** I am tactful **and** I **also** have no lack of concentration, I think I would be able to pay attention only to what I had to do, pretending to be friendly toward the people around me. ④**As long as** my job were fulfilling and worthwhile I could come home feeling good about myself. ⑤**On the other hand**, I couldn't stand working at a horrible job. (118 words)

訳

①私の場合、一緒に仕事をするのが嫌な人と好きな仕事を選ぶことになるでしょう。②もちろん、私は好きではない人と一緒に働きたくはありませんが、職場では嫌な仕事よりもむしろ嫌な人を締め出すほうが簡単なことは確実です。③私は臨機応変な人間で、十分な集中力もありますから、周りの人に愛想の良いふりをしながら、しなければならないことだけに集中することができると思います。④仕事が充実していて価値あるものである限り、私自身は安定した気持ちでいられますから。⑤一方、嫌な仕事をすることには耐えられませんから。

ワンポイントアドバイス

Question 1 はあくまでも Familiar Topics なので、専門的な知識は必要ありません。身の回りのこと、人間関係、余暇、趣味、リクリエーション、文化、社会などについて自分の見解をまとめ、具体的な理由や詳細を書き込んでおくことが大切です。

2. Campus-related Topics
大学キャンパス関連のトピック

Question 2 対策

　Campus-related Topics（大学キャンパス関連のトピック）が出題されるのは、Question 2 です。ここでは、その出題形式を利用して、実戦演習に取り組みます。ここに用意された8題をじっくりとこなすことによって、よく出題される中心的なトピックにひととおり習熟することができます。

　Question 2 では、リーディングパッセージとリスニングの会話で、あるキャンパス関連のトピックを取り上げます。まずリーディングでは、キャンパス関連のポリシーに関する掲示やお知らせ文などを読み、会話では、そのポリシーに対する賛否を聞きます。解答は、会話の人物が、そのポリシーに対してどんな意見をもち、またその理由は何かを説明します。このトピック別対策の問題は数が多いので、少し応用的な要素を加える意味で、問題点1つに対し解決策2つに限られていないものもあります。ただし、会話の中に問題点と解決策が含まれている点や、解答の手順は同じです。なお、出題形式別Exerciseや最終章の模擬試験では、本番と同様、会話には問題点1つに解決策2つが含まれています。

Question 2で取り上げられるのは次のような項目です。

> 1. 学生食堂からのお知らせ
> 2. 学長からのお知らせ
> 3. 生徒会からのお知らせ
> 4. 大学開発事務局からの知らせ
> 5. ヘルスセンターからのお知らせ
> 6. コースシラバスの概要
> 7. 学部長からのお知らせ1
> 8. 学部長からのお知らせ2

さあ、それではQuestion 2形式で実戦演習を積み重ねていきましょう。時間の感覚を身につけるために、ストップウォッチを用意してください。

取り組み方の手順

1

まず45秒でリーディングパッセージに目を通し、ポイントをメモしてください。この部分に関しては音声上の指示はありません。本番では45秒たつと、パッセージは消えるので、以降解答をし終わるまで見ないようにしてください。

2

次に出題トピックに関する会話を音声で聞き、ポイントをメモしてください。

3

会話が終わり、設問を確認し終えたら、30秒間で解答の準備をしてください。本番では、設問はスクリーンにも現れますから、聞くだけでなく見てもかまいません。この章では、音声上で30秒の準備期間を設定していませんから、設問を聞き終えたら、音声を止めると同時に30秒の準備に入ってください。準備中にポイントをメモすることも忘れないでください。

4

30秒後に解答時間60秒の設定をして解答を話し始めます。この時点で、設問訳以降の部分は見ないように注意してください。

5

途中でも60秒たった時点で一度終えて、解答時間を記録しておいてください。時間の感覚を身につけることが大切です。

6

ヒントが欲しい人は、「解答に含めるべきポイント」をチェックして自分の解答に修正を加えてください。「解答に含めるべきポイント」は、解答し始めるまでにメモあるいは頭の中で整理しておくべきポイントです。

7

何度もチャレンジした後、模範解答を見て自分の解答に足りなかった箇所、語彙表現の使い方などをチェックしてください。一通りの流れとポイントを把握し満足のいく解答が完成したところで、もう一度最初から繰り返します。

さあ、それでは始めましょう！

リーディング

The cafeteria management is asking students not to waste food. Read the notice about the request. Start reading it now.

A Notice from the Cafeteria Management

In response to students' increased health and nutrition concerns, we have recently added a new salad and raw vegetable buffet to supplement the healthful prepared meals which we already offer. The kitchen staff has noticed, however, that large amounts of food from the buffet are being returned on many of the trays coming into the kitchen on the conveyor belts. We therefore request that you limit yourself to portions of food which you can reasonably expect to finish. Since unlimited servings are available at the buffet, with a little self-restraint we can all make an effort to put an immediate end to this unnecessary waste of food.

リスニング　**会 話**　　　　　　　　　　　　　　　**MP3 372**

Now listen to two students discussing the notice.

スピーキング　（準備 30 秒、解答 60 秒）

> **Question:** The woman states her opinion of a problem in the cafeteria.
> State her opinion and the reasons she gives for holding that opinion.

設問訳

　女性は食堂の問題について彼女の意見を述べています。彼女の意見と、そのような意見を持つ理由を述べなさい。

準備メモ

質問のポイント：食堂の問題に関する女性の意見とその理由

解答に含めるべきポイント：新しく設置されたセルフサービスのサラダバーで、学生が食べきれない量を取り込んで皿に残してしまう。

◆**女性の意見**—食べ物が無駄になるので、お金は払っていてももっと自制すべきである。

◆**その理由**—自分自身のキャンパスで食べ物の無駄をなくせないのに、もっと大きな世界レベルの問題について話し合うのは偽善的だ。

M O D E L   A N S W E R

①A new salad and raw vegetable self-service buffet has been set up in the cafeteria. ②The problem is that many of the students are taking big helpings of food, **but** leaving a lot on their plates. ③The woman believes that this is a waste of food. ④**Although** students do pay for the cafeteria food, she thinks they need more self-control. ⑤She **also** thinks it's hypocritical for students to talk about solving big world problems **when** they can't even stop the waste of food on their own campus. (88 words)

訳 ··

①食堂に、新しいサラダと生野菜のセルフサービスバーが設置されました。②問題は、学生の多くが食べ物をとりすぎて、お皿にたくさん残してしまうことです。③女性は、これでは食べ物が無駄になると信じています。④学生は、食堂の食べ物に対してお金を払ってはいるが、学生にはもっと自制心が必要だと彼女は考えています。⑤彼女はまた、自分たちのキャンパスで食べ物の無駄をなくすことさえできないのに、大きな世界レベルの問題を解決することについて話すことは偽善的だと考えています。

リーディング　　**訳**

食堂は学生に食物を粗末にしないようにお願いしています。その要求についてのお知らせを読みなさい。それでは始めなさい。

学生食堂からのお知らせ

学生の健康と栄養面への高まる関心に応えて、われわれは、すでに提供している健康的に調理された食事を補うために、最近新しいサラダと生野菜のビュッフェを増設しました。しかし、厨房のスタッフたちは、コンベヤーベルトに載って厨房に戻ってくるトレーの多くに大量の食物が残されているのに気づきました。そこで、われわれは、皆さんが常識的に食べきれるだろうと思うだけの量だけを取るようにお願いします。ビュッフェでは何人前でもお代わりできるので、少しの自制心があれば、このような必要のない食物の無駄をすぐになくす努力をすることができるのです。

リスニングスクリプト　　**会 話**

M: I don't understand what the big deal is. Just because we don't lick our plates clean, that doesn't mean we're wasting huge amounts of food. It happens all the time in restaurants. You know, people leave a little food on their plates.

W: Yeah, but the notice does say "large amounts," not just a slice of tomato or a carrot stick. I've seen people piling up their plates with food, and you know there's no way they're gonna be able to finish it.

M: Well, we pay for it. Why should they care if we don't eat it?

W: You're missing the point! I mean ... we must look like such hypocrites — talking about saving the environment and helping the needy, while we're wasting food in our own cafeteria! I think it's just the idea of self-service — people have to learn to control themselves. Like they said, we can always go back for seconds.

会話訳 ┄┄┄

そのお知らせについての2人の学生の会話を聞きなさい。

M: 何がそれほどの問題なのかわからないよ。単にお皿をきれいに食べきっていないからといって、それで僕たちが食物を無駄にしているなんてことはないだろう。レストランではいつもあることじゃない。みんな、お皿に少し食物を残したりするだろう。

W: うん、でもお知らせには「大量に」と書かれているのよ。単にトマトのスライス1枚やにんじんスティック1本のことじゃないのよ。お皿に食物を大量に持っているのをよく見かけるけど、食べきれるはずがないでしょう。

M: でも、僕たちはお金を払っているんだから、食べ残したからって、どうして問題にされるのだろう?

W: あなたの言っていることはポイントがずれてるわ。つまり、自分たちの食堂で食物を無駄にしながら、環境を保護したり、貧しい人々を助けたりすることについて話すなんて、ひどい偽善者に見えるに違いないということよ。人は自制することができるようにならなければいけない、私はそれがセルフサービスの考えだと思うの。彼らが言うように、いつでもお代わりできるんだから。

Exercise 2 ▶ 学長からのお知らせ ─────────────────

リーディング

The college president is trying to prohibit students from using any discriminatory language. Read the notice about the policy, Start reading it now.

A Notice to Students from the College President

Increasingly, we in the academic world are feeling the pressure of upholding the Constitutional right to freedom of speech, while at the same time maintaining our policy of opposing the use of any and all racist, sexist and other discriminatory language in the classroom, on campus, and in society. It is the job of the University to provide an open forum for any and all legitimate viewpoints and to refrain from suppressing the free expression of any and all opinions and ideas expressed in the true academic spirit of intellectual exchange. However, I must state strongly and unconditionally that the University cannot and will not tolerate any so-called "hate language" passed off under the guise of free expression as a Constitutional right.

リスニング　**会 話**　　　　　　　　　　　　　　**MP3 374**

Now listen to two students discussing the notice.

スピーキング　（準備 **30** 秒、解答 **60** 秒）

Question: The woman states her opinion on a controversial issue on campus. State her opinion and the reasons she gives for holding that opinion.

設問訳 ▶

　女性は、キャンパスで論議を巻き起こしている問題について意見を述べています。彼女の意見と、その意見を持つ理由を述べなさい。

準備メモ ≫

質問のポイント：キャンパス上で論議を巻き起こしている問題に関する女性の意見とその理由。

解答に含めるべきポイント：キャンパスでの言論の自由の権利に関する問題。キャンパスで人種差別グループによってチラシがまかれたことに対する学長からのお知らせ。

◆**女性の意見**―学長に同意している。

◆**その理由**―言論の自由の権利と、受け入れられる言葉とを区別することは難しいが、許されない言葉はある。「憎しみの言語」も許されるべきではない。混雑した劇場で誰かが「火事だ!」と叫んだなら、それは問題になるだろうし、違法になる。

M O D E L   A N S W E R

①The issue involved here is the right to free speech on campus. ② **Because of** a recent incident involving a racist group handing out leaflets on campus, the President has written that "hate language" will not be tolerated on campus. ③The woman believes that it's difficult to draw a clear line distinguishing the right to free speech from certain limits on what speech is acceptable where, **but** she agrees with the President. ④Her example is a crowded theater — **if** someone yelled 'fire' it would cause problems, **so** it's illegal. ⑤She believes that "hate language" should not be permitted either. (98 words)

訳┈┈┈

①ここで取り上げられていた問題は、キャンパスでの言論の自由の権利です。②キャンパスでチラシを配布している人種差別グループが絡んでいる出来事が最近あったために、学長が、キャンパスで「憎しみの言葉」が許されることはないだろうという文書を出しました。③女性は、言論の自由の権利と、どこでどのような言葉が受け入れられるかに関するある種の制限とを区別する明確な境界線を引くことは難しいと信じていますが、彼女は学長に同意しています。④彼女が挙げている例は混雑した劇場で―もし誰かが「火事だ！」と叫んだら、それは問題になるだろうし、違法です。⑤彼女は「憎しみの言語」も許されるべきではないと信じています。

リーディング ┃ **訳**

　学長は学生たちが差別用語を使用することを禁止しようとしています。その方針についてのお知らせを読みなさい。それでは始めなさい。

学長からのお知らせ

　大学という世界に身を置くわれわれとしては、教室やキャンパスや社会において、いかなるそしてあらゆる人種差別的、性差別的、そしてその他の差別的言語の使用に反対する方針を維持していると同時に、一方では、言論の自由に対する憲法上の権利を支持していかなければならないという重圧感をますます感じるようになっています。いかなるそしてあらゆる合法的な見解を述べるための公開討論の場を提供し、知的交流の真の学究的精神において表現されるいかなるそしてあらゆる意見や考えの自由な表現の抑圧を防止することが大学の使命です。しかしながら、憲法上の権利としての表現の自由を口実に見過ごされているいわゆる嫌悪言語を許すことはできないし、許すことはないだろうということを強く、無条件に宣言せざるをえません。

リスニングスクリプト　　**会話**

W: What did the President mean by all that stuff about Constitutional rights and freedom of expression?

M: Oh, didn't you know? Some white supremacist group was trying to pass out racist leaflets on campus last week. There's a rumor that some students were also handing out leaflets, and when the campus police made them stop, they wrote an anonymous letter of protest to the President saying their right to free speech had been violated.

W: That really is a tough one. I mean, we say that we have the right to free speech, but, you know, you can't yell "Fire" in a crowded theater, and I don't think you should be able to make racist or sexist comments in a class discussion.

M: I agree, but it really is hard to draw the line.

会話訳 ̶

そのお知らせについての2人の学生の会話を聞きなさい。

W: 学長は、憲法上の権利や表現の自由に関してのあれこれで、何を言おうとしていたのかな。

M: えっ、知らなかったの？ある白人至上主義の団体が、先週差別主義的なチラシを配布しようとしていたんだ。ある学生たちもまた、チラシを配布していたといううわさがあるんだ。大学の警備員が彼らを止めようとしたとき、言論の自由が侵されているという内容の匿名の抗議文を学長宛に書いたんだ。

W: それは本当に難しい問題ね。というのは、言論の自由の権利があるといっても、満員の劇場で「火事だ」と叫ぶなんて許されないし、クラスの討論で、差別主義的、あるいは性差別主義的な発言をするべきじゃないと思うしね。

M: そのとおりだね。ただ、線引きは本当に難しいね。

Exercise 3　**生徒会からのお知らせ**

リーディング

The Student Government Office is planning to hold a spring concert. Read the notice about the concert. Start reading it now.

A Notice from the Student Government Office

The SGO Special Events Committee is proud to announce that we have booked "The X Machine" for our annual spring concert on campus. The concert will be held on Saturday, March 22nd from 7:00 – 9:00 p.m. in the Watson Athletic Center. Tickets will be $20.00 for students with ID, and $25.00

for all others. Tickets will go on sale on February 10th at the SGO office (Roper Hall, Room 403). We expect tickets to sell out fast, so don't wait till it's too late! Doors open at 5:30 p.m.

MP3 376

リスニング　　**会 話**

Now listen to two students discussing the notice.

スピーキング　（準備30秒、解答60秒）

Question: The man expresses his opinion about an upcoming campus event. State his opinion and explain the reasons he gives for having that opinion.

設問訳

　男性は、近く予定されている学内の行事について意見を述べています。彼の意見と、その意見を持つ理由を述べなさい。

準備メモ

質問のポイント：学内の行事に関する男性の意見とその理由。
解答に含めるべきポイント：
◆**男性の意見1**—1つの行事に年間予算のすべてをつぎ込むことは不当だ。音楽のコンサートが開かれること自体に反対しているのではない。
◆**その理由**—人によって趣味も違うし、スケジュールも違うのだから、1つではなく複数の行事を企画すべき。
◆**男性の意見2**—コンサートのチケット代は高すぎる。
◆**その理由**—毎年100ドルもの学生活動費を支払っているのだから。

MP3 377

M O D E L   A N S W E R

①The man seems really angry that the student government plans to spend all of its annual budget on one event. ②This year, the event is a concert to be given by a famous heavy metal band. ③The man doesn't really object to the band itself or the kind of music. ④He thinks it's unfair to spend all the money on one event. ⑤He believes that the student government should sponsor a variety of different events,

because people have different tastes and different schedules. ⑥He **also** objects to the high price of tickets for this year's event **because** students already pay 100 dollars per year for a student activities fee. (109 words)

訳 ┈┈┈┈┈┈┈┈┈┈┈┈┈┈┈┈┈┈┈┈┈┈┈┈┈┈┈┈┈┈┈┈┈┈┈┈

①男性は、生徒会が1つの行事に年間予算のすべてをつぎ込むことに本当に腹を立てているようです。②今年は、この行事は有名なヘビーメタルバンドによるコンサートです。③男性は、バンド自体やその類の音楽に反対しているのではありません。④彼は、1つの行事にすべてのお金を費やすことが不当だと思っています。⑤男性は、人によって趣味も違えばスケジュールも違うのだから、生徒会がさまざまな異なった行事を主催すべきだと信じています。⑥彼はまた、学生はすでに学生活動費として100ドルを支払っているので、今年の行事用のチケットの価格の高さにも異議を唱えています。

リーディング　　**訳**

　生徒会は春期コンサートの開催を予定しています。コンサートについてのお知らせを読みなさい。それでは始めなさい。

生徒会からのお知らせ

　SGO特別企画委員会は、構内での毎年恒例のスプリングコンサートのために、Xマシーンを予約したことを、自信を持って公表させていただきます。コンサートは、ワトソン・アスレチック・センターで、3月22日の土曜日、午後7時から9時まで開催の予定です。チケットは、学生証を持つ学生は20ドル、それ以外の方は25ドルです。チケットは、SGO事務所（ローパーホール403号室）にて、2月10日より販売が開始されます。チケットはすぐに売り切れとなることが予想されますから、この機会を逃さないようにしてください。会場は午後5時30分です。

リスニングスクリプト　　**会話**

W: Wow! I can't believe they got "The X Machine" to play on campus. Did you get your tickets yet?

M: Are you kidding? I think the whole thing's a big rip-off!

W: What do you mean?

M: Well, maybe you didn't notice, but we pay $50 per semester for a "Student Activities Fee", and that money goes directly to the SGO budget. That means that they get $100 a year from every student, and what do we get for it? Some big-name heavy metal band that I wouldn't pay $5 to see!

W: So, you'd rather have a different band?

M: That's not my point. I don't think they should blow the whole budget on one big event. Maybe everybody isn't free that night, and maybe everybody doesn't like that kind of music. They should have a few different types of events throughout the year. Not everybody likes concerts, you know. On top of that, it seems to me that the tickets are priced a little too high, given that we've already paid the $100 bucks.

W: Gee, I never thought about that.

会話訳 -

そのお知らせについての2人の学生の会話を聞きなさい。

W: わあ、構内の演奏のためにXマシーンを確保したなんて信じられない。もうチケットは買ったの？

M: 冗談だろ。全部、ひどいぼったくりだと思うよ。

W: どういうこと？

M: まあたぶん君は気づいてなかっただろうけど、僕たちは、学生活動費として学期ごとに50ドル支払っているんだよ。そしてそのお金は直接SGOの予算に行くんだ。つまりそれは、年間に学生から100ドルを集めているということなんだ。その代わりに僕たちは何がもらえるの？ある有名なヘビーメタルバンドを見るために5ドルだって払いたくないよ。

W: じゃあ、違うバンドのほうがいいのね。

M: そんなことを言ってるんじゃないよ。1回の大きなイベントで全予算がとんでしまうことはないだろう。たぶん、みんなが暇だとは限らないし、みんながあんな音楽が好きだとも限らない。年間を通じて、彼らはいくつかの違ったタイプのイベントを企画するべきなんだ。みんながコンサートが好きだとは限らないだろう。おまけに、僕たちがすでに100ドルを支払っていることを考えれば、チケットは少し高すぎるように思えるしね。

W: ふうん、そんなことは考えてもみなかったわ。

Exercise 4 ▶ 大学開発事務局からのお知らせ ————————————————

リーディング

The Development office is planning to construct a new baseball field. Read the announcement about the plan. Start reading it now.

An Announcement from the Development Office

The Board of Trustees has just announced its approval of our committee's proposal to develop the unused 40 acres of land adjacent to the Athletic

Center on the northwest end of the campus. The proposal calls for the creation of a new baseball field, to be named the Walter Perkins Memorial Field in honor of our beloved late Coach Walter Perkins, who was head coach of the Morgan College Wildcats baseball team for 22 years from 1991 to 2013, and led our team to the State Championships 14 times. The proposal also calls for two new parking lots to be built there in order to meet the increasing demand for on-campus student parking. Construction on these development projects is scheduled to begin in the spring of 2022.

リスニング　**会話**　　　　　　　　　　　**MP3 378**

Now listen to two students discussing the announcement.

スピーキング　（準備 30 秒、解答 60 秒）

> **Question:** The woman expresses her opinion about a newly approved development plan. State her opinion and the reasons she gives for her opinion.

設問訳 ▶

　女性は新しく認可された開発計画に関して自分の意見を述べています。彼女の意見とその理由を述べなさい。

準備メモ ▶

質問のポイント：新しく認可された開発計画に関する女性の意見とその理由。
解答に含めるべきポイント：
◆**女性の意見**―新しく認可された野球場建設計画に失望している。
◆**その理由**―学校が劇場やコンサートホールや美術館を建設するような、その土地を利用してできたかもしれない数多くの他のことがあると感じている。スポーツに重点を置きすぎていると感じている。学校が、演劇や音楽や芸術を発展させていけば、その魅力を広げることができ、この分野でよい評判も獲得できるかもしれない。

MP3 379

M O D E L　A N S W E R

①The woman is disappointed with the newly approved development plan for the baseball field. ②She feels that there are so many other things the school could've done with that land, like building a theater, music hall, or a fine arts building. ③**At this point** she feels too much emphasis is placed on sports. ④She says that **if** the school developed the drama and music and fine arts programs, the school could broaden its appeal and gain a good reputation in those areas, too. (83 words)

訳 ┈┈

①女性は、新しく認可された野球場建設計画に失望しています。②彼女は、学校が劇場やコンサートホールや美術館を建設するというような、その土地を利用してできたかもしれない数多くの他のことがあると感じています。③この時点で、彼女は、スポーツに重点が置かれすぎていると感じています。④彼女は、学校が、演劇や音楽や芸術を発展させていけば、その魅力を広げることができ、この分野で良い評判も獲得できるかもしれないのにと述べています。

リーディング **訳**

開発事務局は新しい野球場の建設を計画しています。その計画についての告知を読みなさい。それでは始めなさい。

大学開発事務局からのお知らせ

評議員会は、大学の敷地の北西の端のアスレチックセンターの隣の40エーカーの未使用の土地を開発するという委員会の提案書を認可したと発表しました。その提案書には、わが愛すべき故人コーチ、ウォルター・パーキンズの栄誉をたたえて、ウォルター・パーキンズ・メモリアルフィールドという名前の新しい野球場の創設が盛り込まれています。ウォルターは、1991年から2013年までの22年間、モーガン大学のワイルドキャッツ野球チームのヘッドコーチで、われわれのチームを14度も州選手権へと導きました。その提案書にはまた、大学構内の学生の駐車スペースの需要の増加に対処するために、2つの新しい駐車場を作ることも盛り込まれています。このような開発プロジェクトの建設は、2022年の春から着工予定となっています。

リスニングスクリプト **会話**

M: Did you hear the big news? We're finally gonna get a top-class baseball field on campus!

W: I guess that's good news for you, but I was kind of disappointed when I heard about it. I mean, there are so many other things the school could've done with that land, like building a theater, or music hall, a fine arts building... I have nothing against sports, but you know... we DO already have a baseball field.

M: Actually, it's a baseball field during baseball season, a football field during football season, a rugby field sometimes... C'mon. This school has always had great baseball teams, but we've always had second-rate facilities. You know, a lot of alumni contributions come in when the teams do well, so it's only fair that the school should invest more in our sports programs and facilities.

W: Yeah, but isn't it kind of like a big circle? I mean, the school puts a big priority on sports, so the sports teams do well. Maybe if we developed our drama and music and fine arts programs, our school could broaden its appeal and gain a good reputation in those areas too.

会話訳 ·

その告知についての2人の学生の会話を聞きなさい。

M: ビッグニュースを聞いたかい？ とうとうキャンパスに一流の野球場ができるんだよ。

W: あなたにはいい知らせだと思うけど、それを聞いたとき、私はちょっとがっかりしたわね。というのも、大学側はその土地を利用して、例えば劇場とかミュージックホールとか美術館とか、その他とても多くのことができたはず。私は、スポーツに反対しているわけではないけど、でもねえ、もうすでに野球場はあるんだから。

M: 実際のところ、それは野球シーズンは野球場で、フットボールシーズンはフットボール場、ときにはラグビー場だからね。ほら、この学校はいつもすごい野球チームを誇ってきたけど、いつも施設は二流だっただろう。それから、チームの成績がいいときには、たくさんの同窓生の寄付が入ってくるんだから、学校が、スポーツプログラムと施設にもっと投資しても、ごく当然のことでしょう。

W: まあね、でも大きなサークルみたいなものじゃないの？ つまり、学校側がスポーツを重視する、だからスポーツチームは強くなる。たぶん、私たちが演劇や音楽や芸術プログラムに力を入れれば、学校として魅力を広げられるでしょうし、そのような分野においてもまた有名になるかもしれないわよ。

Exercise 5 ▶ ヘルスセンターからのお知らせ ──────

リーディング

The Health Center is announcing free dental examinations. Read the notice about the dental examinations. Start reading it now.

A Notice from the Health Center

Free dental examinations will be performed by dental students in the medical center from September 21st to October 4th. If you wish to receive a free exam you need to talk to one of the dental students so that they can schedule you. This is on a volunteer basis and it is not recommended that you use this examination in place of your visit to your regular dentist. Keep in mind that the examination includes a cleaning but there will be no surgeries or tooth alterations, such as cavities filled, during the session.

リスニング　　**会話**　　　　　　　　　　　　　　**MP3** **380**

Now listen to two students discussing the notice.

スピーキング　（準備 **30** 秒、解答 **60** 秒）

Question: The man states his opinion of free dental examinations. State his opinion and the reasons he gives for holding that opinion.

設問訳 ▶

　男性は無料の歯科検診について意見を述べています。彼の意見とその理由を説明しなさい。

準備メモ ≫

質問のポイント：無料の歯科検診に関する男性の意見とその理由。

解答に含めるべきポイント：

◆**男性の意見**—無料の歯科検診に参加したくない。

◆**その理由**—歯医者が怖い。女性は学生が大きな治療をするわけではないから心配することはないと述べているが、未熟な歯科学生に自分の歯に触れてもらいたくない。劇団の講演に出演しなければならないし、自分のセリフを覚える必要がある。つまり、彼が歯のクリーニングに行く時間がない。

MP3 **381**

MODEL ANSWER

①The man does not want to participate in the free oral examination. ②He says that he has a fear of dentists and does not want an inexperienced dental student working on his teeth. ③The woman states that the students will not be doing major work on him and he has nothing to worry about. ④The man **then** reports that he has to do a performance for his theatre group **and** that he needs to learn his lines.

⑤This would imply that he doesn't have the time to go in for teeth cleaning. (92 words)

訳 ‥‥‥‥‥‥‥‥‥‥‥‥‥‥‥‥‥‥‥‥‥‥‥‥‥‥‥‥‥‥‥‥‥‥‥‥‥‥

①男性は無料の歯科検診に参加したくありません。②彼は歯医者が怖いし、未熟な歯科学生に自分の歯に触れてもらいたくないと述べています。③女性は学生たちがそれほど大きな治療をするというわけでもないのだから心配することはないと述べています。④それから男性は、劇団の講演に出演しなければならないし、自分のセリフを覚える必要があると述べています。⑤これはつまり、彼が歯のクリーニングに行く時間がないということになります。

リーディング **訳**

ヘルスセンターは無料の歯科検診を告知をしています。歯科検診についてのお知らせを読みなさい。それでは始めなさい。

ヘルスセンターからのお知らせ

9月21日から10月4日まで、歯科学生による無料の歯科検診がメディカルセンターで実施される予定です。無料検診を希望する人は、スケジュールに組み込むために歯科学生の1人と相談する必要があります。これはボランティアなので、通常の定期的な歯科診療の代わりに、この検診を利用することはお勧めできません。検診にはクリーニングは含まれますが、実施期間中に、外科手術あるいは虫歯を詰めるような歯の治療は含まれませんのでご了承ください。

リスニングスクリプト **会話**

W: I was planning on doing this. Do you want to go with me?

M: Absolutely not.

W: Why not? It doesn't cost anything.

M: Cost isn't the issue. I have a fear of dentists and the last thing I want is to have some inexperienced dental student digging in my teeth and ruining my beautiful smile.

W: Ha ha, very funny. There isn't anything to worry about. They are only going to clean your teeth. It's not like they are going to perform some root canal. Come on be a good sport.

M: Look, even if I wanted to have it done there is no way I could do it then. I have a performance for my theatre group that week and still haven't learned my lines.

W: Sounds to me like you'd better get crackin'.

そのお知らせについての2人の学生の会話を聞きなさい。

W: この検診を受けようかと思っていたんだけど、一緒に来る?

M: 絶対に嫌だね。

W: どうしていやなの?何も費用はかからないのよ。

M: 費用は問題じゃないよ。僕は歯医者が怖いんだ。それに未熟な歯科学生に歯をい
じられて、僕の美しい微笑を台無しにされるなんて絶対に嫌だからね。

W: はは、面白いこと言うわね。何も心配することはないわよ。単に歯をきれいに掃
除してもらうだけじゃない。彼らが歯根管治療をやるわけじゃないのよ。ねえ、
付き合いなさいよ。

M: ねえ、たとえやってもらいたくても、そのときは無理なんだよ。その週に、僕の劇
団の講演があるし、まだ自分のせりふも覚えてないしね。

W: それじゃあ、さっさと行動したほうがいいみたいね。

Exercise 6 ▶ コースシラバスの概要 ―――――――――――――

リーディング

　　The professor is handing out a course syllabus to the students. Read the excerpt from the course syllabus. Start reading it now.

An Excerpt from a Course Syllabus

Your final grade for this course will be calculated as follows:

　　　　25% — Attendance
　　　　25% — Attitude and Class Participation
　　　　25% — Quizzes and Tests
　　　　25% — Term Paper

Note:

Because class lectures will elaborate on and give background and context to reading assignments, it is important that students attend all classes. Accordingly, mid-term and final examination questions will cover material from class lectures as well as reading assignments. The attitude and class participation component of your final grade will be based on the quality, not quantity, of your participation. Students who are shy or hesitant to speak out in class are encouraged to make an attempt to overcome those inhibitions. Students might also do well to avail themselves of the professor's scheduled office hours, where questions can be asked or material can be discussed in a more relaxed and informal atmosphere.

| リスニング | 会話 |　　　　　　　　　　　　　　　　　　MP3 382

　Now listen to two students discussing the course syllabus.

| スピーキング |　（準備 30 秒、解答 60 秒）

> **Question:** The woman states an opinion of the course syllabus. State that opinion and the reasons she gives for holding that opinion.

| 設問訳 |

　女性はコースシラバスについて意見を述べています。その意見と理由を説明しなさい。

| 準備メモ |

質問のポイント：コースシラバスに関する女性の意見とその理由。
解答に含めるべきポイント：
◆**女性の意見**―コースシラバスに定められた方針を支持している。
◆**その理由**―もし授業を欠席したら重要な部分が抜けるということなので、学生の出席が成績に影響するというのは公平なこと。先生が本に書かれた内容どおりの講義をしないのはとても興味深いことだと感じる。学生が授業を欠席しても、いつでも別の学生のノートを写すことができる。教授は、多くの質問ではなく、質の高い質問を求めているだけなので、授業態度点と参加点に関しても問題ない。もし授業中に話す機会がなければ、オフィスアワーに教授と個人的に話すことができる。

MP3 383

MODEL ANSWER

①The woman supports the policies set down in the course syllabus. ②She feels that it is fair that a student's attendance will affect his or her grade **because** he or she will miss important points of the class **if** he or she is absent, and the lectures will be quite interesting **also because** the teacher will not be teaching straight from the book. ③She **also** points out that **if** a student misses a class, they can always copy notes from another student. ④The woman **also** states that there is nothing wrong with the attitude and participation grading, **because** the professor is just looking for quality questions from each student, not a lot of questions. ⑤She **also** adds that **if** students have no chance to speak in class, they can talk to the professor privately during office hours. (137 words)

訳 ┄┄┄┄┄┄┄┄┄┄┄┄┄┄┄┄┄┄┄┄┄┄┄┄┄┄┄┄┄┄┄┄┄┄┄┄┄┄┄

①女性はコースシラバスに定められた方針を支持しています。②彼女は、もし授業を欠席したら重要な部分が抜けるということなので、学生の出席が成績に影響するというのは公平なことであり、そして先生が本に書かれた内容どおりの講義をしないのはとても興味深いことだと感じています。③彼女はまた、学生が授業を欠席しても、いつでも別の学生のノートを写すことができると指摘しています。④女性はまた、教授は、多くの質問ではなく、質の高い質問を各学生に求めているだけなので、授業態度点と参加点に関しても問題ないと述べています。⑤また、もし授業中に話す機会がなければ、オフィスアワーに教授と個人的に話すことができると言い添えています。

リーディング **訳**

教授は学生にコースシラバスを配布しています。コースシラバスの抜粋を読みなさい。それでは始めなさい。

コースシラバスの抜粋

この講義の最終成績は以下のように算出されます。

出席率 25%

授業態度と授業参加度 25%

小テストと試験 25%

期末レポート 25%

追記

講義は、読書課題をさらに詳しく説明し、背景知識と文脈を付け加えていくものなので、学生はすべての講義に出席することが重要です。これに従い、中間、期末の試験問題は、読書課題だけでなく講義の教材も含まれることになります。最終成績の中の、授業態度と授業参加度の部分は、授業参加の量ではなく質に基づくものです。引っ込み思案や授業で発言することをためらいがちな学生は、積極的にこのような自分を抑制する気持ちを克服する努力をしてください。学生はまた、担当教授の定められたオフィスアワーを利用することが賢明かもしれません。そこでは、質問もできるし、もっとゆったりとしたくだけた雰囲気の中で、教材について討議することもできます。

リスニングスクリプト　**会話**

M: Did you see that part of the syllabus that says that students should attend all classes? I don't think it's fair. The college allows every student three absences per class with no penalty.

W: Yeah, but what he's saying is that if you're absent, you're gonna miss an important part of the material. He's not gonna just repeat what we read for homework, but he's gonna teach based on material. That sounds really interesting. Some teachers just re-hash the readings. For me that's just a waste of time. Besides, you can always get someone's notes if you miss a class.

M: Well, how about that attitude mark? How can a teacher tell what your attitude is? I don't usually ask lots of questions, so even if I work really hard, he still might give me a 'B'.

W: Didn't you read the part about quality, not quantity? He doesn't want students asking lots of questions just so it looks like they're interested. He wants only quality questions. Besides, it says right in the syllabus that people who don't ask questions in class can talk to the prof during office hours. It all sounds pretty fair to me.

会話訳 ....

コースシラバスについての2人の学生の会話を聞きなさい。

M: 学生はすべての講義に出席しなければいけないというシラバスのあの部分を見たかい？それは公平じゃないと思うなあ。大学は、減点なしで3回の欠席までは認めているんだからね。

W: そうね、でも教授が言っていることは、もし欠席したら、教材の重要な部分を逃してしまうということでしょう。宿題で読んだことを授業で繰り返すんじゃなくて、教材に基づいて授業をするんでしょう。それはとても面白いと思うわ。先生の中には、読書課題をざっとおさらいするだけの人もいるからね。私にとってはそれは時間の無駄よ。授業を逃したら、いつも誰かのノートを借りられるんだから。

M: じゃあ、その授業態度点というのはどうだい？授業態度がどうかなんて、先生はどうして判断できるんだい？僕は、たいていそんなに多く質問したりはしないし、たとえ僕が本当に一生懸命やったとしても、Bしかくれないかもしれないじゃない。

W: 量じゃなくて質だっていうところを読まなかったの？先生は、単に興味を持っていますよと見えるような感じで、学生にそんなに多くの質問をして欲しいとは思ってないわ。質のいい質問を求めているだけでしょう。それに、授業中に質問しない人は、オフィスアワーに教授と話をすることができると、ちゃんとシラバスには書かれているじゃない。私にはすべてかなり公平なように思えるけどね。

The Academic Dean is announcing "Native American Cultural Awareness Day." Read the notice about the event. Start reading it now.

A Notice from the Academic Dean

This year, we have designated Thursday, April 5th, as "Native American Cultural Awareness Day." Representatives from a variety of Native American tribes will be on campus to offer seminars and workshops on important topics such as history, culture, religion and crafts, as well as more controversial issues such as ethnic and racial stereotyping and discrimination. All regular classes will be canceled on this day, but each student will be required to participate in at least two seminars or workshops, at which attendance will be taken. We urge you to make the most of this unique educational opportunity. A schedule of the day's events will be announced shortly.

リスニング　　**会 話**　　　　　　　　　　　　　　　　　**MP3 384**

Now listen to two students discussing the notice.

スピーキング　　（準備 **30** 秒、解答 **60** 秒）

> **Question:** The man expresses his opinion about an upcoming special event on campus. State his opinion and the reasons he gives for having his opinion.

設問訳

　男性は学内で予定されている行事に関して自分の意見を述べています。彼の意見とその理由を述べなさい。

準備メモ

質問のポイント：学内で予定されている特別な行事に関する男性の意見とその理由。
解答に含めるべきポイント：
◆**男性の意見**—「アメリカ先住民の文化啓蒙日」は学生にとってはすばらしいことだと感じている。アメリカ先住民の歴史について学ぶことは、政治学や心理学のイベントよりもずっと興味深いと感じている。
◆**その理由**—アメリカ先住民のものの見方は、通常アメリカ人の自分たち自身に対す

る見方には含まれていないので、アメリカ先住民の文化に焦点が当てられるべきである。女性はアメリカ先住民について知らなかったあらゆることや、彼らのものの見方がいかに違うのかということを知ることができるだろう。

MP3 385

M O D E L   A N S W E R

①The man feels that the "Native American Cultural Awareness Day" is a great thing for students. ②He feels that learning about Native American culture will be far more interesting than a Poli Sci or Psych event would be. ③He stresses the point that focusing on Native American culture is important **because** their perspectives aren't usually included in the way Americans look at themselves. ④He **also** states that the woman will probably be surprised at all the stuff she didn't know about Native Americans and at how differently they see things. (90 words)

訳 ⋯⋯⋯⋯⋯⋯⋯⋯⋯⋯⋯⋯⋯⋯⋯⋯⋯⋯⋯⋯⋯⋯⋯⋯⋯⋯⋯⋯⋯⋯⋯⋯⋯

①男性は、「アメリカ先住民の文化啓蒙日」は学生にとってはすばらしいことだと感じています。②彼は、アメリカ先住民の歴史について学ぶことは、政治学や心理学の授業よりもずっと興味深いと感じています。③彼はアメリカ先住民のものの見方は、通常アメリカ人の自分たち自身に対する見方には含まれていないので、アメリカ先住民の文化に焦点が当てられることが重要だという点を強調しています。④彼はまた、おそらく女性が、彼女がアメリカ先住民について知らなかったあらゆることや、彼らのものの見方がいかに違うのかということに対して驚くことになるだろうと述べています。

リーディング　　**訳**

　学部長は「アメリカ先住民の文化啓蒙日」を告知しています。この行事についてのお知らせを読みなさい。それでは始めなさい。

学部長からのお知らせ

　今年われわれは、4月5日の木曜日を「アメリカ先住民の文化啓蒙日」と指定してきました。さまざまなアメリカ先住民種族の代表者たちが、民族や人種のステレオタイプ化や差別のようなより論議の的になるような問題だけでなく、歴史、文化、宗教、技術のような重要なトピックに関するセミナーや研修会を開くためにキャンパスに来られます。この日、すべての通常授業は休講になりますが、各学生は、少なくとも2つの出席確認がされるセミナーか研修会に参加することが要求されます。この唯一の教育の機会を最大限に活用することを強くお勧めします。当日の行事スケジュールはまもな

く公表されるでしょう。

W: What's all this about some Indian Day we're having in April?

M: It's not "Indian."— it's "Native American." I think it's great... we'll get to hear real Native Americans speaking about their culture and their history. In my book, that beats a boring Poli Sci or Psych class any day!

W: Yeah, but why is attendance compulsory? I mean, I think it should be only for people who are interested in that stuff. They shouldn't cancel our regular classes.

M: The reason it's called "cultural awareness" is because people normally aren't exposed to the perspectives of people from other cultures. Just wait! You'll probably be surprised at all the stuff you didn't know and at how differently Native Americans see things.

W: Well, why just Native Americans? Why not Chinese and Polish and Italian awareness days?

M: The Native Americans' perspectives haven't really been included in the way we Americans look at ourselves. We always talk about our immigrant ancestors but we ignore the people who originally lived here. That's why it's so important!

会話訳 -

　そのお知らせについての2人の学生の会話を聞きなさい。

W: 4月に予定されているインディアンデーというのはいったい何なの？

M: 「インディアン」じゃなくて「アメリカ先住民」だよ。僕はすばらしいと思うよ。本当のアメリカ先住民が、彼らの歴史や文化について話してくれるのを聞くことができるんだろう。僕が思うには、それはつまらない政治学や心理学のどんな授業も目じゃないほどいいと思うよ。

W: そうね、でもなぜ出席が強制なの？というか、そんなことに興味がある人だけのものであるべきだと思うのよ。通常の講義まで休講にすべきじゃないでしょ。

M: 「文化啓蒙」と呼ばれている理由は、人が普段は他の文化圏の人々の見解に触れることがないからなんだよ。まあ見ててごらんよ。君が知らなかったすべてのことに、そして彼らがいかに違ったものの見方をするかということにおそらく驚くことになると思うよ。

W: それじゃあ、どうしてアメリカ先住民なの？どうして、中国人やポーランド人やイタリア人の啓蒙の日じゃないの？

M: アメリカ先住民たちの見識は、アメリカ人の自分たちの捉え方の中には実際に含まれてこなかったからだよ。われわれは常に移住してきた先祖については話すけど、この地にもともと住んでいた人たちのことは軽視するからね。だからこそ

こんなに重要なんだよ。

Exercise 8 ▶ 学部長からのお知らせ 2 ──────────────

リーディング

The Academic Dean is announcing the policy about plagiarism. read the notice about the policy. Start reading it now.

A Notice from the Academic Dean

I would like to take this opportunity to reiterate our policy that plagiarism of any kind will not be tolerated at this university. With no exception, any student caught plagiarizing will be subject to immediate expulsion from the university even in the case of a first offense. I remind you that plagiarism is copying or paraphrasing from any source, primary or secondary, and misrepresenting that material as one's own original writing. This includes any material taken from the Internet as well. All primary and secondary sources must be appropriately credited and cited in any and all written work submitted by a student, including not only research papers but also regular written class assignments.

リスニング **会話** **MP3 386**

Now listen to two students discussing the notice.

スピーキング （準備 30 秒、解答 60 秒）

Question: The man expresses his opinion about the policy. State his opinion and the reasons he gives for having his opinion.

設問訳 ▶

男性は学校の方針に対する自分の意見を述べています。彼の意見とその理由を述べなさい。

準備メモ ⟫

質問のポイント：学校の方針に関する男性の意見とその理由。

解答に含めるべきポイント：

◆男性の意見—盗作が発覚した場合、どんな学生でも即刻退学処分を受けるという学

校側の方針に同意している。

◆**その理由**―盗作は学問の世界における盗みであり、不正直なこと。うそをつきだますということは、教育に関心がないことを示している。また成績は、授業でいかによく情報が理解できたかを示すものだと感じている。この方針が存在しなかったとしたら、将来の雇用主は、成績表を人に関する有効な情報源として利用することができないだろう。

M O D E L   A N S W E R

①The man agrees with the school's policy that any student caught plagiarizing will be subject to immediate expulsion from the university. ②He says that in the academic world, plagiarism is stealing **and** that it's dishonest. ③He feels that lying and cheating shows that you don't care about your education. ④He **also** says that grades represent how well you understand the information in a class. ⑤He **also** states that **if** this school policy did not exist, future employers would not be able to use your transcript as a valid source of information about you. (93 words)

訳
- -
①男性は、盗作が発覚した場合、いかなる学生でも即刻退学処分を受けることになるという学校側の方針に同意しています。②彼は、盗作は学問の世界における盗みであり、不正直なことだと述べています。③彼は、うそをつきだますということは、教育に関心がないことを示していると感じています。④彼はまた、成績は授業でいかによく情報が理解できたかを示すものだと述べています。⑤また、この方針が存在しなかったとしたら、将来の雇用主は、成績表を人に関する有効な情報源として利用することができないだろうと述べています。

リーディング　　**訳**

　学部長は盗作に関する方針を告知しています。その方針についてのお知らせを読みなさい。それでは始めなさい。

学部長からのお知らせ

　この機会を借りて、いかなる種類の盗作行為も、この大学においては認められないというわれわれの方針を繰り返して言わせていただきます。例外なしに、盗作行為が発覚した学生は、それが初めてであったとしても、即刻退学の処罰を受けることになります。盗作とは、どのような情報源でも、それが1次的なものであれ2次的なものであれ、それを複製したり言い換えて使用したりすること、そしてその素材を自分が書いたも

のとして不正に使用することです。これには、インターネットから取られたいかなる素材も含まれています。すべての1次、2次資料は、研究論文だけでなく通常の授業の書面での課題も含めて、学生によって提出されるいかなるそしてあらゆる書かれた課題において、適切に出所を記し引用されなければなりません。

リスニングスクリプト　　**会話**

W: That's pretty harsh language on that notice we got about plagiarism. I don't know why it's such a big deal ... a lot of kids in my high school used to get their papers from some kind of service on the Net.

M: Well, maybe their teachers were so busy marking papers that they didn't notice. But in college it's a really big thing.

W: How come?

M: In the academic world, plagiarism is kind of like stealing. You're stealing someone else's work ... it's basically dishonest.

W: Well, it's not stealing if you pay for it. I've heard those term paper services can even sell you a 'B' or 'C' level paper, just so your professor doesn't get suspicious.

M: Yeah, but this is college, and we're supposed to be mature adults. Lying and cheating to get good grades means you don't really care about your own education. Your grades are supposed to show how well you understand a certain subject. What would happen if future employers looked at your transcript and couldn't tell if you earned the mark or bought it? The whole grading system would be pointless.

会話訳　· ·

そのお知らせについての2人の学生の会話を聞きなさい。

W: 盗作についてのお知らせだけど、かなり厳しい口調だよね。どうしてそんなに大きな問題なのか、私にはわからないわ。高校のときは多くの生徒たちが、インターネットのある種のサービスから、自分のレポートに写してたよね。

M: まあ、先生たちは試験の採点に忙しすぎて気づかなかったんだろう。でも大学では本当に大きな問題になるんだよ。

W: どうして？

M: 学問の世界では、盗作は盗みのようなものだからね。誰かの作品を盗んでいるわけだ。根本的に不正な行為だろう。

W: でもまあ、お金を払えば、盗んでいることにはならないわよね。期末レポートを扱うサービスがあって、そこでは、教授に怪しまれないように、BとかCのレベルのレポートさえ売ってくれるという話を聞いたことがあるわ。

M: うん、でもここは大学だからね。僕たちはちゃんとした大人として行動しないといけないよ。いい成績を取るために、うそをついたりだましたりすることは、自分

のための教育であるということをまったく気にしていないということになるから
ね。成績は、ある科目をどれくらいよく理解したかを示すためのものだからね。
将来の雇用者が、君の成績表を見て、その成績をちゃんと取得したものなのか、
買ったものなのかがわからなかったら、どうなると思う? 成績評価のシステム全
体が意味のないものになってしまうよね。

3. Academic Topics
学問教科関連のトピック

Question 3・4 対策

　Academic Topics（学問教科関連のトピック）が出題されるのは、**Question 3** と **Question 4** です。ここでは、その出題形式を利用して、実戦演習とスピーキングドリルに取り組みます。Question 3形式が10題、Question 4形式が10題の計20題です。出題形式は違っていても、どちらも同じ Academic Topics が使われますから、ここに用意された20題をじっくりとこなすことによって、よく出題される中心的な学問教科にひととおり習熟することができます。

　すでに説明したように Question 3 と Question 4 の問題の主旨は違います。**Question 3では、「具体的な例を説明し、それが一般的な概念や理論とどのようにつながっているのかを説明する」**というのが主旨であるのに対して、**Question 4は、講義を聞いて、「やはり具体的な例を説明しながら、その主旨を要約する」**ものです。ただし、どちらのタイプにしても、「出題されたトピックの重要なポイントを押さえたうえで、それを要約して説明する」ことができればいいわけです。

　このトピック別実戦演習では、徹底的に「読んで、聞いて、重要なポイントをまとめる」あるいは「聞いて、重要なポイントをまとめる」という練習を実践することが目的ですから、それを念頭に置いて演習に取り組んでみてください。

第4章 トピック別対策とスピーキング実戦演習

Question 3で取り上げられるのは、主に次の10項目です。

1. **DIETETICS**（栄養学）
2. **BOTANY**（植物学）
3. **ASTRONOMY 1**（天文学1）
4. **BIOLOGY**（生物学）
5. **AMERICAN HISTORY**（アメリカ史）
6. **PSYCHOLOGY**（心理学）
7. **POLITICAL SCIENCE**（政治学）
8. **PHILOSOPHY**（哲学）
9. **MACROECONOMICS**（マクロ経済学）
10. **ART**（芸術）

　さあ、それではQuestion 3形式で実戦演習を積み重ねていきましょう。時間の感覚を身につけるために、ストップウォッチを用意してください。

取り組み方の手順

1

まず**45秒**でリーディングパッセージに目を通し、ポイントをメモしてください。この部分に関しては音声上の指示はありません。本番では45秒たつと、パッセージは消えるので、以降解答し終わるまで見ないようにしてください。

2

次に出題トピックに関する講義を音声で聞き、ポイントをメモしてください。

3

講義が終わり、設問を確認し終えたら、30秒間で解答の準備をしてください。本番では、設問はスクリーンにも現れますから、聞くだけでなく見てもかまいません。この章では、音声上で30秒の準備期間を設定していませんから、設問を聞き終えたら、音声を止めると同時に**30秒の準備**に入ってください。準備中にポイントをメモすることも忘れないでください。

4

30秒後に**60秒の解答時間**を設定し、自分の解答を話し始めます。この時点で、設問訳以降の部分は見ないように注意してください。

5

途中でも60秒たった時点で一度終えて、解答時間を記録しておいてください。時間の感覚を身につけることが大切です。

6

ヒントが欲しい人は、「解答に含めるべきポイント」をチェックして自分の解答に修正を加えてください。「解答に含めるべきポイント」は、解答し始めるまでにメモあるいは頭の中で整理しておくべきポイントです。

7

何度もチャレンジした後、Model Answerを見て自分の解答に足りなかった箇所、語彙表現の使い方などをチェックしてください。一通りの流れとポイントを把握し、満足のいく解答が完成したところで、もう一度最初から繰り返します。

さあ、それでは始めましょう！

リーディング

Now read the passage about organically grown produce and conventionally grown produce.

Farm Produce

With so many Americans concerned today about eating a healthy diet, it is only natural that our attention has now turned to the benefits of eating a diet of organically grown produce. First of all, organically-grown produce simply tastes better than conventionally-grown produce. Anyone who has shopped at a farmers market in an urban area of the United States knows that the fresh fruits and vegetables which are organically grown and brought to the market by farmers from surrounding rural areas look and taste far better than the conventionally-grown produce which is sold in city supermarkets. Second, organically-grown produce is free of pesticides and chemicals that can be harmful not only to the environment but also to the human body. Studies and tests have shown that repeated exposure to even low levels of pesticides and some of the chemicals found in conventionally-grown food can have an adverse effect on human health. Finally, organically-grown produce contains higher levels of phenolic acids than conventionally-grown produce, and these acids are absorbed easily into the intestinal tract, where they act as powerful antioxidants which can help to prevent inflammation and even cancer. In short, Americans today have much to gain and nothing to lose by switching from a diet of conventionally-grown produce to a diet of organically-grown produce.

リスニング   講義   MP3 388

Now listen to part of the lecture in a dietetics class.

スピーキング   （準備 30 秒、解答 60 秒）

Question: Explain what the lecturer thinks about the tendency that more and more people tend to prefer organically grown produce to conventionally grown produce these days.

設問訳

　最近、人々が従来栽培法の農産物より有機栽培の農産物を好む傾向について講師はどのように考えているのかを説明しなさい。

準備メモ

質問のポイント：従来栽培法より有機栽培法の農産物が好まれる理由とそれに対する講師の考え。

解答に含めるべきポイント：

◆**有機栽培の農産物**—従来栽培法の新鮮な農産物よりもよい決定的な証拠はない

◆**有機栽培の農産物が好まれる理由とそれに対する講師の考え**

1. 有機栽培の農産物は、冷凍トラックで梱包されて出荷される代わりに、産地直送で運ばれるという理由だけでよく見えるだけ。
2. ほとんどの有機栽培の農産物にも農薬の少量の農薬が含まれている。従来栽培法の農産物に含まれる化学物質の量も安全。
3. 従来の栽培法の農産物にも含まれる酸化防止剤の特質をもつニンニクやトマトのような農産物を食べる事のほうが重要。

MP3 389

MODEL ANSWER

①**Although** the passage gives various reasons why Americans should switch to a diet of organically-grown produce, the lecturer points out that there is no conclusive evidence that eating organically-grown produce is better than eating conventionally-grown fresh produce. ②**First**, the lecturer explains that organically-grown produce may only look better **because** it is brought fresh from the farm instead of being packaged and shipped in refrigerated trucks. ③**Also**, the lecturer points out that most organically-grown produce contains trace amounts of the chemicals in pesticides, **and** the amounts of those chemicals in conventionally-grown produce is below government guidelines **and so** it's safe. ④**Last**, the lecturer explains that it is more important for Americans to eat produce like garlic and tomatoes which have antioxidant properties which are also found in conventionally-grown produce than to make an effort to eat organically-grown produce. (137 words)

訳 ⋯⋯⋯⋯⋯⋯⋯⋯⋯⋯⋯⋯⋯⋯⋯⋯⋯⋯⋯⋯⋯⋯⋯⋯⋯⋯⋯⋯⋯⋯⋯

①パッセージではアメリカ人が有機栽培法の農産物の食事に切り替えるほうが

第4章

トピック別対策とスピーキング実戦演習

291

よい様々な理由が挙げられていますが、講師は有機栽培法の農産物のほうが従来の方法で栽培された新鮮な農産物よりよいという決定的な証拠はないと指摘しています。②まず、講師は有機栽培法の農産物は、冷凍トラックで梱包されて出荷される代わりに、産地直送で運ばれるという理由だけでよく見えるのかもしれないと説明しています。③また、講師は、ほとんどの有機栽培法の農産物には農薬の少量の化学物質が含まれていて、従来栽培法の農産物に含まれる化学物質の量は政府の指針を下回っているために安全であると指摘しています。④最後に、講師は、有機栽培法の農産物を食べる努力をするよりは、従来栽培法の農産物にも含まれる酸化防止剤の特質をもつニンニクやトマトのような農産物を食べる事のほうが重要だと説明しています。

リーディング　**訳**

有機栽培の農産物と従来栽培法の農産物に関するパッセージを読みなさい。

農産物

極めて多くのアメリカ人が健康的な食事の摂取に気遣っているので、有機栽培法の農産物の食事をとることの恩恵に我々の注意が向けられるのもごく自然のことです。まず第1に、有機栽培法の農作物は従来の方法で栽培される農作物より単純に味がいいのです。アメリカの都市部での農産物の直売所で買ったことがある人ならだれでも、有機栽培法で、周辺の農村地区から農夫によって市場に運ばれてくる新鮮な果物や野菜のほうが、都市部のスーパーマーケットで売られている従来栽培法の農産物よりもはるかに見栄えも良く味も良いことを知っています。第2に、有機栽培法の農産物は環境だけではなく人体にも害を及ぼす可能性がある農薬や化学肥料を使用していません。従来栽培法の農作物に検知される少量の農薬や肥料の残留物であっても繰り返しさらされ続けると、健康に悪影響を及ぼす可能性があることを数々の研究や検査が立証してきました。最後に、有機栽培法の農産物には、従来栽培法の農産物よりも高濃度のフェノール酸を含んでおり、このような酸は腸内に簡単に吸収され、そこで炎症やさらにはガンの防止にさえも役立つ強力な酸化防止剤としての役割を果たすのです。つまり、今日アメリカ人は、従来栽培法の農産物から有機栽培法の農産物に切り替えることによって得るものは多く、失うものは何もないのです。

リスニングスクリプト　**講義**

　　While I find it admirable that more and more Americans these days are putting more and more thought into the choices they make about the food they eat, I must point out that there is no conclusive evidence that eating organically-grown fresh produce is better than eating conventionally-grown fresh produce. The fact that the organically-grown fruits and vegetables in fresh markets look and taste better than supermarket produce is due to the fact that those fruits and vegetables are fresh from the farm and have not been packaged and shipped in refrigerated trucks days before being sold in the supermarket. Conventionally-grown produce can be just as attractive and tasty if it is freshly-picked and sold the same day in a farmers market. In addition, contrary to popular belief, most organically-grown produce does show trace amounts of some of the chemicals found in pesticides, albeit at lower levels, but the level of trace amounts of chemicals found in conventionally-grown produce is well below established U.S. government guidelines, meaning that conventionally-grown fruits and vegetables are just as safe as for consumption as their organically-grown counterparts. Finally, many fruits and vegetables, such as tomatoes and garlic, are known to have antioxidant properties regardless of whether they are conventionally-grown or they are organically-grown, and so it is more important for Americans to be concerned about eating an adequate supply of fruits and vegetables rather than eating only organically-grown produce.

講義訳 ┈┈

栄養学の講義の一部を聞きなさい。

最近ますます多くのアメリカ人が摂取する食に関する選択にますます思慮深くなりつつあることは立派なことだとは思いますが、有機栽培法の農産物を食すほうが従来栽培法の農産物よりも良いという決定的な証拠はないことを指摘しなければなりません。農家直産市場の有機栽培法の果物や野菜のほうが、スーパーマーケットの農産物よりも見栄えも味も良いという事実は、そのような果物や野菜が収穫したてで、スーパーマーケットで販売される何日も前に冷蔵トラックで梱包されて出荷されるようなことはないという事実のためです。従来栽培法の農産物も、それが収穫したてで、産地直産市場で同じ日に売られていたならば同じように魅力的で美味しくなりえるのです。さらに、大方の予想とは反対に、有機栽培法の農産物は（従来栽培の農産物より）少量ではあるといえ農薬に含まれるごく微量の化学物質が確実に検出されるのですが、従来栽培法の農産物に含まれるごく微量の化学物質もアメリカ政府が定めた指針をはるかに下回っており、それはつまり、従来栽培法の果物や野菜もまた有機栽培の果物や野菜と同じぐらい消費しても安全なのです。最後にトマトやニンニクのような果物や野菜は、従来栽培法であれ、有機栽培法であれどちらにしても酸化防止剤の特質が含まれていることで知られています。したがって、アメリカ人にとっては、有機栽培法の農産物だけを食べる事よりもむしろ十分な量の果物や野菜を食べることに思慮深くなることのほうがより重要なのです。

Now read the passage about tropical rainforests.

Tropical Rainforests

The tropical rainforest is the oldest ecosystem on the planet. The system has over 50% of the world's species and contains thousands of animal and plant species that we still have not discovered. The reason for this diversity is due to its climate. A rainforest is an area where the temperature is usually above 60 degrees Fahrenheit or 16 degrees Celsius and the rain is constant. In a year the rainfall averages around 280 inches or 783.2 centimeters.

リスニング　　講義　　　　　　　　　　　　　　　　　MP3 390

Now listen to part of the lecture in a botany class.

スピーキング　（準備 30 秒、解答 60 秒）

Question: Explain the conditions of the rainforest from the reading and the three types of categories discussed in the talk.

設問訳

　英文を参照して、熱帯雨林の状況について、また講義で話されている3つのタイプの植物について説明しなさい。

準備メモ

質問のポイント：英文から熱帯雨林の状況と、講義で討議されている3種類の植物について説明すること。

解答に含めるべきポイント：

◆**熱帯雨林**—気温華氏60度／摂氏16度以上。年間降雨量280インチ／783,2センチ。

◆**3種類の植物**—突出植物、つる植物、着生植物。

　1. 突出植物—250フィート／76メートル以上。日光を浴びるため、林冠／熱帯雨林の屋根を形成。

　2. つる植物—つるを伸ばす。日光を浴びるため木々の表面を利用。

　3. 着生植物—木々の表面に直接生える。日光と他の植物から栄養が摂取できる林冠の下に成育。

MP3 391

MODEL ANSWER

①A rainforest is an area where the temperature is usually above 60 degrees Fahrenheit or 16 degrees Celsius **and** the rain is constant. ②In a year the rainfall averages around 280 inches a year or 783.2 centimeters. ③**The first** category is emergents which are the tall trees that reach heights of over 250 feet or 76 meters. ④The emergents try to get as much sunlight as possible and create the canopy or roof of the rainforest. ⑤**The next** group is called the lianas which are a type of climbing plant. ⑥They use the trees to reach the top of the canopy to get sunlight. ⑦**A third** group is known as the epiphytes which grow directly on or attached to the trees. ⑧This group is below the canopy where they still get the sunlight that they need and nutrients that come from the other plants. (144 words)

訳

①熱帯雨林は気温が華氏60度つまり摂氏16度以上の地域で、絶え間なく雨が降ります。②年間降雨量は、280インチつまり783.2センチに達します。③1つ目のタイプは、250フィートつまり76メートル以上の高さに達する高い木々である突出植物です。④突出植物はできるだけ多く日光を浴びようとし、林冠あるいは熱帯雨林の屋根を形成しています。⑤次のタイプは、つるを伸ばすタイプで、つる植物と呼ばれています。⑥つる植物は林冠の頂点に達して日光を浴びることができるように木々を利用します。⑦3つ目のタイプは、木々に直接生育するか、あるいは木々に付着して生息する着生植物として知られています。⑧このタイプは、必要な日光と他の植物から出る栄養分を摂取できる林冠の下に成育しています。

リーディング　　**訳**

熱帯雨林についてのパッセージを読みなさい。

熱帯雨林

熱帯雨林は、地球上で最も古い生態系である。その中には、世界中の生物の50パーセント以上が生息しており、まだ発見されていない数千もの動植物の種を含んでいる。その多様性の理由は、熱帯雨林の気候である。熱帯雨林は、気温がたいてい、華氏60度以上つまり摂氏16度以上で、絶え間なく雨が降る。1年の降水量は、平均するとおよそ280インチつまり783.2センチに及ぶ。

After having learned about the conditions in the rainforest we can assume that some major things are happening with the plant life. The stable conditions of the region make it an area that is very advantageous to plant growth. And within this plant growth we can classify plants into distinct categories. The first category would be the emergents. These are the tall trees that reach heights of over 250 feet or 76 meters. The emergents try to get as much sunlight as possible by spreading their branches as wide as possible; these branches create the canopy or roof of the rainforest. The next group is called the lianas and these are a type of climbing plant. They use the trees to climb to the top of the canopy to get the sunlight that they need. A third group is known as the epiphytes, which grow directly on or attached to the trees. This group is just below the canopy layer. Here they get the sunlight that they need and nutrients that come from the other plants. This group includes species such as the orchid. In the next class we will be discussing the plant life that grows on the bottom of the rainforest.

講義訳 ···

植物学の講義の一部を聞きなさい。

　熱帯雨林の状況について学習した後なら、この地域が、植物にとっていくつかの大きな好条件を提供していることが推測できるでしょう。この安定した条件のおかげで、熱帯雨林は、植物の成長にとって極めて有利なものになっています。このように植物が生育する中で、植物をはっきりとしたカテゴリーに分類することができます。最初のタイプは突出植物というもので、250フィートつまり76メートル以上の高さにもなる背の高い樹木です。突出植物は、その枝をできるかぎり幅広く広げ、できる限り多くの日光を浴びようとします。その張り巡らされた枝が、林冠*すなわち熱帯雨林の屋根を形成しています。次のタイプは、つる植物と呼ばれています。つるを伸ばしていくタイプの植物です。林冠の頂点にはい登って必要な日光を浴びるために、木々を利用します。3つ目のタイプは、木々に直接生育するか、あるいは木々に付着して生育する着生植物として知られているものです。このタイプは林冠の層のすぐ下に成育しています。着生植物は、この位置で、必要な日光と他の植物の栄養分を摂取します。このタイプには、ランのような種が含まれています。次回の授業では、熱帯雨林の底で生育している植物について話し合うことにしましょう。

* 森林の上層部のこと。熱帯森林は、林冠、下層（understory）、林床（forest floor）の
　3つの層で構成される。

ASTRONOMY 1 ——————————————————————

リーディング

Now read the passage about the sun.

The Sun

Our sun has been burning for over four and a half billion years and supplying earth with the heat and energy needed to sustain life. It is approximately 8 light-minutes away from our planet and is the nearest star. The sun is classified as an average star due to its temperature and the wavelengths of light that it emits. It is one of billions of stars that is found in our galaxy, but to us it is the most important one of all.

リスニング **講義** MP3 392

Now listen to part of the lecture in an astronomy class.

スピーキング （準備 30 秒、解答 60 秒）

Question: Explain some general information regarding the sun and explain the three layers of the sun in detail.

設問訳

太陽に関する一般的な情報と太陽の3つの層について細かく説明しなさい。

準備メモ

質問のポイント：太陽に関する一般的な情報と、3つの層について説明すること。

解答に含めるべきポイント：

◆**太陽**—40億年以上存在。地球から光速で8分の距離。平均的な星として分類。

◆**太陽の3つの層**—核、放射層、対流層。

　1. 核—重力があらゆる要素を引き付け大きな圧力を生み出す。

　2. 放射層—光子が放出され、気体の分子によって吸収される。

　3. 対流層—熱い気体と冷たい気体が常に入れ替わる。光子の動きが最も速い。

MODEL ANSWER

①The sun has existed for more than 4 billion years. ②It is 8 light minutes away from earth, **and** is classified as an average star. ③**The first** layer of the sun is called the core, **where** gravity pulls all the elements together causing great pressure. ④**The second** layer is called the radiative zone, **where** photons travel out **and** become absorbed by gas molecules. ⑤**The last** layer is the convective zone, **where** there is a constant exchange of hot and cold gases taking place. ⑥Movement of photons is quickest within this layer. (91 words)

訳 -----

①太陽は40億年以上の間存在してきました。②それは、地球から光速で8分の距離にあり、平均的な星として分類されています。③太陽の最初の層は、核と呼ばれており、そこでは重力があらゆる要素を引きつけ合い、大きな圧力を生み出しています。④2つ目の層は、放射層と呼ばれており、そこでは光子が放出され、気体の分子によって吸収されます。⑤最後の層は対流層で、そこでは熱い気体と冷たい気体が常に入れ替わっています。⑥光子の動きは、この層の中で最も速いです。

リーディング 訳

太陽についてのパッセージを読みなさい。

太陽

太陽は、45億年以上もの間燃え続けており、生命を維持するために必要な熱とエネルギーを地球に提供してきた。地球からはおよそ光速で8分の距離にあり、最も近い星である。太陽は、その温度と太陽が発する光の波長のために、平均的な星として分類されている。われわれの銀河系に存在する何十億もの星の1つであるが、われわれにとっては最も重要な存在である。

リスニングスクリプト 講義

We will go into more detail today on the three major layers that make up the sun. The first part is called the core. This area starts at the center of the sun and extends out to about 20% of the total radius of the sun. Here gravity pulls all elements together causing great pressure that result in nuclear fusion. The next layer is called the radiative zone. This area extends to 50% of the total radius of the sun. In this zone photons travel outwards and are absorbed by gas molecules. The last layer is known as the convective zone, which extends to the last 30% of the sun's radius. In this region of the star, currents carry energy to the surface of the sun. Within this space there is a constant exchange of hot gases rising to the surface and cool gases sinking back towards the radiative zone. In the convective zone the transfer or movement of photons is faster than in the other two zones. It takes a photon approximately 150,000 years to reach the surface of the sun from the core.

講義訳

天文学の講義の一部を聞きなさい。

今日は、太陽を構成している3つの主要な層について、さらに詳細に踏み込むことにしましょう。最初の部分は核と呼ばれています。この部分は、太陽の中心から始まり、太陽の総半径の約20%を占めています。ここでは、重力があらゆる要素を引きつけ合い、核融合に至るような大きな圧力を生み出します。次の層は放射層と呼ばれています。この領域は、総半径の50%を占めています。この領域では、光子が流出し、気体の分子によって吸収されます。最後の層は、太陽の総半径の残りの30%を占める対流層として知られています。星のこの領域では、潮流がエネルギーを太陽の表面まで運んできます。この空間内では、熱い気体が表面に噴き上げられ、冷たい気体が放射層に向かって沈み、常に入れ替わっています。対流層では、光子の移動や動きは他の2つの領域よりも速いのです。1光子が、太陽の核から太陽の表面に到達するまでに約15万年かかります。

Exercise 4 ▶ BIOLOGY

リーディング

Now read the passage about ants.

Ants

Ants are closely related to bees and wasps, but unlike those other species, ants are much more flexible in their social organization. They are able to change their habits and make their homes out of whatever material is available to them. Another advantage that the ant has over the bee or wasp is in the durability of its home. The bee or wasp nest may last only a season but if the ant nest is left alone it may last up to 30 years.

リスニング **講義** MP3 394

Now listen to part of the lecture in a biology class.

Question: Explain the advantages of ants over bees and wasps and also supply the information of the three aspects discussed in the talk.

設問訳

　ミツバチやスズメバチよりもアリが持つ優位性を説明し、講義で話されている3つのポイントを挙げなさい。

準備メモ

質問のポイント：アリが優れている点を説明し、講義で取り上げられている3つのポイントについてまとめること。

解答に含めるべきポイント：

◆**アリ**―柔軟な社会構造。いくつかの異なる種類の材料から巣を作る。アリの巣は耐久性に優れている。

◆**3つのポイント**

1. 多くの通信手段―押す、模様を作る動き、においを放出。
2. 別のコロニーから卵を奪い、奴隷制度を利用。
3. アフリカの軍隊アリの好戦性。常に移動を続けすべてを殺す。

MP3 395

MODEL ANSWER

①Ants are more flexible in their social organization than bees or wasps are. ②They are **also** able to use several different types of materials for building their nests. ③The home of the ant **also** has the potential of lasting considerably longer than a bee or wasp nest. ④**The first** aspect discussed in the talk deals with the many forms of communication that an ant has which includes pushing, moving in patterns and releasing a scent. ⑤**Another** aspect is the fact that ants incorporate the use of slavery, in which they take the eggs from another colony to help build their own. ⑥**The last** aspect mentioned is that war is a characteristic of driver ants of Africa. ⑦They constantly move and kill everything that they run into. (126 words)

訳

①アリは、ミツバチやスズメバチよりも柔軟な社会構造を持っています。②ア

リはまた、いくつかの異なる種類の材料から巣を作ることができます。③アリの巣はまた、ミツバチやスズメバチの巣よりもずっと耐久性に優れています。④講義で取り上げられている第1のポイントは、押したり、模様を作る動きをしたり、においを放ったりというアリが持つ多くの通信手段についてです。⑤第2のポイントは、自分たちのコロニーを建設するために、別のコロニーから卵を奪ってきて、奴隷制度を取り入れているという事実です。⑥挙げられている最後のポイントでは、アフリカの軍隊アリの好戦性についてふれています。⑦この種のアリは、常に移動を続けて、出会うものすべてを殺します。

リーディング　**訳**

アリについてのパッセージを読みなさい。

アリ

アリは、ミツバチやスズメバチに極めて似ているところがあるが、そのような種とは違って、アリは、その社会組織においてずっと柔軟性がある。アリは、その習性を変えることができ、また手に入るどんな素材からでも巣を作ることができる。アリがミツバチあるいはスズメバチよりも優れている点は、その巣がずっと耐久性のあることだ。ミツバチあるいはスズメバチの巣は1シーズンしかもたないが、アリの巣は放っておけば、30年ももつかもしれない。

リスニングスクリプト　**講義**

I would like to go into further detail about ants today and discuss certain elements which make them a significant species on our planet. Let's start with communication. The ant has several different ways of communicating with others from its nest. It may simply push another ant to get it moving or it may move itself in a specific pattern which indicates that it has found food. Ants also release a scent that can tell others that there is danger; the scent also leaves a trail which gives information about the direction from which the ant came. Another very unique characteristic of ants is slavery. Some species of ants will find the eggs of another group and take them back to their nest. There, the eggs hatch and the hatched ants begin to work on building the colony; slowly, those ants are replaced with new members of the colony. Yet another characteristic of ants is war. The most famous species of ant in this category is the African driver ant. The reason is that this species does not form permanent nests, but instead constantly moves from place to place. While moving, these ants attack, kill and eat everything in their path. They

第4章 トピック別対策とスピーキング実戦演習

will attack insects, reptiles and even humans. The best way to deal with this ant species is to get out of the way and wait until they are gone.

講義訳 ··

　生物学の講義の一部を聞きなさい。

　今日は、アリについてさらに深く検討し、この地球上において、アリをこれほど際立った種にするいくつかの要素について話し合ってみることにしましょう。コミュニケーションから始めましょう。アリは、巣から他の仲間たちと通信するいくつかの異なった手段を持っています。それは、単に他のアリを押して動かすことであるかもしれないし、あるいは食物を発見したことを示すために、ある特定のパターンでそれ自体が移動することかもしれません。アリはまた、危険があるということを仲間に伝えることができるにおいを放出し、そのにおいは、アリがどこから来たのかに関する情報を与えてくれる臭跡をも残します。アリの別の固有の特徴は奴隷制です。アリの種の中には、別のグループの卵を見つけて、自分たちの巣に持ち帰るものもいます。そこで卵が孵化し、孵化したアリたちがコロニーの建設に取り組み始めます。そしてゆっくりとそのアリたちは、そのコロニーの新しいメンバーと入れ替わっていきます。また別の特徴として、戦いがあります。このタイプに属する最も有名なアリの種は、アフリカ軍隊アリです。その理由は、この種のアリは定住する巣を持たないが、その代わりに常にあちこち移動し続けるからです。このアリたちは、移動中に、前に立ちはだかるすべてのものに攻撃を仕掛け、殺し、食べてしまいます。このアリたちは、昆虫や爬虫類や、さらには人間さえも攻撃する習性があります。この種のアリたちへの最も良い対処法は、脇によけて、彼らが通り過ぎるのを待つことです。

Exercise 5 ▶ **AMERICAN HISTORY** ─────────────────

リーディング

Now read the passage about Jane Addams.

Jane Addams

Jane Addams grew up in the small community of Cedarville, Illinois. She is most famous for her founding of the Settlement House Movement. As a part of this movement she and a friend, Ellen Starr, founded the Hull House in Chicago back in 1889. The Hull House was primarily a place where poor people could go to receive medical care, child care and legal aid. It was also a place where foreign immigrants could go to learn vocational skills and take classes in English, music, art and drama.

Now listen to part of the lecture in an American history class.

スピーキング　（準備30秒、解答60秒）

Question: Describe, in detail, the life and accomplishments of Jane Addams.

設問訳

ジェーン・アダムズの人生と業績について、詳細に説明しなさい。

準備メモ

質問のポイント：ジェーン・アダムズの人生とその業績についてまとめること。

解答に含めるべきポイント：

◆**ジェーン・アダムズ**—ハルハウスを含む隣保事業の創設者。初の女性ノーベル平和賞受賞者。作家、女性参政権協会の副会長、国際女性総会の主催者。

◆**ハルハウスの役割**—貧しい人の世話、医療、小児看護、法的援助。外国移民たちに英語の授業を提供。ヨーロッパで社会福祉事業に携わり、後にアメリカに戻る。貧困問題の解決に向けて政界入りを決意。労働条件に関する子供や移民たちの権利のために戦う。

MP3 397

MODEL ANSWER

①Jane Addams is famous for the creation of the Settlement House Movement which includes Hull House. ②The Hull House was a place that took care of the poor **and** gave them assistance in medical care, child care and legal aid. ③It **also** provided English lessons for poor foreign immigrants. ④She was **also** the first American woman to ever receive the Nobel Peace Prize. ⑤She did social work in Europe, and later returned to the U.S. ⑥After Hull House, she realized she needed to influence government to solve the poverty problem. ⑦She fought for the rights of children and immigrants with respect to working conditions. ⑧She was a writer, vice-president of the Women's Suffrage Association, founder of the American Civil Liberties Union and organizer of the International Congress of Women. (129 words)

‥‥‥

①ジェーン・アダムズは、ハルハウスを含む隣保事業の創設で有名です。②ハルハウスは、貧しい人に世話を施し、医療、小児看護、法的援助の手助けをしました。③ハルハウスはまた、貧しい外国移民たちに英語の授業を提供しました。④彼女はまた、ノーベル平和賞を受賞した最初のアメリカ人女性でした。⑤彼女は、ヨーロッパで社会福祉事業に携わり、後にアメリカに戻りました。⑥ハルハウスの次に、彼女は、貧困問題を解決するためには、政府に影響力を持つ必要があることに気づきました。⑦彼女は、労働条件に関する子供や移民たちの権利のために戦いました。⑧彼女は、作家でもあり、女性参政権協会の副会長であり、アメリカ人権擁護連盟の創設者であり、国際女性総会の主催者でもありました。

リーディング　**訳**

ジェーン・アダムズについてのパッセージを読みなさい。

ジェーン・アダムズ

　ジェーン・アダムズは、イリノイ州セダーヴィルの小さなコミュニティーに育った。彼女は、隣保事業の創設で最も有名な人物である。この事業の一環として、彼女と友人のエレン・スターは、1898年にシカゴにハルハウスを設立した。ハルハウスは、主に、貧しい人が治療や小児看護や法的支援を受けるために行く場所であった。それはまた、外国人移民が職業訓練を受け、英語、音楽、芸術、演劇の授業を受けるために通う場所でもあった。

リスニングスクリプト　**講義**

　Jane Addams is known for many wonderful accomplishments besides Hull House and today I would like to go into a little more detail about her life and accomplishments. First and foremost she was the first American woman to ever receive the Nobel Peace Prize. Her actions came from a visit to Europe where she was involved with social work. She brought this idea home with her and started the Hull House, but after working there for a time she realized that this was not going to solve the problem of poverty. She decided to become involved in politics by fighting for the examination of child labor laws, factory inspections, the protection of immigrants, the limiting of work hours, and insuring that children went to school. All of this led to the women's right to vote and Jane became the first vice-president of the National Women Suffrage Association in 1911. She was an avid writer and her book, Twenty Years at Hull House was a great success that brought her a lot of money. She was founder of the American Civil Liberties Union and the NAACP（National Association for the Advancement of Colored People）; and in an effort to avert war she organized the Women's Peace Party and the International Congress of Women.

講義訳 -

アメリカ史の講義の一部を聞きなさい。

ジェーン・アダムズはハルハウス以外にも、多くのすばらしい業績で知られています。今日は、彼女の人生と業績についてもう少し詳しく見ていくことにしましょう。何よりもまず、彼女は、ノーベル平和賞を受賞した最初のアメリカ人女性でした。彼女の行動力は、彼女が社会福祉事業に関わった場所、ヨーロッパへの訪問から生まれました。彼女は、この考え方を故郷に持ち帰り、ハルハウスを始めましたが、そこでしばらく働いた後、これでは貧困の問題を解決するには至らないことに気がつきました。彼女は、児童労働法の調査、工場視察、移民の保護、労働時間の制限、子供たちへの教育の保証のために戦うことによって、政界に進出することを決心しました。この努力のすべてが女性参政権につながり、ジェーンは、1911年に全米女性参政権協会の副会長に就任しました。彼女は、熱心な作家で、彼女の著作である『ハルハウスでの20年』は、彼女に多くの収益をもたらした大ヒット作品となりました。彼女は、アメリカ人権擁護連盟と全米有色人地位向上協会の創設者でした。また戦争を回避しようという行動の中で、女性平和党と国際女性総会を組織しました。

Exercise 6 ▶ **PSYCHOLOGY** ─────────────────────────

リーディング

Now read the passage about the reaction of brains.

Reaction of Brains

According to a recent study, it has been shown that your brain reacts to pain the same way it does if your brain thinks it will receive pain. If a man was to touch his finger to a hot stove he would feel pain, but if he saw the hot stove and told himself it would not hurt that much, he probably wouldn't feel as much pain. The reason for this is because the part of the brain involved in learning, memory, touch and emotion is the same area of the brain associated with pain.

リスニング　**講義**　　　　　　　　　　　　　　　　　　　　MP3 398

Now listen to part of the lecture in a psychology class.

Question: Explain the theory that was stated in the passage and describe the experiment that took place.

設問訳

英文で述べられていた理論を説明しなさい、そして行われた実験について述べなさい。

準備メモ

質問のポイント：英文で述べられている理論と行われた実験について説明すること。

解答に含めるべきポイント：

◆**理論**—痛みの認識は、受けると予測される痛みの量に関連がある。

◆**実験概要**—ボランティアに3段階の熱の感覚を生み出す装置をつける。各レベルの熱が放射されるまでの時間の間隔にボランティアたちは慣れている。熱のレベルを変えてもまだボランティアたちは、もともとの時間の間隔で放出されていたのと同量の熱を感じたと報告。

MP3 399

M O D E L   A N S W E R

①The theory stated that people's perception of pain is closely related to the amount of pain that they think they will receive. ②The experiment that took place involved a device that was placed on the leg of each volunteer. ③The device would create a sensation of heat at 3 different levels. ④The volunteers would become accustomed to each level of heat **according to** the time delay between each emission. ⑤The scientists would **then** change the levels of heat **but** the volunteers still reported having experienced the same amount of heat as was originally given off after each time delay even if this was contrary to reality. (106 words)

訳 . . . .

①その理論は、人間の痛みの認識は、受けるだろうと彼らが思っている痛みの量に密接に関連があるというものです。②行われた実験では、各ボランティアの足に取り付けられた装置が使われました。③その装置は、3段階の熱の感覚を生み出すものでした。④各レベルの熱が放射されるまでの時間の間隔にボラン

ティアたちは慣れていました。⑤そして科学者たちは、熱のレベルを変えたが、それでもまだボランティアたちは、たとえそれが事実に反していても、もともとの時間の間隔で放出されていたのと同量の熱を感じたと報告しました。

リーディング　訳

脳の反応に関するパッセージを読みなさい。

脳の反応

　最近の研究によると、人の脳は、脳が痛みを受けるだろうと考えたときに反応するのと同じように、痛みに反応することが明らかにされてきている。もし人が、熱いレンジに指を触れたら痛みを感じるだろうが、もし熱いレンジを見て、そんなにひどく痛まないだろうと自分に言い聞かせたとしたら、おそらくそれほどの痛みは感じないだろう。この理由は、学習、記憶、触覚、感情に関連する脳の一部が、痛みと関連している脳の領域と同じ領域に相当するからである。

リスニングスクリプト　講義

　　Today I would like to continue with this topic and give you an example that supports this theory. A group of scientists from Wake Forest University worked with 10 volunteers that wore a device on their right leg. This device created heat for 20 seconds. There were three levels of this heat from mild, medium to strong. The time between each exposure to heat would be longer for the hotter levels. The mild was a 7 second delay, the medium was a 15 second delay and the strong was a 30 second delay. The volunteers learned that the longer they had to wait the more painful the next heat exposure would be. The scientists then started to change the time and amount of heat to see how the volunteers would react. If the delay was 30 seconds, the volunteers expected strong heat, but the scientists would only give them mild heat. The volunteers still claimed that the level of pain was strong. The scientists also checked a scanner that identified the volunteers' blood pressure in the brain. It supported the statements of the volunteers. Their body was reacting to what they thought they were going to get, even if that wasn't the case.

講義訳

　心理学の講義の一部を聞きなさい

　今日は、この主題について続け、この理論を裏づける具体例を示したいと思います。ウェイク・フォレスト大学の科学者たちのグループが、右足に装置を取り付けた10人

のボランティアで研究を行いました。この装置とは、20秒間熱を作り出すものでした。熱さには、弱、中、強の3段階のレベルがありました。熱にさらされるまでの時間は、より熱いレベルのほうが長くなります。弱は7秒、中は15秒、強は30秒遅れで加熱されました。ボランティアの人たちは、待ち時間が長ければ長いほど、次に来る熱がもたらす痛みが激しくなるだろうということを知りました。それから科学者たちは、ボランティアの人たちがどのように反応するかを確かめるために、時間と熱量を変え始めました。もし、30秒間の間があくと強い熱を受けると予測していましたが、このとき科学者たちは弱の熱しか与えませんでした。ボランティアの人たちは、それでもまだ痛みのレベルは強いと訴えました。科学者たちはまた、脳内の血圧を見極めるスキャナーをチェックしました。それは、ボランティアの人たちの証言を裏づけるものでした。彼らの身体は、たとえそれが事実に反していても、これから受けるだろうと彼らが思っていたものに反応していました。

Exercise 7 ▶ **POLITICAL SCIENCE** ─────────────────────────

リーディング

Now read the passage about lobbying activity.

Lobbying Activity

Lobbying has long been accepted as a legitimate practice in the world of American politics. Lobbying began when certain individuals who wished to make their views known to politicians in Washington D.C. or to plead for special consideration from these same politicians gathered in the lobby of a hotel near Congress where legislators often went to dine, drink and socialize after work. Of course, any outright exchange of money for favors was and is illegal, as this would be a clear case of bribery by the person seeking the favor. Acceptance of a bribe by the legislator making an explicit promise to vote or act on that person's behalf in order to grant that favor is also illegal. Over the years, however, lobbying has grown from small-time hotel socializing into a multi-billion dollar "business", in which not only individuals but also corporations and special-interest groups seek to influence politicians with sizable campaign contributions or with other financial "incentives."

リスニング　　講義　　　　　　　　　　　　　　　　　　　　MP3 **400**

Now listen to part of the lecture in a political science class.

スピーキング　（準備 30 秒、解答 60 秒）

> **Question:** Explain what lobbying is and what argument the professor gives for limiting this practice.

設問訳　▶

　ロビー活動とは何であるかを説明し、この慣行を制限することについて教授がどのような論点を挙げているかを述べなさい。

準備メモ　》

質問のポイント：ロビー活動とは何か、この慣行を制限することについて教授がどのような議論をしているかを説明すること。

解答に含めるべきポイント：

◆**ロビー活動とは**—ロビー活動はアメリカの政治では合法的な慣行として見なされてきた。個人、会社、特別利益団体が、選挙運動資金やその他の経済報酬を提供することにより政治家から特別の配慮を求める活動。

◆**ロビー活動の結果**—議員は、立法に際して、国民の意見よりも、選挙運動資金活動に左右されてしまう。一部の金持ちの個人の少数グループだけが恩恵を受ける法律が作られる可能性が出てくる。

◆**ロビー活動を制限する方法**—選挙活動資金の額に制限を設けることが唯一の実行可能な解決策。

MP3　401

M O D E L　A N S W E R

①Lobbying, which has been regarded as a legal practice in American politics, is an activity in which corporations **and** special interest groups as well as individuals try to solicit special consideration from politicians by offering them campaign contributions or other financial rewards. ② The professor states that this particular practice leads to a possibility where legislators vote on laws based on campaign contributions and not on the opinion of the public. ③ This would result in laws being made to favor a small group of wealthy individuals **and** not serve the best interests of the public. ④ He concludes that the only practical solution would be to enact a law that would limit the amount of campaign contributions. (115 words)

訳 ··············
①ロビー活動は、アメリカの政治における合法的な慣行と見なされてきました
が、それは、個人だけでなく会社や特別利益団体が、政治家に選挙活動資金やあ
るいはその他の経済報酬を提供することによって特別の配慮を強く求めようと
する活動です。②教授は、この特別な慣行は、議員が国民の意見ではなく、選挙
資金活動資金に影響を受けて、立法に参加する可能性につながると述べていま
す。③これは、国民の最大の利益に報いるためのものではなく、金持ちの人々の
小数グループをひいきする法律が定められるという結果に至るかもしれませ
ん。④教授は、唯一の実行可能な解決策は、選挙運動資金の額を制限する法律を
制定することだろうと結論づけています。

リーディング　　訳

ロビー活動についてのパッセージを読みなさい。

ロビー活動

　ロビー活動(議案通過運動)は、アメリカの政界において、長い間合法的な慣行として
認められてきた。ロビー活動は、自分たちの見解をワシントンDCの政治家たちに知っ
てもらいたい、あるいは彼らに特別の配慮を嘆願したいと考えたある人たちが、政治家
たちが、仕事が終わった後に食事をしたり、お酒を飲んだり、付き合いをするためによ
く行った議会の近くのホテルのロビーに集まったことから始まった。もちろん、恩恵
を求める人による収賄行為という明白なケースのように、恩恵をあからさまにお金と
引き換えるようなことは非合法であったし、今もそうである。恩恵を与えるために、そ
の人物の利益になるように投票したり、行動するという確約をしている政治家が賄賂
を受け取ることも非合法である。しかしながら、年月がたつうちに、ロビー活動は、取
るに足らないホテルでの交流から、数十億ドルのビジネスにまで成長を遂げてきた。
そこには、個人だけでなく企業や特別利益団体も、かなりの選挙運動資金やあるいはそ
の他の報奨金で、政治家に影響を与えようとする。

リスニングスクリプト　　講義

　How we view lobbying today has certainly changed from the days when
political deals and decisions were made by "old boys clubs" in smoky
back rooms, with few, if any, political watchdog groups to check political
corruption. These days, as you all know, many American citizens are outraged
by the possibility that money, rather than votes, determines the real course
of American government and recent scandals involving powerful lobbyists
suggest that this is now more than just a possibility. After all, politicians

are elected to represent the interests of all their constituents, not a select few with fat checkbooks or — in some cases — special interest groups who are not even their constituents. Because it is usually difficult to prove that a legislator directly promised someone to vote in a certain way, we need safeguards which will discourage any tacit understandings between legislators and lobbyists. The only viable solution seems to be legislation that would, for example, place limits on campaign contributions...not only the amount of the contributions but also who makes them.

講義訳

政治学の講義の一部を聞きなさい。

　今日のわれわれのロビー活動の捉え方は、政治的取引や決断が、煙が立ち込める裏部屋の「学友の集まり」によって下されていた時代とは確実に変化してきました。政治の腐敗を監視する政治お目付け役団体もあったとしても数えるほどだった時代です。最近では、みんながよく知っているように、多くのアメリカ市民たちが、票というよりお金が、アメリカの政治の実質的な道筋を決定しているという可能性があることに憤慨しています。そして強力なロビイストたちを巻き込んでいる最近のスキャンダルはこれが単なる可能性以上のものであることを示唆しています。結局、政治家というものは、あらゆる選挙民の利益を代表するために選ばれるのであって、分厚い小切手帳を持った一部の選ばれた数少ない人たち、あるいはあるときには選挙民でさえない特別利益団体の利益を代表するために選ばれるのではありません。政治家が、誰かにある方法で投票してくれるように直接約束したということを証明することはたいていの場合難しいので、われわれには、政治家とロビイストの間のいかなる暗黙の了解を阻止してくれるような予防手段が必要になります。唯一実行できる解決策は、例えば、選挙運動資金の額、献金の額だけではなく誰が献金をするのかにも制限を課すような法律であるように思えます。

Exercise 8 **PHILOSOPHY**

リーディング

Now read the passage about altruism.

Altruism

　Most psychological theories posit self-preservation as the fundamental principle motivating human behavior. That is, a human being confronted with a choice of possible actions will choose the action which promotes his or her survival over that which threatens it. Ethical theories, on the other hand, seek to explain what motivates humans to choose right over wrong, the good over the bad, what one ought to do over what one wants to do. It can be argued that in most cases, these two motivations, to survive and to do what is morally good, overlap. Altruism, however, raises some interesting questions about human motivation. An altruist is defined as a person who acts for a greater good than himself or herself. In other words, the survival and happiness of the self are not the primary motivations for the altruist's behavior. The altruist acts for the good of others.

リスニング　　**講義**　　　　　　　　　　　　　　　　　　　MP3 **402**

Now listen to part of the lecture in a philosophy class.

スピーキング　（準備 **30** 秒、解答 **60** 秒）

> **Question:** Explain what an altruist is and what examples the professor offers to support the cynic's view that altruism doesn't exist.

設問訳

　利他主義者とはどんな人のことであるか、また教授が挙げている利他主義は存在しないという皮肉屋の見解を裏づけるために挙げている例を述べなさい。

準備メモ

質問のポイント：利他主義者とは何か、教授が利他主義は存在しないという皮肉屋の見解を裏付けるどのような例を挙げているか。

解答に含めるべきポイント：

◆**利他主義者とは**—自分よりもより大きな善のために行動する人。

◆**利他主義が存在しないかもしれないということを裏づける例**—神のために命を犠牲にする人。来世での報酬を期待。自爆テロリストや特攻隊。栄誉を受けるために利己的に行動。子供の命を救うために命を犠牲にする母親。子供の命を通じて自分の命を生きながらえさせる。

MP3 **403**

M O D E L　A N S W E R

①An altruist is defined as a person who acts for a greater good than himself or herself. ②The professor demonstrates the possibility that altruism does not exist because even individuals who sacrifice their lives for their god are doing so to receive the promise of a reward in the afterlife. ③He **also** states that suicide bombers and Kamikaze pilots **also** act in a self-serving manner by receiving honor for their act. ④He **also** points out that a mother might save her child **so that** she may extend her own life through that of her kid. (95 words)

訳 ┄┄

①利他主義者とは、自分自身よりもより大きな善のために行動する人として定義されます。②教授は、神のために命を犠牲にする個人でさえ、来世での報酬の約束を受けるためにそのような行動を取るのだから、利他主義というものは存在しないという可能性を示しています。③自爆テロリストや特攻隊もまた、彼らの行為により栄誉を受けるために、利己的に行動すると述べています。④彼はまた、母親が子供の命を救うのも、子供の命を通じて自分の命を生きながらえさせるためかもしれないのだと指摘しています。

リーディング　　**訳**

利他主義についてのパッセージを読みなさい。

利他主義

　ほとんどの心理学上の理論は、自衛本能を人間の行動を動機づける根本的な原則だと仮定している。つまり、取るべき行動の選択に迫られている人間は、生存を脅かす行動よりも、生存につながる行動を選択する習性があるということだ。一方、道徳論では、人間が間違っていることよりも正しいこと、悪よりも善、したいことよりもしなければならないことを説明しようとする。ほとんどの場合、生き残ることと道徳的に正しいことをするという2つの動機づけは重複していると主張することができる。しかし、人間の動機について、利他主義がいくつかの興味深い問題を提起してくれる。利他主義者は、自分自身よりもより大きな善のために行動する人として定義されている。言い換えれば、自己の生き残りや幸福は、利他主義者の行動の主要な動機づけとはならないということである。利他主義者は他人の利益のために行動するものである。

リスニングスクリプト　　**講義**

　　The cynics among us would argue that altruism in its pure form does not really exist. No one acts primarily for the happiness of others. If we take a religious martyr as an example, the cynic can say that although this person appears to be sacrificing his or her life for God, the promise of a reward in the afterlife — for example, going to heaven... is the true and selfish motivation. The martyr is thinking of his or her own happiness, not the good of others.

As you can see, whether it's Muslim suicide bombers or Japanese Kamikaze pilots in World War II, the cynic can argue that because of the reward which they believe awaits them after death, their act of self-sacrifice is actually self-serving — in the end this saving of one's soul, one's honor, even one's reputation, brings happiness to that individual and is therefore ultimately selfish. Even with the example of a mother giving her own life for her child, the same argument can be used...the child is an extension of the mother's life — the mother will live on through her child. Are there any truly altruistic actions that we could offer to refute the cynics' argument?

講義訳 ·

　哲学の講義の一部を聞きなさい。

　われわれの中にいる皮肉屋なら、純粋な形の利他主義など実際には存在しないと主張することでしょう。主に他人の幸福のためだけに行動する人なんか誰もいないということです。宗教上の殉教者を例にとってみると、この人物は神のために自分の生命を犠牲にしているかのように見えるけれども、たとえば天国に行くというような来世での報酬の約束が、真の利己的な動機づけだといえます。殉教者は、他人の幸福ではなく、自分自身の幸福について考えているわけです。みんなが知っているように、イスラム教の自爆テロリストにしても、第二次世界大戦中の日本の神風特攻隊にしても、皮肉屋なら、死後に彼らを待ち受けていると彼らが信じている報酬があるのだから、彼らの自己犠牲的な行為は実際のところ自己奉仕であり、結局自分の魂の救済、栄誉、さらには名声がその人物に幸福をもたらし、ゆえにそれが究極的に利己的なのだと主張するかもしれません。母親が自分の子供のために命を投げ出すような場合でさえも、同じ主張が当てはまるかもしれません。子供は、母親の命の延長なのだから、そして母親は子供を通して生き続けるのだからと言うかもしれません。この皮肉屋たちの主張に反駁する真に利他的な行為というものがありますか。

————————————————

リーディング

Now read the passage about the law of supply and demand.

Supply and Demand

In microeconomic theory, the law of supply and demand explains in a simple way how the prices of goods vary according to the relationship between the quantity of goods available in the marketplace (supply) and the desire of consumers or other agents in the marketplace to purchase those goods (demand). The underlying assumption of the analysis is that we are all dealing with a limited or closed market, yet in fact many other factors play a part in this equation. For example, the situation is complicated if substitute goods are available on the supply side, or if money is limited or personal tastes change on the demand side. Nevertheless, the law of supply and demand offers a simple model for understanding, explaining and even predicting changes in the prices of goods in competitive markets.

リスニング　講義　　　　　　　　　　　　　　　　MP3 404

Now listen to part of the lecture in a macroeconomics science class.

スピーキング　（準備 30 秒、解答 60 秒）

Question: Explain what the law of supply and demand is, and what examples the professor uses to illustrate this.

設問訳

　需要と供給の法則とは何か、また教授がこのことを例証するためにどのような例を挙げているかを説明しなさい。

準備メモ

質問のポイント：需要と供給の法則とは何か、教授がこのことを例証するためにどのような例を挙げているか。
解答に含めるべきポイント：
◆需要と供給の法則とは—市場で手に入る物の量と購入したいという欲求の関係において、物の価格が変動する。
◆需要と供給の関係の例—ある特定の分野の職業にいる専門家の数と給与の関係。将来の結婚相手の市場にも同様の関係が見られる。妻を探す男性の数のほうが多ければ、女性が将来の夫を見つけられる可能性が高くなる。

MP3 405

M O D E L　A N S W E R

①The law of supply and demand basically states that the prices of goods vary **according to** the relationship between how much is available in the marketplace and the desire to purchase those goods. ② The professor uses the example of how a particular salary is based on how many professionals are in that specific field. ③It can also be seen in the market for potential marriage partners. ④**If more men are looking for wives than women seeking husbands, then** the demand will increase the probability of a woman to finding a husband. (91 words)

訳 ┈┈┈┈┈┈┈┈┈┈┈┈┈┈┈┈┈┈┈┈┈┈┈┈┈┈┈┈┈┈┈┈┈┈┈┈┈┈┈

①需要と供給の法則とは、基本的に、市場で手に入る量とその物を購入したいという欲求の関係に応じて物の価格が変動することを説明するものです。②教授は、いかにしてある職業の給与がその特定の分野にどれぐらいの専門家たちがいるかによって決まるかという例を使っています。③それはまた、将来の結婚相手の市場にも見ることができます。④夫を探している女性よりも、妻を探している男性のほうが多ければ、そのときには、その需要によって女性が夫を見つける確率が高くなるでしょう。

リーディング 　**訳**

需要と供給の法則についてのパッセージを読みなさい。

需要と供給

　ミクロ経済学では、需要と供給の法則は、市場で手に入る財の量（供給）と、消費者やその他の市場の仲買人がその財を購入したいという欲求（需要）との関係に応じて、商品価格がどのように変化するのかを、単純な形で説明している。その分析の根底にある仮定は、われわれはみんな、限りある閉じられた市場で取引をしているということだが、実はこの均衡には他の多くの要素が作用している。例えば、供給者側で代替財が利用できたり、あるいは需要者側で使える金額に制限があったり、個人の好みが変わったりすると、状況は複雑になる。それでもやはり、需要と供給の法則は、競争が激しい市場における財の価格の変動を理解し、説明し、さらには予測さえするための単純なモデルを提供するものである。

リスニングスクリプト 　**講義**

　The law of supply and demand, in its simplest form, can be used to explain not only price but also market value. For example, students in American universities know all too well that an oversupply of professionals in a certain field will reduce their market value, meaning fewer jobs, more job competition, and lower salaries. For this reason, students often choose their majors and careers based on high current or projected demand for trained professionals in specific fields. Theoretically, this means more jobs, less competition, and higher salaries in these fields. In other words, a student's choice of major determines, in theory, his or her market value after graduation. We can see similar market forces at work in the market for potential marriage partners. If the number of men seeking wives exceeds the number of women seeking husbands, then demand for wives increases a woman's chances of finding a husband, and vice versa. It's not exactly a romantic explanation of one's chances of finding true love, but supply and demand can also explain, in simple terms, an individual's value in the competitive marriage market.

講義訳 --

　マクロ経済学の講義の一部を聞きなさい。

　需要と供給の法則は、最も単純な形態では、市価だけではなく、その他のいかなる市場価値を説明するためにも利用されます。例えば、アメリカの大学の学生なら、ある分野の専門家の供給過剰が彼らの市場価値を下げることになるということはあまりにもよく知っていることでしょう。これはつまり、職が少なくなり、競争が激しくなり、給与も低くなるということを意味しています。このような理由で、学生はよく自分たちの専攻や職業を、特定の分野の訓練を受けた専門家に対する現時点でのあるいは予測される高い需要に基づいて選びます。理論的には、これはつまり、この分野における、より多くの職、より少ない競争、より高い給料を意味しています。言い換えれば、理論上では、ある学生の専攻の選択が、卒業後のその学生の市場価値を決定づけるのです。将来の結婚相手選びにも、同じような市場の力が働いていることがわかります。妻を求めている男性の数が夫を求めている女性の数を上回っていれば、妻に対する需要が高いために、女性が夫を見つける確率が高くなりますし、逆の場合もまた同じことが言えます。それが、必ずしも本当の愛を見つける確率を高めるとは言い切れませんが、この需要と供給により、単純な形で競争力の激しい婚姻市場での個人の価値を説明することができます。

Exercise 10 ▶ ART ────────────────────────

リーディング

　Now read the passage about art.

Art

　What is art? Whether viewed as the specialized activity of an elite few or, in its broadest sense, as any creative activity in which human beings engage, art seems to defy simple definition. Philosophers, art critics and artists themselves have debated this question for ages. For practical purposes, therefore, we will have to content ourselves with the following working definition: "art is the production or expression of something which is beautiful or has some special meaning or significance distinguishing it from ordinary human acts of production or expression." Clearly art is not accidental, but neither is it true that art must always be symbolic or representative, or must convey an explicit message of some sort from the artist to others.

リスニング　**講義**　　　　　　　　　　　　　　MP3 406

Now listen to part of the lecture in an art class.

スピーキング　（準備 30 秒、解答 60 秒）

> **Question:** Explain what the criterion of art is and how the professor illustrates the definition of art offered in the passage.

設問訳

芸術の基準とは何であり、教授はパッセージでの芸術の定義をどのように例証しているかを説明しなさい。

準備メモ

質問のポイント：芸術の基準とは何か、教授は芸術の定義をどのように例証しているか。

解答に含めるべきポイント：

◆**芸術の基準とは**―普通の人間の生産・表現活動とは違う特別な意味、重要性を持つ。偶然ではなく、象徴的で意義深いメッセージが含まれている。

◆**芸術の定義**―子供の絵と本物の芸術との違い。

◆**本物の芸術**―作品に特定の意図やメッセージが込められている。

◆**子供の絵**―自然で無意識の創造物で、芸術の必要条件を満たしていない。

MP3 407

M O D E L　A N S W E R

①The criterion of art is that it has some special meaning or significance distinguishing it from ordinary human acts of production or expression. ②It **also** states that this expression is not accidental **but** is symbolic or expresses a significant message. ③The professor states that **although** some forms of modern art may look **as though** they could be made by a

child, the artist created the artwork with a specific intent or message. ④
The professor explains that the work that is done by a child is a natural
spontaneous creation **and therefore** does not meet the requirements of
true art.（99 words）

訳 ··

①芸術の基準とは、それが、普通の人間の生産や表現の行為と一線を画すある特別な意味あるいは重要性を持っているということです。②それはまた、この表現は偶然なものではなく、象徴的で、ある意義深いメッセージを表現しているともいえます。③教授は、近代芸術の中にはまるで子供によって作られたように思えるものもあるかもしれませんが、芸術家は、ある特定の意図やメッセージを込めてその芸術作品を作ったのだと述べています。④教授は、子供によって作られる作品は自然で無意識の創造物なので、真の芸術としての必要条件を満たしていないと説明しています。

リーディング **訳**

芸術についてのパッセージを読みなさい。

芸術

芸術とは何だろうか。数少ないエリートの専門的な活動と見なされても、あるいは最も広義において、人間が携わるあらゆる創造的な活動と見なされても、芸術は単純な定義を受け入れるようなものではないように思われる。哲学者や芸術評論家、そして芸術家自身も、長い間この問題について討議してきた。だから、実際は、次のような実質的な定義で満足しなければならないだろう。「芸術とは、美しい何かを生み出すこと、または表現することである。あるいは人間の生産や表現の普通の行為と一線を画している特別な意味や意義を持つものである」。芸術が偶然の産物ではないことは明らかだが、芸術は常に象徴的あるいは表現的なものでなければならない、あるいは芸術家からその他の人へ明確なメッセージを伝えなければならないというのも事実ではない。

リスニングスクリプト **講義**

　If you have ever had the chance to visit an exhibition of modern art, you
yourself may have wondered why certain abstract paintings are considered
art. With no background in art appreciation, the average person may be
impressed by a beautiful and realistic painting of a sunset, but completely
puzzled by an empty white-painted canvas or a canvas covered by seemingly
random dribbling, splattering or speckling of paint. Comments like "My
6-year-old could've painted that" are not uncommon. Are there any criteria

which we can use to distinguish abstract art from the crude and simple, yet sometimes charming paintings of children? The answer lies in the awareness and intentions of the artist. Whereas the child's painting is a natural and spontaneous creative expression, the artist's painting is a deliberate and intentional one. Technically speaking, then, the children's paintings are not art. The significance or special meaning of the artist's work may not be discernible to the untrained eye, but the art world, despite disputes about whether certain works meet this criterion, nevertheless recognizes this special quality of a true work of art. Now, hopefully, the next time someone you know questions the value of modern art, you can set them straight, OK?

講義訳 ···

　芸術の講義の一部を聞きなさい。

　近代芸術の展覧会を訪れる機会があった人は、なぜある種の抽象画が芸術と見なされるのか不思議に思ったことがあるかもしれません。芸術鑑賞のバックグラウンドがない平均的な人は、沈む夕日の美しく写実的な絵画には惹かれても、白い絵の具で描かれた空虚なキャンバスや、見かけはでたらめに絵の具をたらしたり、跳ねとばしたり、しみをつけたようなもので覆われたキャンバスには完全に困惑してしまうかもしれません。「こんなものなら、うちの6歳の子でも描けたかもしれないわ」というようなコメントも珍しくありません。抽象芸術と子供が描いた粗野で単純だけれど時には何か魅力的なところもある絵画を区別するために利用できる基準はあるのでしょうか。その答えは、その芸術家の意識と意図にあります。子供の絵が自然で自発的で創造的な表現である一方、芸術家の絵は故意で意図的な創造的表現です。そこで、専門的に言うと、子供の絵画は芸術ではありません。その芸術家の作品の意義、あるいは特別な意味は、訓練されていない目には認識できないかもしれませんが、ある種の作品がこの基準を満たしているかどうかという議論はあるものの、それでもやはり、芸術の世界では、真の芸術作品の特別な資質を認識するものです。さあ、願わくば、次にあなたたちの知り合いが、近代芸術の価値について尋ねたときには、正しく教えてあげることができるでしょう。

トピック別実戦演習　　　　　　　　　　**Question 4 形式**

Question 4で取り上げられるのは、主に次の10項目です。

> 1. **MEDICAL SCIENCE**（医学）
> 2. **PHYSICS**（物理学）
> 3. **INTERNATIONAL RELATIONS**
>   （国際関係）
> 4. **LAW**（法律）
> 5. **ASTRONOMY 2**（天文学2）
> 6. **HEALTH SCIENCE**（健康科学）
> 7. **ANTHROPOLOGY**（人類学）
> 8. **GEOLOGY**（地質学）
> 9. **LINGUISTICS**（言語学）
> 10. **SOCIOLOGY**（社会学）

さあ、それではQuestion 4形式で実戦演習を積み重ねていきましょう。時間の感覚を身につけるために、ストップウォッチを用意してください。

第4章

トピック別対策とスピーキング実戦演習

1

まず出題トピックに関する講義を音声で聞き、ポイントをメモしてください。

2

講義が終わり、設問を確認し終えたら、20秒間で解答の準備をしてください。本番では、設問はスクリーンにも現れますから、聞くだけでなく見てもかまいません。この章では、音声上で20秒の準備期間を設定していませんから、設問を聞き終えたら、音声を止めると同時に20秒の準備に入ってください。準備中にポイントをメモすることも忘れないでください。

3

20秒後に60秒の解答時間を設定し、自分の解答を話し始めます。この時点で、設問訳以降の部分は見ないように注意してください。

4

途中でも60秒たった時点で一度終えて、解答時間を記録しておいてください。ここでも時間の感覚を身につけることが大切です。

5

ヒントが欲しい人は、「解答に含めるべきポイント」をチェックして自分の解答に修正を加えてください。「解答に含めるべきポイント」は、解答し始めるまでにメモあるいは頭の中で整理しておくべきポイントです。

6

何度もチャレンジした後、模範解答を見て自分の解答に足りなかった箇所、語彙表現の使い方などをチェックしてください。一通りの流れとポイントを把握し、満足のいく解答が完成したところで、もう一度最初から繰り返します。

さあ、それでは始めましょう！

Exercise 1 ▶ MEDICAL SCIENCE

リスニング 　講 義　　　　　　　　　　　　　　　　　　　　　　MP3 408

Now listen to part of the lecture in a medical science class.

スピーキング 　（準備 20 秒、解答 60 秒）

Question: Using points and examples, explain what diabetes is and the three types of diabetes that people can have.

設問訳 ▶

　要点や例を利用して、糖尿病とは何か、そして人が発症する3つのタイプについて説明しなさい。

準備メモ ▶

質問のポイント：糖尿病（diabetes）とは何か、そして3種類の糖尿病について説明すること。

解答に含めるべきポイント：

◆**糖尿病**—インシュリンを生産あるいは利用したりできない。

◆**アメリカの現状**—患者数多い。3分の1はかかっていることも知らない。

◆**糖尿病の症状**—体重減少、疲労、視力低下、傷の治りが遅い、手足のまひ。

◆**3つのタイプの糖尿病**—

タイプ1 若年性糖尿病。遺伝や環境が原因。インシュリンが生産不能。

タイプ2 インシュリンを使えない。大人に発症多し。バランスの悪い食事や肥満が原因。

タイプ3 妊娠女性が発症。タイプ2と似ている。違いは出産後ほぼ治癒する。

MP3 409

M O D E L　A N S W E R

①The inability to use or even produce insulin is called "diabetes." ② There are many people in the U.S. with this disease and many people don't even know that they are sick. ③Among symptoms of the disease are unexplained weight loss, tiredness, changes in vision, slow healing of wounds and loss of feeling in the hands and feet. ④There are three types of diabetes. ⑤**In type 1** diabetes, the individual cannot produce insulin because of his or her genetic make-up or because of environmental factors. ⑥**In type 2**, the person has lost the ability to use the insulin that she produces. ⑦This type usually affects adults and is caused by overweight and years of unhealthy eating. ⑧**The third** type affects pregnant women and is very similar to type 2. ⑨The big difference is that the third type will usually disappear **after** the baby is born. (146 words)

訳 ....

①インシュリンを生産したり利用したりできなくなる症状は、糖尿病と呼ばれます。②アメリカには、この病気にかかっている人が数多くいますが、多くは自分が病気にかかっていることさえ知りません。③この病気の症状には、説明のつかないような体重の減少、疲労、視力の低下、傷の治りが遅いこと、手足の感覚がなくなることなどがあります。④この病気には3つのタイプがあります。⑤タイプ1の糖尿病では、遺伝や環境のせいでインシュリンが生産できません。⑥タイプ2では、患者は生産したインシュリンを使うことができません。⑦このタイプは主に大人に発症し、肥満や長年にわたるバランスの悪い食事が原因で起こります。⑧3つ目のタイプは、妊娠している女性が発症し、タイプ2と似ています。⑨大きな違いは、タイプ3は出産後たいてい治るということです。

リスニングスクリプト **講義**

Diabetes is a very common disease that has risen 6 times over the past 50 years and kills about 200,000 people every year. Currently, in the U.S., about 16 million people have diabetes and of those 16 million about one-third do not know that they have the disease. Diabetes is the inability of your body to produce or use insulin. Symptoms of the disease include unexplained weight loss, tiredness, changes in vision, slow healing of wounds and loss of feeling in the hands and feet. Insulin is a hormone that controls a sugar called glucose. There are three types of diabetes. Type 1, called juvenile diabetes, is characterized by an inability of the individual to produce insulin. This condition is usually the result of genetic or environmental factors. The person with type 1 diabetes has high levels of glucose in his or her blood. Type 2 diabetes, adult-onset diabetes is, characterized by an inability of the individual to use his or her insulin. Type 2 is the most common type and is connected to people being overweight and is usually the result of bad eating habits over a long period of time. The person with type 2 diabetes has high levels of insulin in his or her blood. The last type of diabetes is called gestational diabetes.

This type occurs in women who are pregnant and has characteristics similar to type 2 diabetes. Gestational diabetes can be controlled with a specific diet and will usually disappear after the baby is born.

講義訳 ···

医学の講義の一部を聞きなさい。

糖尿病は、過去50年にわたって6倍も増加してきた極めて一般的な病気ですが、それが原因で年間20万人が亡くなっています。現在アメリカでは、およそ1,600万人が糖尿病にかかっていますが、そのうちの約3分の1の人たちは、自分が病気にかかっていることを知りません。糖尿病は、体内でインシュリンが生産できなくなる病気です。糖尿病の症状には、説明のつかないような体重の減少、疲労、視力の低下、傷の治りが遅いこと、手足の感覚がなくなることなどがあります。インシュリンはグルコースと呼ばれる糖分を制御するホルモンです。3種類の糖尿病があります。タイプ1は、インシュリンの生産ができなくなったときに発症するもので、若年性糖尿病と呼ばれます。原因はたいてい遺伝、あるいは環境上の要因によるものです。患者のグルコースの血中濃度は高くなります。タイプ2の糖尿病は、自分のインシュリンを利用できないときに発症するもので、成人発症型糖尿病と呼ばれます。タイプ2が、最も一般的な型で、肥満と関連があり、たいていは、長期間にわたる悪い食習慣が原因です。患者のインシュリンの血中濃度は高くなります。糖尿病の最後のタイプは、妊娠性糖尿病と呼ばれるものです。このタイプは、妊娠中の女性に見られ、タイプ2の糖尿病と似ています。妊娠性糖尿病は、特定の食事をとることでコントロールすることができ、たいてい出産後には治るでしょう。

Exercise 2 ▶ PHYSICS ────────────────────────────

リスニング **講義**   MP3 **410**

Now listen to part of the lecture in a physics class.

スピーキング （準備 **20** 秒、解答 **60** 秒）

Question: Using points and examples from the talk, explain the purpose of an x-ray and why some objects appear on an x-ray and others do not.

設問訳 ▶

講義からの要点や例を用いて、X線の目的と、物体によりX線を通すものと通さないものがある理由について説明しなさい。

質問のポイント：X線の目的と、なぜX線に写る物質と、写らない物質があるのかを説明すること。

解答に含めるべきポイント：

◆**X線の目的**—骨に何か異常があるかどうかを確認、人が飲み込んでしまった物体を発見する。改良されたX線は、心臓、肺、腸の組織や血液の検査にも利用可能。

◆**X線に写る物体**—大きな原子から作られている。原子間のエネルギーが極めて強力なので、X線によって放出される光子を吸収する。

◆**X線に写らない物体**—小さな原子からできていれば、X線は簡単にそれを通り抜け、黒いフィルムに画像は写らない。

MP3 411

M O D E L   A N S W E R

①The purpose of an x-ray would be to look inside a person's body to see **if** they have any problems with their bones. ②An x-ray can **also** detect objects that have been swallowed by a person. ③**If** an x-ray is modified, it can be used to examine tissues of the heart, lungs, intestines and blood. ④The reason objects appear on an x-ray is because they are made of large atoms and the energy between these atoms is strong enough to absorb the photon molecules emitted by the x-ray. ⑤**If** a substance is made of small atoms then the x-ray will simply pass through it **and** will not supply an image on the black film. (116 words)

訳 ....

①X線の目的は、骨に何か異常があるかどうかを確認するために人間の体内を見ることにあるでしょう。②X線はまた人が飲み込んでしまった物体を発見することができます。③X線が改良されたものなら、心臓や肺や腸の組織や血液の検査にも利用できます。④物体がX線に写るのは、それが大きな原子から作られており、原子間のエネルギーが極めて強力なので、X線によって放出される光子を吸収するからです。⑤もし物質が小さな原子からできていれば、X線は簡単にそれを通り抜け、黒いフィルムに画像は写りません。

リスニングスクリプト **講義**

Today, class, we will be focusing on the X-ray. This invention came about by accident in 1895 by the German physicist Wilhelm Roentgen. The x-ray allows us to see through the skin to examine the bones and spaces inside the body or even objects that have been swallowed. A modified x-ray machine can pick up more specific areas such as the tissues of the heart, lungs, intestines and even the blood itself. Basically, an x-ray is the same thing as a light wave but the wavelengths themselves are much shorter. When these short x-ray waves run into another object they release energy in the form of a photon. If the object can absorb the photon energy, then an image is printed on a black piece of paper or film that is behind the object. Certain objects like bone are very strong collectors of x-ray photons but skin is not and that is why we can see the skeletal images of a person when they are x-rayed. The reason bones are able to collect the photon energy is because they are made of calcium. Metals and plastics also absorb x-ray photons which allow us to see any objects that may have been swallowed by a person. All of these objects have one thing in common and that is that their atoms are very large. Large atoms have strong energy connections and this energy can stop the x-ray from passing through.

講義訳 ⋯⋯⋯⋯⋯⋯⋯⋯⋯⋯⋯⋯⋯⋯⋯⋯⋯⋯⋯⋯⋯⋯⋯⋯⋯⋯⋯⋯⋯⋯⋯⋯⋯⋯⋯⋯⋯⋯

物理学の講義の一部を聞きなさい。

さてみなさん、今日はX線に焦点を当てていくことにしましょう。この発明は、1895年にドイツの物理学者ウィルヘルム・レントゲンによって偶然生まれたものです。X線を使うと、われわれは皮膚を透して見て、骨や体内の空間、そして飲み込まれてしまった物などを検査することができます。改良されたX線の機械を使えば、心臓や肺や腸の組織のようなより特定的な部位や、血液そのものまでも検査できます。基本的にX線は光波と同じですが、波長自体はずっと短いものです。このように短いX線の波が他の物体にぶつかると、光子という形でエネルギーを放出します。仮に物体が光子のエネルギーを吸収することができるなら、物体の後ろに置かれた黒い紙片やフィルムの上に画像が印刷されます。骨のようなある種の物体は、X線光子を極めて強力に集積するものですが、皮膚はそうではないため、X線を照射される人の骨格を見ることができるのです。骨が光子を集積することができるのは、カルシウムから作られているからです。金属やプラスチックもまた、X線光子を吸収するので、飲み込まれた可能性がある物体も見ることができます。このような物体にはすべて1つの共通点がありますが、それは物体の原子が非常に大きいことです。大きな原子は、強力なエネルギーの連結があり、このエネルギーにより、X線が通り抜けるのをとめることができるのです。

Exercise 3 ▶ **INTERNATIONAL RELATIONS** ─────────────

リスニング **講義** MP3 412

Now listen to part of the lecture in an international relations class.

Question: Using points and examples from the talk, explain several different ways to categorize countries as either "developed" or "developing" and the problems with the categorization.

設問訳

　講義からの要点と例を用いて、国を「先進国」か「発展途上国」のどちらかに分類するいくつかの方法とその分類に関する問題について説明しなさい。

準備メモ

質問のポイント：国の「先進国」「発展途上国」への分類とその問題について説明すること。

解答に含めるべきポイント：

◆先進国と発展途上国の分類―

　1. **GDP**　GDPを人口で割ったものが2万5千ドルを超えるとき「先進国」と判断される場合がある。

　2. **HDI**　HDIの場合、収入だけではなく、平均余命、教育水準も組み込まれ、0から1の数字で表される。1に近いほど発展していることを表しており、0.8の水準を超えると「先進国」と見なされる。

◆HDIの具体例―

　1. アルゼンチン HDI0.83（水準上回る）

　2. トルコ HDI0.76（水準下回る）

この2国は果たしてどちらに分類されるべきなのか。

MP3 413

M O D E L A N S W E R

①The lecturer explains that there are different ways to categorize countries as either "developed" or "developing", **and** even commonly used criteria like per capita GDP **and** the UN's Human Development Index can be applied in different ways. ②**In the case of** per capita GDP, which is simply GDP divided by population, some experts judge a country to be "developed" **when** this exceeds \$25,000. ③**In the case of** HDI, which factors in life expectancy and educational levels as well as income **and** expresses the country's level of development by a number between 0 and 1, with a number closer to 1 meaning the country is more "developed", there is still disagreement over how to categorize some countries. ④The lecturer shows this with the examples of Argentina (HDI 0.83), which exceeds the standard 0.80 for "developed" countries, and Turkey (HDI 0.76) which is below the standard. ⑤It is not clear whether either should be categorized as "developed" or "developing. (157 words)

訳 ・・・

①講師は国を「先進国」か「発展途上国」のどちらかに分類するいくつかの異なる方法があり、1人当たりのGDPのような一般的に利用される基準や国連のHDI（人間開発指数）でさえも異なる形で適用されていると説明しています。②1人当たりのGDPの場合は、単にGDPを人口で割ったものですが、これが2万5千ドルを超えるときに「先進国」であると判断する専門家もいます。③HDIの場合には、収入だけではなく平均余命や教育水準も組み込まれ、その国の発展水準を0から1の数字で表し、発展していればいるほど1に近い値になりますが、分類方法に関しては依然として合意が見られない国もあります。④講師は、「先進国」の0.80という水準を超えたHDI0.83のアルゼンチンとその水準を下回るHDI0.76のトルコの例を挙げて、このことを示しています。⑤このいずれかが、「先進国」か「発展途上国」のどちらに分類されるべきかが明確ではないということです。

リスニングスクリプト　　**講義**

Although we often hear people talking about "developed" and "developing" countries in various contexts, the average person does not have any clear idea of what criteria experts use to determine which countries are which. In fact, as I'll explain shortly, there is even disagreement among experts about which criteria to use when making these judgements, and there are no fixed maximums, or minimums even when specific criteria are agreed upon and used to make these judgements.

First, let's look at the most common criterion used to categorize countries as "developed" or "developing" - per capita gross domestic product. In order to calculate per capita gross domestic product, we simply divide a country's GDP by its population. This means, for example, that a small country with a GDP of $1 billion and a population of 50,000 has a per capita GDP of $ 20,000. However, although some experts consider a country to be developed when its per capita GDP is over $12,000, others set a much higher standard at $ 25,000.

The U.S.A, for example, has a per capita GDP of over $40,000.

Second, many other experts believe that other statistics such as infant mortality rates and levels of education and industrialization, need to be factored into the equation. For this reason, the United Nations has come up with its own criterion, HDI, for distinguishing developed from developing countries. This Human Development Index is derived by calculating life expectancy and educational attainment along with per capita income. HDI is expressed as a number between 0 and 1, the closer to 1 meaning the more developed the country is. Again, even after HDI is calculated, the exact line between "developed" and "developing" countries is not agreed upon, although an HDI of 0.80 or over generally indicates a "developed" country. For example, while the Netherlands (HDI 0.94) and Norway (HDI 0.92) are clearly "developed" countries, and China (HDI 0.72) and the Philippines (HDI 0.66) are clearly "developing" countries, countries like Argentina (HDI 0.83) and Turkey (0.76) could be judged to be in either category.

講義訳 ··

国際関係の講義の一部を聞きなさい。

私たちは様々な文脈でよく人々が「先進国」と「発展途上国」について話をするのを耳にしますが、どの国がどちらに属するのかを決めるために専門家がどのような基準を利用するのか、一般人には明確には何もわかっていません。実際のところ、これから私が説明するように、このような判断をするときにどのような基準を利用するのかについては専門家たちの間でさえも意見が分かれているのです。またこのような判断をするために特定の基準が合意に達し、それが使われたとしても、定まった最大あるいは最低基準といったものは存在していないのです。

まず、各国を「先進国」と「発展途上国」に分類するために利用される最も一般的な基準である、1人当たりのGDP(国内総生産)を見てみましょう。1人当たりのGDPを計算するためには、単純に一国のGDPを人口で割ります。これはつまり、例えば、GDPが10億ドルで人口が5万人の小さい国の場合は、1人当たりのGDPが2万ドルとなるのです。しかしながら、1人当たりのGDPが1万2千ドル以上であれば先進国と見なす専門家もいれば、2万5千ドルというより高い基準を設定する専門家もいます。例えば、アメリカの場合は、1人当たりのGDPが4万ドル以上です。

2つ目に、乳児死亡率や教育水準や産業化水準のようなその他の統計データが方程式を成立させるために組み込まれる必要があると信じる専門家たちもまた多くいます。このような理由により、国連では、「先進国」と「発展途上国」を区別するために独自の基準であるHDIを提唱してきました。このHDI(人間開発指数)は、1人当たりの収入とともに平均余命や学歴を計算することで得られます。HDIは0から1の間の数値で表され、国が発展していればいるほど1に近いことを意味しています。また0.8以上のHDIは一般的に「先進国」を表しますが、HDIが算出された後でさえ、「先進国」

と「発展途上国」との正確な線引は合意に達しません。例えば、HDI0.94のオランダと0.92のノルウエーは明確に「先進国」ですが、HDI0.72の中国と0.66のフィリピンは明らかに「発展途上国」と言えますが、HDI0.83のアルゼンチンや0.76のトルコはどちらのカテゴリーにも判断される可能性があるのです。

Exercise 4 ▶ **LAW** ─────────────────────────

| リスニング | 講 義 | | MP3 414 |

Now listen to part of the lecture in a law class.

| スピーキング | （準備 20 秒、解答 60 秒）

Question: Explain what forensics is, what types of evidence they collect for specific crimes, and what a body farm is.

| 設問訳 |

科学捜査とは何か、特定の犯罪のために収集する証拠にはどのようなタイプのものがあるか、そして遺体農場とは何かを説明しなさい。

| 準備メモ |

質問のポイント：科学捜査とは何か、特定の犯罪に対して集める証拠にはどのようなタイプのものがあるか、遺体農場とは何かを説明すること。
解答に含めるべきポイント：
◆**科学捜査**—犯罪を解決するために使われる科学の一種
◆**証拠のタイプ**—
　1. 血液や髪の毛を採取し分析。
　2. 犬から採取した唾液を分析。
　3. 木材のDNAの調査。
　4　爆発物確認のため、綿で荷物を拭き、それを分析。
◆**遺体農場**—研究対象となる遺体が置かれている場所。天候、動物、虫等が、遺体にどのような影響を及ぼすかが観察される。

| MP3 415 |

M O D E L   A N S W E R

①Forensics is the science that is used to solve crimes. ②Forensic scientists may collect and analyze blood and hair to identify criminals. ③They can analyze saliva from a dog to see whether the dog has bit someone. ④They **also** can check the DNA of lumber to see if the tree was cut down from a protected forest. ⑤They can **also** wipe luggage with a cotton material and analyze it in order to see if someone is carrying explosives. ⑥A body farm is a piece of land that has dead bodies on it which are used for studying how weather, animals, bugs and other things affect them. ⑦This information is then used to help interpret the evidence police find in an investigation. (121 words)

訳 ・・

①科学捜査とは、犯罪を解決するために使われる科学です。②犯罪捜査にあたる科学者たちは、犯罪者を突き止めるために、血液や髪の毛を採取し分析します。③犬が誰かをかんだかどうかを確認するために、犬から採取した唾液を分析します。④彼らはまた、木が保護された区域で伐採されたものかどうかを確認するために、木材のDNAを調べることもできます。⑤彼らはまた、人が爆発物を運んでいるかどうかを確認するために、綿で荷物を拭きそれを分析することができます。⑥遺体農場とは、そこに研究対象となる遺体が置かれている場所のことで、そこでは、天候や動物や虫やその他の条件が、遺体にどのような影響を及ぼすかが観察されます。⑦この情報は、警察が捜査中に発見したものを解釈するときに役立てるために利用されます。

リスニングスクリプト　　講義

Today in criminal justice class we will explore forensics. Forensics is using science to solve crimes. It's very difficult to commit a crime without leaving some type of evidence behind. Forensic biologists analyze blood, hair, and saliva to identify criminals. Forensic chemists look at powders and other materials for traces of drugs or explosives. Forensic anthropologists study bones to estimate how old people were when they died. Evidence can include saliva left on a chewed pencil or the back of a stamp. A dog's saliva can prove that the dog bit someone. DNA in lumber can be traced back to a tree that was illegally cut from a protected forest. Hair has DNA. So do skin cells that fall off our bodies all the time. Detectives sometimes find a body in the woods. They have to find out who that person was and what happened to him or her. If the body has been there long enough, it might be unrecognizable. To deal with problems like these, researchers in Tennessee turn to a unique outdoor lab often called the "body farm." A fence surrounds a large area of land, which is hilly and full of trees. Inside, more than 40 bodies lie in various stages of decay. Scientists watch the bodies closely to see what happens to them over time due to weather, animals, bugs, and other things. These observations give them useful information about how to interpret what police find. If you've ever been to an airport, you may have seen an official wipe your luggage with a cotton material, which is then put in a machine. Forensic chemists invented the machine to identify people who are carrying explosives.

講義訳 ┈┈┈

法律の講義の一部を聞きなさい。

今日の刑事裁判の授業では、科学捜査について詳しく見ていくことにします。科学捜査とは、犯罪解決のために科学を利用するものです。何の証拠も残さずに犯罪を行うことは極めて難しいのです。法廷生物学者は、犯罪者を割り出すために、血液や髪の毛や唾液を分析します。法廷化学者は、ドラッグや爆発物の痕跡を求めて粉やその他の物質を検査します。法廷人類学者は、人が亡くなったときの年齢を推定するために骨を調べます。かまれた鉛筆や切手の裏側に付着している唾液も証拠になりえます。犬の唾液は、その犬が誰かをかんだことを証明します。木材に含まれるDNAから、保護されている森林から違法に切り取られた木を突き止めることも可能です。髪の毛にもDNAが含まれています。常に体から落ちる皮膚の細胞にしても同じことがいえます。刑事たちは時に森で死体を発見することがあります。彼らは、その人物が誰なのか、その人物に何が起こったのかを探り出さなければなりません。死体が長時間その場に放置されていると、身元がわからないことがあるかもしれません。このような問題を解決するために、テネシー州の研究者たちは、よく遺体農場と呼ばれる独自の屋外実験室に目を向けています。丘陵地で木々が生い茂った広大な敷地がフェンスで囲まれています。中には、さまざまな腐敗状態にある40体以上もの遺体が安置されています。時間の経過とともに、天候、動物、虫やその他の条件が作用して、どのような変化が起こるのかを見るために、科学者たちは綿密に遺体を観察します。彼らは警察が発見したものをどのように解釈すればいいかということを知るうえで、このような観察が役に立っているわけです。空港に行ったことがあるなら、あなたの荷物を綿素材で拭いて、それを機械に入れるのを見たことがあるかもしれません。法廷化学者は、爆発物を運んでいる人を割り出すためにこの機械を発明したのです。

Exercise 5 ▶ **ASTRONOMY 2** ────────────────────

リスニング　**講義**　　　　　　　　　　　　　　　　　MP3 416

Now listen to part of the lecture in an astronomy class.

Question: Using points and examples from the talk, explain how a comet and the coma are formed, and what scientists found by studying Haley's comet.

設問訳

　講義からの要点と例を用いて、彗星とそのコマがどのように形成され、科学者がハレー彗星を研究したことから何を発見したのかを説明しなさい。

準備メモ

質問のポイント：彗星とそのコマの形成のされ方、ハレー彗星の研究から科学者が発見したことについて説明すること。

解答に含めるべきポイント：

◆**彗星の形成**—ちりや氷や惑星になれなかったその他の物質からできている。彗星は、ほんの数キロの幅しかない単なる小さな核から生まれるが、太陽に近づくにつれて氷の一部が直接蒸気に変わり、これがコマを作る。

◆**コマの形成**—コマは核よりもずっと大きなもので、その後、太陽風が彗星から噴出する粒子の流れを作り出すが、これが彗星の尾である。彗星の尾は長く、地球からも見える。そのため、完全体となった彗星は常に太陽から離れていく動きを取り、その尾の後を追いかける。

◆**ハレー彗星の研究からの発見**—酸素や水素のような元素の比率が人体と彗星では似ている。

MP3 417

M O D E L   A N S W E R

①**According to** the lecture, comets are balls of dust and ice and other materials that never became planets. ②A comet starts as just a small nucleus which is only a few kilometers wide, **but as** it gets closer to the Sun, some of its ice turns directly into vapor, **and** this makes the coma. ③The coma is much bigger than the nucleus. ④**After that**, solar winds create streams of particles which flow out of the comet, **and** this is the tail of the comet. ⑤The tail of a comet can be over 150 million kilometers long **and** can be seen from Earth. ⑥**So**, a fully-formed comet is always moving away from the Sun, following its tail. ⑦Scientists learned from studying Haley's Comet that the proportion of elements like oxygen **and** hydrogen is similar in humans and in comets. (138 words)

訳 ....

①講義によると、彗星は、ちりや氷や惑星になれなかったその他の物質からできているということです。②彗星は、ほんの数キロの幅しかない単なる小さな核から始まるが、太陽に近づくにつれて氷の一部が直接蒸気に変わり、これがコマを作り出すのです。③コマは核よりもずっと大きなものです。④その後、太陽風が彗星から噴出する粒子の流れを作り出しますが、これが彗星の尾です。⑤彗星の尾は1億5千万キロ以上の長さにもなることがあり、地球からも見ることができます。⑥そのため、完全体となった彗星は常に太陽から離れていく動きを取り、その尾の後を追いかけるのです。⑦科学者たちはハレー彗星の研究から、酸素や水素のような元素の比率が人体と彗星では似ているということを知りました。

リスニングスクリプト　　**講義**

The appearance of comets blazing across the night sky has long inspired both awe and alarm in human beings. We now know that comets are balls of dust and ice, made up of leftover materials that did not become planets during the formation of our solar system. Comets travel around the sun in a highly elliptical orbit. When a comet is far from the Sun, it is made up only of its nucleus, which is several kilometers wide, but as the comet moves closer to the Sun – not close, just closer – some of its ice turns directly into vapor, without melting into liquid first. This creates a cloud of gas known as the coma, which is substantially larger than the nucleus. Then, solar winds disrupt rock particles, dust, and gas, creating streams of particles flowing out of the coma, which we know as the tail of a comet. These tails can exceed 150 million kilometers in length and are visible from Earth. Because the tails are caused by solar winds, they are always moving away from the Sun. Therefore, it might surprise you to know that a comet which is travelling away from the Sun is actually following its tail. Comets in which the ice is transforming into vapor and a tail is streaming out of the coma can reach the speeds up to 160,000 kilometers per hour, with velocity increasing as the comet nears the Sun and decreasing as it moves further away from the Sun. In fact, scientists were surprised to find when Halley's Comet last came close to Earth in 1986 that comets are made up of carbon, hydrogen, oxygen, and nitrogen in

第4章 トピック別対策とスピーキング実戦演習

proportions which are similar to those in the human body.

　天文学の講義の一部を聞きなさい。

　夜空を燃えながら流れる彗星の姿は人間に畏敬の念と驚きを呼び起こしてきました。我々は今では、彗星が太陽系の形成中に惑星になれなかった残骸物質から構成されたちりと氷の玉であることを知っています。彗星は、ほぼ楕円形の軌道で太陽の周りを移動します。彗星が太陽から遠く離れているとき、それは数キロの幅がある核のみから構成されているが、彗星が太陽に近づいて移動するにつれて、つまり近接ではなく少し近づくと、その氷の一部が、まず溶解して液体になることなしに直接蒸気へと変わります。これにより気体の固まりが発生し、これはコマと呼ばれ、核よりもかなり大きなものです。太陽風が岩石粒子やちりや気体をかき乱し、我々が彗星の尾として知るコマから噴き出す粒子の流れを作り出すのです。このような尾は全長1億5千万キロを超えることがあり、地球からも見ることができます。この尾は太陽風が原因となって発生するので、常に太陽から離れるように移動していきます。太陽から離れていく彗星は、実際はその尾の後についていくことを知ってみなさんも驚かれるかもしれません。氷を蒸気へと変貌させ、その尾がコマから流れ出る彗星は時速16万キロに達することもあり、彗星が太陽に近づくにつれてスピードが増し、太陽から離れていくにつれてスピードは遅くなります。実際、ハレー彗星が1986年に最後に地球に接近した時に、彗星は、人体の構成比率に似た比率の炭素、水素、酸素、窒素から構成されていることを知って科学者たちは驚いたのです。

Exercise 6　HEALTH SCIENCE

リスニング　　**講義**　　　　　　　　　　　　　　　　　　MP3 418

　Now listen to part of the lecture in a health science class.

スピーキング　（準備20秒、解答60秒）

Question: Explain what information a recent study has provided, and what explanations are provided as the reason for this situation.

設問訳

　最近の研究はどのような情報を提供しているか、そしてこのような状況の原因としてどのような説明がなされているかを説明しなさい。

質問のポイント：最近の研究内容と、このような状況の原因について説明すること。

解答に含めるべきポイント：

◆**最近の研究**—子供たちは、彼らの前の世代と比較すると、42パーセントも多く腕の骨を折っている。

◆**原因と考えられる要素**—

1. 子供の運動量が増えた。
2. 子供の食事が骨を弱くする。今の世代はカルシウムを含むミルクの代わりにソーダを飲む。
3. 家庭の娯楽（ビデオゲーム、ケーブルテレビ、DVDレコーダー、コンピュータ）が増え運動不足につながる。

MP3 419

MODEL ANSWER

①The information in a recent study has shown that kids break their arms 42 percent more often than the generation before them did. ②The explanations provided include the theory that the activity level of children has increased. ③**Another** idea is that the diet of children nowadays may weaken their bones. ④The previous generation would drink milk or juice during their meals **but** today's generation is drinking soda. ⑤Milk has calcium, **and** this helps maintain bone strength. ⑥**Another** theory is that children's lack of exercise, **due to** the increase of home entertainment like video games, cable TV, DVD recorders and computers, is affecting their ability to reduce the chance of injury. (110 words)

訳 ··

①最近の研究の情報によると、子供たちは、彼らの前の世代と比較すると、42パーセントも多く腕の骨を折っているといいます。②それに対する説明には、子供の運動量が増えたという説も含まれています。③また最近では、子供の食事が骨を弱くするかもしれないという説もあります。④前の世代は、食事中にジュースやミルクを飲んでいましたが、今の世代はソーダを飲んでいます。⑤ミルクにはカルシウムが含まれていて、これが骨の強化に役立ちます。⑥また一説には、ビデオゲーム、ケーブルテレビ、DVDレコーダー、コンピュータのような家庭での娯楽が増えたために子供が運動不足になり、それが負傷する確率を減らす能力に影響を与えているともいわれています。

第4章 トピック別対策とスピーキング実戦演習

Kids have always done dangerous things and consequently injured themselves but an important statistic has been revealed. A recent study found that young people today are breaking bones far more often than kids did just 30 years ago. Research done by a reputable group of analysts compared groups of young people from two different generations. It turns out that there were 42 percent more broken arms in the more recent period. The males showed an increase of accidents during activities such as inline skating, skateboarding, skiing, hockey, and bicycling. Female accidents centered on skating, skiing, soccer, and basketball. One possible explanation for this may be the increase in children's activity level. Another problem may have to do with diet. There has been a considerable increase in the percentage of children drinking soda instead of juice or milk. Milk contains calcium which helps to strengthen bones. Soda, on the other hand, contains many chemicals which actually weaken bones. One other major issue to consider is the increase in home entertainment. Nowadays there are video games, cable TV, DVD recorders and computers that keep children in the house sitting on a chair or sofa. Lack of exercise makes a person more prone to injury. In order to avoid this problem doctors recommend a balanced diet that includes a daily source of calcium and moderate daily exercise.

講義訳 --

健康科学の講義の一部を聞きなさい。

　子供は常に危険なことをして、その結果、怪我をするのが常でしたが、ある重要な統計値が示されました。最近の研究が、現代の若者は30年前の子供たちよりもはるかに頻繁に骨を折っているということを示していました。評判の良い専門家グループによって行われた研究では、2つの異なった世代の若者のグループを比較していました。より最近の世代の子供たちのほうが腕を骨折するケースが42パーセントも多いことが判明しています。男子は、インラインスケート、スケートボード、スキー、ホッケー、自転車などの活動の最中に起こる事故が増加していることを示していました。女子の事故は、スケート、スキー、サッカー、バスケットボールが中心でした。これに対する1つの説明は、子供の活動が増えたせいかもしれないということでした。もう1つの問題は食事です。ジュースやミルクの代わりにソーダを飲む子供たちの数がかなり増えてきました。ミルクには、骨を丈夫にするのに一役買うカルシウムが含まれています。一方、ソーダには、実際に骨を弱くする多くの化学物質が含まれています。考慮すべきもう1つの大きな問題は、家庭での娯楽の増加です。最近では、子供たちが、家でいすやソファに腰掛けながらできるビデオゲームやケーブルテレビやDVDレコーダーやコンピュータがあります。運動不足のために、人間の体は怪我をしやすくなるのです。だから、この問題を避けるために、医者は、カルシウム源を含むバランスの取れた食事

と、子供が、毎日適度な運動をすることを勧めています。

Exercise 7 ▶ ANTHROPOLOGY ───────────────

リスニング　**講義**　　　　　　　　　　　　　　　　　**MP3 420**

Now listen to part of the lecture in an anthropology class.

スピーキング　（準備 20 秒、解答 60 秒）

> **Question:** Explain in what respects the fossil remains found in Chad
> are ape-like and in which respects they are human-like.

設問訳

　チャドで発見された化石は、どのような点でサルに似ていて、どのような点で人間に
似ているのかを説明しなさい。

準備メモ 》

質問のポイント：発見された化石とサルや人間との類似と相違点を説明すること。
解答に含めるべきポイント：

◆**類似点―**

1. 歯、あご、顔が人間と類似。
2. 頭蓋骨と首のつながれ方が2本足で歩いていた可能性を示唆。ただし足の骨が
   発見されるまではこのことを確認できない。

◆**相違点―**頭蓋骨自体が人間の大きさの脳を収容できるほど十分に大きくない。

MP3 421

M O D E L　A N S W E R

①**According to** the scientists that studied the fossils remains, the teeth
are very similar to human teeth. ②The jaw and the face of the fossil also
appeared to have similar human characteristics. ③The way that the
skull is connected to the neck suggests that the creature probably
walked on two legs **but** that question cannot be answered definitely
until the leg bones are discovered. ④The difference between this skull
and fossil skulls of homo sapience is that the skull itself was not large

enough to hold hominid brain. (88 words)

訳
①化石を研究した科学者たちによると、歯は人間の歯に非常に似ています。②化石のあごと顔もまた人間と同様の特徴を備えているようでした。③頭蓋骨と首のつながれ方は、その生き物がおそらく2本足で歩いていたことを示していましたが、足の骨が発見されるまではその質問に答えることはできません。④この頭蓋骨とホモ・サピエンスの頭蓋骨の唯一の違いは、頭蓋骨自体が人間の大きさの脳を収容できるほど十分に大きくないということでした。

リスニングスクリプト　**講義**

The difference between ape and human is pretty clear. But, millions of years ago it would not be so easy to say that. A discovery of fossil remains in the area of Chad in Africa revealed a skull that has scientists confused. The fossils date back about 6 or 7 million years. Some of the scientists are saying that it is more human-like while others contend that it is more ape-like. The researchers used a computer to fill in all of the pieces that were missing from the skull and were able to create a 3-D image of it. The teeth of this creature looked more human than ape and so did the jaw. Its face was flat like a human's as well. A problem was that the skull itself is not very large and could not hold a brain that would be big enough to be considered human. However, the way that the skull meets the neck suggests that the creature could probably stand up and walk on two legs, but scientists say that since leg bones are missing, this cannot be confirmed. The information is good enough for one group to claim that this creature is the earliest example of Homo sapience discovered to date, the first human being on the planet. The other group is claiming, however, that this species is a connection between chimpanzees and modern humans.

講義訳

人類学の講義の一部を聞きなさい。

サルと人間の違いはかなりはっきりしています。しかし、何百万年前なら、簡単にそうは言えなかったでしょう。アフリカのチャド地域での化石の発見により、科学者たちを混乱させる頭蓋骨の存在が明らかになりました。その化石は600 〜 700万年ほど昔のものです。その科学者たちの中には、それがよりサルに近いと主張する者もいれば、より人間に近いと主張する者もいます。研究者たちは、頭蓋骨から欠落している破片のすべてを埋めるために、コンピュータを利用して、3次元の像を作りだすことができました。この生き物の歯は、サルよりも人間に似ていて、あごもまたより人間に

似ていました。その顔はまた人間の顔のように平たかったのです。問題は、その頭蓋骨自体があまり大きくなく、人間と見なすことができるほど十分な大きさの脳を納めることができなかったのです。しかし、頭蓋骨と首のつながり方は、その生き物が、おそらく立って2本足で歩くことができたことを示唆していますが、足の骨が見つかっていないので、このことを確認することはできないと科学者たちは言います。この情報は、ある研究者グループが、この生き物がこれまで発見されてきたホモ・サピエンスの最も初期の実例だと主張するのに十分な根拠を備えています。しかし別のグループは、この種は、チンパンジーと現代の人間をつなぐ存在であると主張しています。

Exercise 8　GEOLOGY

リスニング　講義　　　　　　　　　　MP3 422

Now listen to part of the lecture in a geology class.

スピーキング　（準備20秒、解答60秒）

Question: Using points and examples from the talk, explain what a glacier is, how glaciers affect the earth and what changes they bring about.

設問訳

講義からの要点と例を用いて、氷河とはどのようなものか、氷河がどのように地球に影響し、どのような変化をもたらすかを説明しなさい。

準備メモ

質問のポイント：氷河とは何か、氷河の地球への影響、氷河がもたらす変化。
解答に含めるべきポイント：
◆**氷河とは**—川のように動く氷の大きな塊。重力で下に流れる。
◆**地球への影響**—
　1. 移動で地球の表面をこすりとる。渓谷や河川の形成の一因となる。
　2. 氷解で堆積物放出。丘陵地を形成。
◆**氷河がもたらす変化**—氷解すると海抜上昇。地球の温暖化で、陸地は水で覆われる可能性。結果としてこの地域に大きな問題をもたらす。

第4章 トピック別対策とスピーキング実戦演習

3. Academic Topics（学問教科関連のトピック）

M O D E L   A N S W E R

①A glacier is a huge mass of ice that acts like a river, moving downhill under the influence of gravity. ②Glaciers scrape the surface of the earth as they move, helping to create valleys or rivers. ③**As** a glacier begins to melt it lets go of sediment that it has picked up and deposits it in one area, creating hills. ④Glaciers **also** affect sea levels. ⑤**As** a glacier melts sea levels rise. ⑥**If** global warming causes this melting to continue, **then** areas of land such as islands or coastlines will become covered by ocean. ⑦This could cause major problems for houses and business that are located in coastal areas.（109 words）

訳 ....

①氷河は、川のような動きをする氷の大きな塊で、重力の影響を受けて下に流れます。②氷河は移動するときに地球の表面をこすりとりますが、それが渓谷や河川が形成される一因となります。③氷河が氷解するときに、集積してきた堆積物を放出し、一箇所に堆積して、丘陵地が形成されます。④氷河はまた海抜に影響します。⑤氷河が氷解すると海抜が上昇します。⑥地球の温暖化によるこの氷解が続けば、島や海岸線のような陸地は水で覆われることになるでしょう。⑦このようなことになれば、この地域にある家屋や事業にとって大きな問題をもたらすことになるでしょう。

リスニングスクリプト　　**講義**

Over the last 25,000 years glaciers have had a greater effect on our planet's surface than earthquakes, volcanoes, hurricanes, or floods. A glacier is a large mass of ice that acts like a river, flowing downhill under the influence of gravity. As the front of a flowing glacier moves downhill, it scrapes the land surface, picking up rock and soil and trapping it in the ice. If snow keeps falling and temperatures stay cold enough, glaciers will continue to move downhill, eventually reaching a point of active balance. Here, the rate of melting at the front of the glacier is exactly balanced by the flow rate of the glacier from the back. While it may look like the glacier has stopped, the flow of ice is uninterrupted, so large piles of sediment begin to build up at the base of the glacier. When the glacier retreats, the deposits become terminal moraines. These obvious signs of past glacial action often reach several hundred meters in thickness. Glaciers can have an enormous effect on sea levels around the world. Toward the end of the last ice age, 12,000 years ago, sea levels were almost 300 feet lower than they are today. If global warming occurs, some scientists theorize that melting glaciers in the next century could cause a rise in sea levels worldwide.

講義訳

地質学の講義の一部を聞きなさい。

過去2万5千年にわたって、氷河は、地震や火山やハリケーンや洪水よりも大きな影響を地表に与えてきました。氷河は、川のような動きをする氷の大きな塊で、重力の影響を受けて下に流れます。流れていく氷河の正面部が下方に移動するにつれて、それは地表をこすりとり、岩と土を拾い、それを氷の中に取り込んでいきます。雪が降り続けて、気温が十分に低ければ、下方に移動し続ける習性があり、最終的には氷解よりも凍るほうが多くなる黒字のポイントに達します。ここでは、氷河の正面部の氷解の速度は、後部からの氷河の流速によって正確に調節されています。氷河が止まってしまったように見えるかもしれませんが、氷の流れはさえぎられることはありません。そこで大量の堆積物が、氷河の底部に蓄積し始めます。氷河が後退するとき、堆積物は最終的な氷堆石になります。過去の氷河の動きを明らかに示すこのような堆積物は、しばしば数百メートルの厚さに達することがあります。氷河は世界中の海抜に莫大な影響を与えます。1万2千年前の最後の氷河期の終わり近くには、海抜は現在よりもほぼ300フィート低かったのです。地球の温暖化が進めば、次の世紀には氷解した氷河が世界中の海抜を上昇させることになると理論づけている科学者たちもいます。

Exercise 9 ▶ LINGUISTICS

リスニング　　**講義**　　　　　　　　　　　　　　　**MP3 424**

Now listen to part of the lecture in a linguistics class.

スピーキング　（準備20秒、解答60秒）

Question: Using points and examples from the talk, explain how English developed into a "hybrid" language.

設問訳

講義からの要点と例を用いて、英語がどのように混成言語に発達したのかを説明しなさい。

準備メモ

質問のポイント：英語がどのように混成言語に発達したのか。

解答に含めるべきポイント：

◆もとはイギリスの農夫や職人に使われていた簡単な言語。ほとんどの語彙、文法はゲルマン語の起源。1066年のノルマン人の侵略後、フランス語、ラテン語が流入。フランス語、ラテン語がルーツの語彙は宗教、科学、芸術の新しい概念を表すために使われるようになる。新しい概念は上流階級のフランス人によって話されていた言語を反映している。結果として、英語が混成言語になった。

MP3 425

M O D E L   A N S W E R

①English was originally a very basic language used by farmers and craftsmen in England. ②Most of its early vocabulary and its grammar are Germanic in origin. ③**After** the Norman Invasion of 1066, French and Latin words entered the language **as well**. ④These words did not replace the basic vocabulary, **but instead** were used to explain new concepts in religion, science and art. ⑤These ideas accompanied the Norman Invasion **and** reflected the language spoken by the upper-class French people. ⑥**As a result**, the English language became a mixture of its Germanic roots and the newer French and Latin additions. ⑦It is truly a hybrid language. (104 words)

訳 ‧‧

①英語はもともとイギリスの農夫や職人によって使われていた極めて簡単な言語でした。②その初期の語彙と文法のほとんどは、その起源がゲルマン語です。③1066年のノルマン人の侵略後、フランス語とラテン語もまた英語に入ってきました。④これらの単語が基本的な語彙表現に取って代わることはありませんでしたが、代わりに、宗教、科学、芸術の分野における新しい概念を説明するために使われました。⑤このような概念がノルマン人の侵略とともに流入してきて、上流階級のフランス人によって話される言語を反映していました。⑥結果として英語は、ゲルマン起源の語彙に、より新しいフランス語とラテン語の語彙が加わり混成語となりました。⑦それはまさに混成言語です。

リスニングスクリプト　　**講義**

　The English language is truly a hybrid language; that is, it combines the grammatical structures and basic vocabulary of a Germanic language with a wealth of vocabulary which is mostly French and Latin in origin. Before the Norman Invasion in 1066 A.D., England was a land of farmers and craftsmen, isolated for the most part from cultural developments on the Continent.

The "simple" language of everyday conversation in English still reflects its Germanic origins. Nouns like water, bread, man and woman and verbs such as come, make, speak and think are closely related to corresponding German words. Even the prevalence in spoken English of phrasal verbs such as get up, take out and give back, shows how deeply English is rooted in its Germanic origins. Yet, the Norman Invasion in the 11th century brought in a virtual flood of French and Latin words. Although for the most part the everyday vocabulary of French did not replace the everyday vocabulary of English, there was an influx of new and specialized vocabulary from religion, philosophy, the arts and sciences which had been developing for hundreds of years on the Continent. Essentially, this brought to the English people the language of the court and educated upper classes of France. As a result, most of the technical language used today in fields such as medicine, law, and physics, along with so-called "higher" everyday vocabulary, such as communicate, explain and educate, is French and/or Latin in origin. The tendency in formal written English to replace phrasal verbs with more formal-sounding words of French and Latin origin is further evidence of the hybrid character of the language.

講義訳 ・・

言語学の講義の一部を聞きなさい。

英語はまさに混成言語です。つまり英語は、ゲルマン語の文法構造と基本語彙が、大部分はフランス語とラテン語が起源の豊富な語彙と混じり合ってできあがったものです。1066年のノルマン人の侵略以前は、イギリスは、大陸の文化的発達とは大部分が隔絶された農民と職人の土地でした。英語の日常会話で使われる「簡単な」言葉は、依然としてゲルマン語の起源を反映しています。water（水）、bread（パン）、man（男）、woman（女）のような名詞やcome（来る）、make（作る）、speak（話す）、think（考える）というような動詞は、相対するゲルマン語に密接に関連しているのです。口語英語で、get up（起きる）、take out（取り出す）give back（返す）というような句動詞が頻繁に使われることも、英語がいかに深くゲルマン語の起源に根ざしているかを示すものです。しかし、11世紀のノルマン人の侵略が起こり、フランス語とラテン語がほとんど洪水のように流入して来ました。フランス語の日常的な語彙が英語の日常的な語彙に取って代わることはほとんどありませんでしたが、ヨーロッパ大陸で何百年もの間発達してきていた宗教、哲学、芸術、科学の分野から、新しく専門的な語彙が流入してきました。基本的には、このことが、イギリス人に、フランスの宮廷と教養の高い上流階級の言葉をもたらすことになりました。結果として、communicate（知らせる）、explain（説明する）、educate（教育する）のようなより格調高い日常語彙とともに、医学、法律、物理学のような分野で使われている専門用語のほとんどは、その起源はフランス語とラテン語か、あるいはそのいずれかです。正式な書き言葉で、句動詞

がフランス語やラテン語が起源のよりフォーマルな響きを持つ語に代わって用いられるのは、英語の混成的な性格を表すさらなる証拠といえるでしょう。

リスニング　**講　義**　　　　　　　　　　　　　　　　　　　　**MP3 426**

Now listen to part of the lecture in a sociology class.

スピーキング　（準備 20 秒、解答 60 秒）

Question: Using points and examples from the talk, explain how "tribalization" is changing American sense of identity.

設問訳

　講義の要点や例を用いて、「種族化」がどのようにして、アイデンティティに対するアメリカ人の感覚を変えてきたのかを説明しなさい。

準備メモ

質問のポイント：「種族化」(tribalization)とは何か。

解答に含めるべきポイント：

◆国家的なアイデンティティというより、民族、性別、性行動というようなサブグループのメンバーとして強く認識している。第2次世界大戦以前は、アメリカ人であることが重要だった。現在では、自分の独自性と異質な点により注目するようになっている。「種族化」とはつまりサブグループとの一体感。協力し合うというより、競い合う違った種族の構成員に似ている。共通の敵を持つことがアメリカ人を統一していた。現在ではテロがその役割を果たすかもしれない。

MP3 427

M O D E L 　 A N S W E R

①**In the talk**, we hear that Americans now strongly identify themselves as members of sub-groups, like their race or gender or sexual preference more than their national identity. ②This is a big change from before World War II, **when** being American was very important to people's identities. ③One possible explanation for this is that American society today puts a big emphasis on diversity, **and so** people focus more now on their uniqueness and their differences. ④ "Tribalization" describes people's identification with sub-groups — they're like members of different tribes who compete instead of cooperating with each other. ⑤ Having a common enemy united Americans in the past — **maybe** terrorism will unite them again. (111 words)

訳 ······

①講義の中では、アメリカ人は、現在自分たち自身のことを、国家としてのアイデンティティというよりむしろ、人種や性別や性的嗜好のようなサブグループのメンバーだということを強く認識していると説明されています。②これは、アメリカ人であることが、国民のアイデンティティにとってはとても重要であった第2次世界大戦以前からすると、大きな変化です。③今日アメリカ人は多様性を大いに重視するようになり、そのため人々は自分たちの独自性や異質な点をより注目していることが、この現象に対する1つの説明といえるかもしれません。④「種族化」とは、人々のサブグループとの一体感のことを表しており、お互いに協力し合う代わりに、お互いに競い合う違った種族のメンバーのようなものです。⑤昔は、共通の敵を持つことがアメリカ人を統一していました。おそらくテロが再び彼らを統一することになるかもしれません。

リスニングスクリプト　**講義**

　Recently, social scientists have noticed a disturbing trend in studies on American identity. Whereas past generations of Americans reported a strong feeling of identity as Americans, middle-aged and younger Americans are now reporting a stronger feeling of identity, as members of sub-groups in society; sub-groups, for example, of gender, race or ethnicity, social class, generation and even sexual preference. What that means is that Mr. A identifies himself most strongly as, for example, a white, working-class, gay male, and Ms. A identifies herself most strongly as, for example, a black, professional, "baby boomer" female. Put simply, Americans today identify themselves not by what they have in common with other Americans, but rather by their differences. Some sociologists and political scientists have labeled this trend "tribalization" — suggesting that because "tribes" of special interest groups compete for power in contemporary American society, discord rather than social harmony has become the norm, and one's primary identity, therefore, is with one's "tribe".

　What factors may have contributed to this weakening of American identity

第4章

トピック別対策とスピーキング実戦演習

and the increasing "tribalization" of American society? If we go back to the period before the 1960's, we can find that Americans shared a common heritage as descendants of immigrants, and felt that not only in World War II but also in the Cold War that followed, they shared common goals — perhaps reinforced by a perceived common enemy. Since the 1960's, as various social movements have promoted pride in diversity, and emphasized the uniqueness and special interests of these smaller sub-groups, identity and membership in exclusive groups has become more important to the average American. Whether in school, at work, in the community, or in society as a whole, they compete, seeking recognition for their common goals. It will be interesting to see if the threat of terrorism and a perceived common enemy will have any effect on reducing this trend.

講義訳 ・・・

　社会学の講義の一部を聞きなさい。

　最近、社会科学者たちは、アメリカ人のアイデンティティに関する研究における不穏な傾向に気づいてきました。昔の世代のアメリカ人は、アメリカ人として、強いアイデンティティの感情を打ち出していましたが、中年あるいは若いアメリカ人は、現在、例えば、性別、人種、民族性、社会的階級、世代、さらには性的嗜好で分けられるようなサブグループのメンバーとして、さらに強いアイデンティティの感情を打ち出しつつあります。これはつまり、A氏は自分自身を、例えば、白人の労働者階級のゲイ男性として最も強くとらえており、またAさんは、自分自身を、例えば、黒人の専門職に就く団塊の世代の女性として最も強くとらえているというようになります。簡単に言えば、今日アメリカ人は、他のアメリカ人の共通点によって自分自身をとらえているのではなく、むしろ相違点によってとらえているということです。社会学者や政治学者の中には、この傾向を種族化と名づけてきた人たちもいます。つまり、特別な利益グループの「種族」が、現代のアメリカ社会において、権力を求めて競い合うので、社会的調和というよりも、むしろ不和が常態となりつつあり、そのため、ある1つの大きなアイデンティティは、1つの「種族」と見なされるのです。

　このアメリカのアイデンティティの弱体化とアメリカ社会の「種族化」の進行にはどのような要素が起因していたと言えるのでしょうか。1960年代以前に戻れば、アメリカ人が移民の子孫として、共通の遺産を分かち合っていたこと、そして第2次世界大戦時だけではなく、その後に続いた冷戦期にも、アメリカ人は、おそらくはっきりと認識できた共通の敵によって強められた共通の目標を分かち合っていると感じていたことがわかります。1960年代から、さまざまな社会運動が、さまざまな形での誇りを発達させ、さらに小さなサブグループの独自性や特別な利益を強調するようになるにつれて、平均的なアメリカ人にとって、排他的なグループの中でのアイデンティティや構成員としての資格がより重要になってきました。学校にあっても、職場にあっても、地域社会にあっても、あるいは総じて社会にあっても、彼らは、共通の目的での評価を求め

て競争をしています。テロやはっきりと認識された共通の敵の脅威が、この傾向を弱めることに何らか影響を及ぼすかどうか調べてみることは興味深いことでしょう。

第5章

Chapter 5

TOEFLスピーキング
模擬テスト

スピーキング試験では、4つの質問に答えます。すでに本書を学習された方は解答の手順をよくご存知でしょうが、ここでもう一度試験の流れを確認しておきましょう。試験時間は約15 〜 20分です。

◆スピーキングでは試験時間の感覚をつかむことは何より重要です。ストップウォッチを用意して時間の指示に従って解答してください。

◆解答は、録音してください。ボイスレコーダーへの録音をお勧めします。後で聞くと自分の弱点がはっきり見え進歩の跡が確認できます。

Question 1
①質問を聞く（聞きながら質問のポイントをメモする）

②Begin speaking after the beep. の後に続く準備時間の15秒（無音）で話す内容や具体的な例をまとめる。

③ビープ音の後話し始める。この時点で音声を止めてください。話す時間は45秒。必ず時間を守ること。

Question 2·3
①まず45秒でパッセージに目を通す（メモを取る）。音声ではパッセージを読む指示文のStart reading it now. の後の間を取っていないので、音声を停止して45秒で読み、リスニングに進んでください。

②トピックに関する会話/講義を聞く（ここでもメモを取る）。

③Begin speaking after the beep. の後に続く準備時間の30秒（無音）でメモだけを見て解答の準備をする。

④ビープ音の後話し始める。この時点で音声を止めてください。話す時間は60秒。必ず時間を守ること。

Question 4
①まずトピックに関する会話/講義を聞く（メモを取る）。

②Begin speaking after the beep. の後に続く準備時間の20秒（無音）で、メモだけを見て解答の準備をする。ビープ音の後に解答を始めてください。

③ビープ音の後話し始める。この時点で音声を止めてください。話す時間は60秒。必ず時間を守ること。

2. TOEFL スピーキング模擬テストが終了したら

◆自己採点する

MODEL ANSWERは4点レベルです。これを参考にして、ご自分で採点してみてください。採点の基準とレベル別の解答を第2章のスピーキング問題の徹底分析と対策に掲載していますので、参考にしてください。

◆得点の目安を出してみよう

各Questionの配点は4点ですから、合計で16点です。スピーキングセクションは、素点が30点満点に換算されます。以下の換算表を目安にしてスコアを出してみてください。

素点	換算値	素点	換算値
16点	30点	10点	18点前後
13点	25点前後	8点	15点前後
12点	22点前後	6点	11点前後

◆必ず自分なりの模範解答を仕上げておく

MODEL ANSWERや講評を参考にして、自分の解答と比べてみてください。抜けていた箇所や、使われている語彙表現をチェックしておきましょう。盗めるところはどんどん盗んで、もう一度チャレンジしましょう。自分の解答をどんどん改善して、納得のいく自分なりの模範解答を仕上げておくとよいでしょう。

Question 1　　　　　　　　　　　　　　　　　　　MP3 428
Task 1
スピーキング

Now you will be asked to choose between two possible actions or situations and explain the reason for that. After hearing the question, you will be given 15 seconds for preparation and 45 seconds for your response. Listen to the following question.

Some students take elective courses in their major in order to acquire a broader knowledge of their chosen field. Other students take elective courses not in their major in order to broaden their general knowledge. Which do you think is better and why? Include specific examples and details in your response.

Begin speaking after the beep.

Question 2　　　　　　　　　　　　　　　　　　　MP3 429
Task 2

Now you will read a short passage about a campus-related topic and then listen to a conversation on the same topic. Based on the information from the passage and the conversation, you will be asked to answer a question. After hearing the question, you will be given 30 seconds for preparation and 60 seconds for your response.

リーディング

The Campus Ministry Office is recruiting student volunteers. Read about the announcement from the Campus Ministry Office. You will have 45 seconds to read the passage. Start reading it now.

Announcement from the Campus Ministry Office

The Campus Ministry Office will sponsor its annual "Volunteers Are Us" sign-up drive from October 4th through October 8th this year to recruit student volunteers to work on various off-campus projects. Whereas nationwide, 16% of all American college students are engaged in some type of off-campus volunteer activity, that number is only 6% on our campus. Therefore, to facilitate volunteerism this year, the Campus Ministry Office will begin a new mini-van shuttle service to take volunteers to and from local nursing homes, community centers and hospitals. We urge you to participate. Remember — volunteer activities look great on grad school applications!

リスニング　会話　MP3 430
Now, listen to two students discussing the announcement.

スピーキング
The man states his opinion of a change in a system. State his opinion and the reasons he gives for holding that opinion.
Begin speaking after the beep.

Question 3　MP3 431
Task 3
Now you will read a short passage on an academic subject and then listen to a lecture on the same topic. Based on the information from the passage and the lecture, you will be asked to answer a question. After hearing the question, you will be given 30 seconds for preparation and 60 seconds for your response.

リーディング
Now read the following passage about biomining. You will have 45 seconds to read the passage. Start reading it now.

Biomining

Many biotechnology-derived processes use microorganisms to reduce or eliminate the usage of harmful chemicals in various industrial processes. The mining industry, in particular, uses microorganisms which have a natural ability to digest, absorb, and change the quality of different chemicals and metals, in order to refine ores. Biomining is the use of such microorganisms to extract metals and minerals from ores in the mining process. Biomining includes two different chemical processes : biotechnology and biooxdation.

Now listen to part of the lecture in a geology class.

Explain the concept of biomining, using the extraction of gold as an example.

Begin speaking after the beep.

Question 4　　　　　　　　　　　　　　　　　　　　　　　　　　 MP3 433

Task 4

After listening to part of a lecture, you will be asked to summarize the points in the lecture. After hearing the question, you will be given 20 seconds for preparation and 60 seconds for your response.

Now listen to part of the lecture in a philosophy class.

Using points and examples from the talk, explain how science makes progress through scientific revolutions.

Begin speaking after the beep.

TOEFL スピーキング模擬テスト 1　　　　解答・解説

Question 1

設問訳

　自分が選んだ分野に関するより幅広い知識を得るために、自分の専攻の中の選択科目を取る学生がいます。また一般的な知識を広げるために自分の専攻ではない選択科目を取る学生もいます。あなたはどちらのほうがいいと思いますか、そしてそれはなぜですか。解答に具体的な例と詳細を含めなさい。

準備メモ

質問のポイント：選択科目を選ぶとき、自分の専攻分野の中からか、それとも専攻外の分野からかどちらを好むかの選択。

解答に含めるべきポイント：専攻外の分野から選ぶ。

◆専攻外の分野から選ぶ理由—

1. 大学はすでに専攻に必要な必修科目の単位を設定している。
2. 専門外の知識があれば、私の経歴や後の人生に役立つ。
3. 本当の人生は、大学の専攻のように分類されるようなものではない。
4. 人間として成長するために、幅広い見識をもち、人間に対するより深い理解を持つことが重要。

MP3 434

MODEL ANSWER

①I think that most electives should be taken outside of a student's major. ②College already establishes a required amount of credits for a major, **so** in my opinion the electives should be used either to complement that major or just for personal growth. ③Let's say I'm an economics major. It could help me in my career and later life **if** I also have an understanding of psychology, sociology, or even literature or art. ④Real life isn't as neatly categorized as college majors are — **and** interdisciplinary courses are becoming more popular. ⑤Having broader individual perspectives and a deeper understanding of human beings could make me a better economist and a better person. (111 words)

訳

①私は、ほとんどの選択科目は専攻外のものを取るべきだと思います。②大学

はすでに専攻に必要な必修科目の単位を設定しているので、私の意見では、選択科目はその専攻を補うためか、あるいは個人の成長のために利用されるべきだと思います。③例えば私は経済学の専攻ですが、もし心理学や社会学やさらには文学や芸術などの知識があれば、私の経歴や後の人生に役立つかもしれません。④本当の人生は、大学の専攻のようにきっちりと分類されるようなものではありません。異分野提携のコースがますます人気が出てきています。⑤幅広い個人の見識をもち、人間に対するより深い理解を持つことが、私をよりすぐれた経済学者に、そしてよりすぐれた人間に成長させてくれるのかもしれません。

講評

　最初に、「専攻外の分野から選択科目をとるべき」という自分の意見を明確に述べています。これに続けて、「専攻科目に関しては、大学が十分な設定をしている」、「今後の経歴や人生に役立つ」、「人生は専攻科目のように明確に分類されてはいない」、「人間として成長するために必要」というメモに書かれている4つの具体的な理由が、順に説明されています。「例えば私は経済学の専攻ですが、もし心理学や社会学やさらには文学や芸術などの知識があれば」というようなさらに具体的な説明も効果的です。また「異分野提携のコースがますます人気が出ている」という現状を付け加えることによって、ますます自分の専攻以外の分野の知識も必要とされるようになってきているのだという意見をサポートしています。これで、Questionに対して完全に答えているといえるでしょう。やや多めですが、時間内に収まっています。話し方も明瞭で、発音やイントネーションも特に問題ありません。特に文法的な間違いは見られません。最後のHaving broader individual perspectives and a deeper understanding of human beings could make me a better economist and a better person. のように、高度な構造の文を使いこなしています。また全体的に、ややレベルが高めのボキャブラリーも的確に使いこなしています。

Question 2

設問訳

　男性は、あるシステムの変更について意見を述べています。彼の意見と、その意見を持つ理由を述べなさい。

準備メモ

質問のポイント：システムの変更に関する男性の意見とその理由。
解答に含めるべきポイント：

◆**男性の意見**―ボランティア活動を行う場所までのミニシャトルバスの送迎サービス開始に対して賛成。

◆**その理由**―ボランティア活動を行う場所までの交通が不便。実際に、以前参加した活動で、行って帰ってくるだけでまる1日かかってしまった。

参考事項:

◆**女性の意見**―学生はいろいろと学業が忙しいのだからボランティアをする時間はない。男性の意見を聞いて少しその気になっている。

◆**男性の意見**―学生はボランティア活動に参加すべきで、その気になれば時間は作れるはずだ。

◆ボランティア活動への参加は大学院の出願時にも有利。

MP3 435

M O D E L   A N S W E R

①These students go to a university where the rate of volunteers is lower than average. ②**For this reason**, the Campus Ministry Office is offering a shuttle bus service to make it easy for students to get to their volunteer projects. ③The man thinks this is a great idea. ④He doesn't think that students are too busy to volunteer, **and** he thinks they could make time to volunteer, **but** he himself had a bad experience volunteering ― it took him all day **because of** inconvenient public transportation. ⑤**This is why** he's glad that this new service is being offered. (97 words)

訳

①この学生たちは、ボランティアの割合が平均よりも低い大学に通っています。②このために学生がボランティア活動が行われる場所まで行きやすいようにするために、キャンパス運営委員会がシャトルバスのサービスを提供する予定です。③男性は、これはすばらしい考えだと思っています。④彼は、学生はボランティア活動ができないほど忙しくはないだろう、ボランティア活動をする時間を作り出せるだろうと思っています。しかし、彼自身はボランティア活動でひどい目にあった経験がありました。不便な公共の交通機関のために、まる1日かかってしまったのです。⑤こういう理由で、彼はこの新しいサービスが提供されることを喜んでいるのです。

講評

　英文は学生ボランティアを募集するためのもので、この大学の学生のボランティア活動の参加率が、他に比べて低いことが書かれています。そして最も重要なのは、ボラ

ンティア活動を行う場所までのシャトルバスの送迎サービスを開始するということです。これは当然、学生のボランティア活動への参加を促進するためだとわかります。会話では、女性が「学生は学業に忙しいのだから、ボランティア活動に参加する時間はない」と言ったのに対して、男性は「その気になれば時間は見つかる」と反論しています。この時点で、男性がボランティア活動の参加に賛成していることがわかりますが、Questionは、シャトルバスのサービスに関する男性の意見をまとめることを要求していますから、次の男性の発言がカギになります。実際の体験から、ボランティア活動に参加するときの問題は交通手段だということを指摘して、新しいサービスができればこの問題が解決されるので、非常にいいサービスだというのが男性の意見です。解答では、まず英文の情報に基づいて、この大学のボランティア活動の参加率が低いこと、そして新しいシャトルバスの送迎サービスが開始されることを説明しています。続けて、「男性は、これはすばらしい考えだと思っている」と彼の意見を明らかにした後で、具体的な説明を加えています。「ボランティア活動をする時間は作り出せる」というのは直接的な理由ではありませんが、ここに入れても不自然さはありません。「彼自身はボランティア活動でひどい目にあった経験があった。不便な公共の交通機関のために、まる1日かかってしまった」というのが直接的な理由で、絶対に必要な部分です。これでQuestionの要求にしっかりと応えているといえるでしょう。準備メモの参考事項にある女性の意見や英文の情報については解答に含まれていませんが、この解答の全体のバランスから考えて特に入れる必要はないでしょう。適量で時間内に収まっています。文法的な間違いはありません。For this reason, the Campus Ministry Office is offering a shuttle bus service to make it easy for students to get to their volunteer projects. のように、複雑な構造の文もうまく使いこなしています。内容がうまく整理されていて、理解しやすいようにまとめられています。解答の組み立てや流れにも首尾一貫性があり、不自然な箇所がありません。発音や話し方は全般的に明瞭で、イントネーションにも不自然さはありません。

リーディング ■ **訳**

　キャンパス運営委員会は学生ボランティアを募集しています。キャンパス運営委員会からの告知を読みなさい。パッセージを読むために45秒与えられます。それでは始めてください。

キャンパス運営委員会からのお知らせ

　キャンパス運営委員会は、さまざまな郊外でのプロジェクトに参加してもらえる学生ボランティアを募るために、今年も10月4日から10月8日まで、毎年恒例の「ボランティアは私たち」登録活動を主催します。全国的に見て、すべてのアメリカの大学生の16パーセントが何らかの形の郊外のボランティア活動に従事している一方で、当大学ではその数字はたった6パーセントにすぎません。ですから、今年のボランティア活動を推進するために、キャンパス運営委員会は地域の老人ホーム、コミュニティセン

ター、病院までボランティアたちを送迎するための、ミニバンシャトルの新しいサービスを開始します。奮ってご参加ください。ボランティア活動は、大学院の出願書類には有利になることを覚えておいてください。

リスニング　**会話のトランスクリプト**

W: Do you really think the new shuttle bus service will increase the number of volunteers? I mean, it's a nice thing to do — in the ideal world —, but most of us are already pressed for time with classes and studying and writing papers.

M: Yeah, but think about it. We could fit it into our schedules if we really wanted to. I, for one, waste lots of time every day...hanging out in the cafeteria, watching TV in my room, playing games and stuff on my PC ...

W: Then why don't you volunteer?

M: That's my point. Free time isn't the problem ... it's the transportation. I signed up to be a Big Brother last year, but the community center where the project is based was way over on the east side of the city. I had to change buses twice, and it took me nearly two and a half hours — on a good day — just to get there and back. I liked volunteering, but it took up most of my day, so I ended up quitting. With shuttle buses, we won't have to worry about schedules and bus connections.

W: Gee, when you put it that way, I guess I could spare a few hours once a week to do something good for somebody besides myself. I think I'll sign up!

会話訳

その告知についての2人の学生の会話を聞きなさい。

W: 新しいシャトルバスサービスのおかげでボランティアの数が増えると、本当にそう思う？つまり、理想的な世界ではそれはいいことだけど、私たちのほとんどは授業や勉強やレポートを書くことですでに時間に追われている状態だし。

M: うん、でも考えてごらんよ。もし本当にその気があれば、スケジュールに組み込めるかもしれないよ。僕は、個人的には、毎日たくさんの時間を食堂でぶらぶらしたり、自分の部屋でテレビを見たり、自分のパソコンでゲームやなにかをしたりして、無駄に過ごしているしね。

W: じゃあ、ボランティアに参加したらどうなの。

M: そこなんだよ。問題は自由な時間ではなくて、交通手段なんだよ。昨年のビッグブラザー運動に参加したんだけど、そのプロジェクトが実施されるコミュニティセンターは、町の東側のはるかはずれにあったんだ。バスを2回も乗り継がないといけなかったし、そこに行って帰ってくるだけで、まだましな日でもほとんど2時間30分もかかってしまったんだよ。ボランティア活動は好きだったけど、1日の

大半を占めてしまったから、結局止めてしまったんだ。シャトルバスがあれば、スケジュールやバスの乗り換えについて心配する必要はないからね。

W: まあ、あなたがそんなふうに言うなら、週に2、3時間、他の誰かのために何かいいことをするのもいいかもね。私も登録しようかな。

Question 3

設問訳

金の抽出を例として使って、バイオマイニングの考え方を説明しなさい。

準備メモ

質問のポイント：バイオマイニングの概念と金の抽出の関係。

解答に含めるべきポイント：

◆**バイオマイニングとは何か**——鉄鉱石から鉱物や金属を抽出するために微生物が利用される。バイオテクノロジーとバイオオキシデーションの2種類がある。

◆**金の抽出にはバイオオキシデーションが使われる**——金と混ざった他の鉱物を、微生物が食べていく。完全に取り除けるわけではないが、危険な化学物質の使用量を減らすことができる。環境清掃のコストも安い。

MP3 436

MODEL ANSWER

①Biomining is a technique where microorganisms are used to help extract minerals and metals from ore. ②There are two main different biomining chemical processes: biotechnology and biooxidation. ③Biooxidation is used in the extraction of gold. ④Gold is mixed in with various other minerals that are difficult to separate from each other. ⑤Microorganisms are introduced to this mixture and they eat away the other minerals so that only the gold remains. ⑥They do not completely extract the gold, **but** the amount of harmful chemicals used afterwards is greatly reduced. ⑦This **also** reduces the cost of cleaning up the environment after the process is completed. (103 words)

訳

①バイオマイニングは、鉄鉱石から鉱物や金属を抽出するために微生物が利用される技術です。②バイオマイニング化学処理には、バイオテクノロジーとバイオオキシデーションの2種類の方法があります。③バイオオキシデーション

は、金抽出に利用されます。④金は、互いに分離するのが難しいさまざまな他の鉱物と混合しています。⑤この混合物に、微生物が加えられ、それが他の鉱物を侵食した結果、金だけが残るのです。⑥完全に金の抽出が完了するわけではありませんが、後で使用される有害な化学物質の量は大幅に減らされます。⑦このおかげでまた、処理が完了した後の環境清掃にかかる費用も削減されます。

講評

　Questionがまず、「biominingとは何か」という説明を要求しています。解答では「バイオマイニングは、鉄鉱石から鉱物や金属を抽出するために、微生物が利用される技術」、「バイオマイニング化学処理には、バイオテクノロジーとバイオオキシデーションの2種類の方法がある」と明確にポイントをまとめており、これで第1関門はクリアです。次に「金の抽出」について具体的な説明を付け加えていきます。「金の抽出にはバイオオキシデーションを利用する。金は、互いに分離するのが難しいさまざまな他の鉱物と混合しており、これに微生物が加えられて、それが他の鉱物を侵食した結果金だけが残る」というように、金の抽出のプロセスがうまくまとめられています。この時点でほぼQuestionに対しては答えられていますが、解答では、さらにバイオマイニングを使うことの利点についての説明を加えてうまくまとめあげています。特に「この工程で、金の抽出が完了するわけではない」というような情報は、解答の一部としては必要なものです。無駄なく適量でまとめられています。基本的な文法間違いもありません。関係詞やつなぎ語をうまく使いこなしており、解答の組み立てや流れにも首尾一貫性があり、不自然な箇所がありません。Microorganisms are introduced to this mixture and they eat away the other minerals so that only the gold remains.のようにやや複雑な構造の文も使いこなしており、英語力の高さがうかがえます。それほど難しいボキャブラリーを使っているわけではありませんが、うまく使いこなしています。発音や話し方は全般的に明瞭で、イントネーションにも不自然さはありません。

リーディング　**訳**

　バイオマイニングについての次のパッセージを読みなさい。パッセージを読むために45秒与えられます。それでは始めてください。

バイオマイニング

　多くのバイオテクノロジーに基づく処理法は、さまざまな産業プロセスにおける有害な化学物質の使用を減らすかあるいは排除するために、微生物を利用するものである。特に鉱業では、鉄鉱石を精製するために、消化し、吸収し、そして違った化学物質や金属の質を変えることができる自然の能力を備えた微生物を利用している。バイオマ

イニングとは、採鉱のプロセスの中で鉄鉱石から金属や鉱物を抽出するためにそのような微生物を利用することである。バイオマイニングには、バイオテクノロジーとバイオオキシデーションの2つの異なる化学処理法がある。

Most of you, I'm sure, are aware that metals such as copper and gold must be extracted from ores. What you didn't know, perhaps, is that through biomining, this can be done in a more environmentally-friendly way. In the case of biooxidation, for example, microorganisms are used not to directly extract the metal, but rather to prepare it for extraction. Biooxidation is used primarily in the commercial extraction of gold. Because the gold particles scattered throughout the ore are covered by insoluble minerals, the microorganisms are used to "eat away" at this mineral coating so that the gold can then be extracted. Although biomining does not completely eliminate the use of harmful chemicals in metal extraction, it lessens the need for their use, thereby lowering the production cost of "cleaning up" the mining process.

講義訳 ・・

地質学の講義の一部を聞きなさい。

あなたたちのほとんどは、銅や金のような金属は、鉄鉱石から抽出されなければならないことを知っていると思います。おそらく、あなたたちが知らないことと言えば、バイオマイニングによってもっと環境にやさしい方法でこれができるということです。例えば、バイオオキシデーションの場合には、微生物は直接に金属を抽出するためにではなく、むしろ抽出のための準備をさせるために使われるのです。バイオオキシデーションは、主に金の商業的抽出に利用されます。鉄鉱石中に散在している金の粒子は、不溶解鉱物によって覆われているので、微生物は、金が抽出できるように、この鉱物の膜を「食いつぶす」ために利用されます。バイオマイニングは、金属の抽出の際の有害な化学物質の使用を完全に排除してくれるというわけではありませんが、その使用の必要性を減らしてくれるのです。それによって、採鉱プロセスの清掃という製造コストを引き下げてくれるのです。

Question 4

設問訳

講義からのポイントと例を使って、どのようにして科学が科学革命によって進歩するかを説明しなさい。

準備メモ

質問のポイント：科学革命を通じて、科学がいかにして進歩するのか。

解答に含めるべきポイント：既存の知識に新たな事実が付け加えられて科学は進歩すると信じている人が多いが、実際は科学革命を通じて大きな進歩を遂げる。

◆科学革命が起こると、古い理論は不十分となり、完全に新しい理論の枠組みが必要となる。

◆**具体例：コペルニクス革命**―地球が太陽の周りを回るという理論が既存の信仰を脅かした。

◆現代の科学も事実というより理論と見なされるべき。

MP3 437

M O D E L　A N S W E R

①**Although** many people believe that science makes progress by adding new facts to a fixed body of knowledge, major progress in science is actually made through scientific revolutions. ②A scientific revolution occurs when a major new discovery requires a whole new theoretical framework, **because** the old theory can't adequately account for the new discovery. ③In the talk, the example of the Copernican Revolution was used to show how the discovery that the Earth revolves around the sun threatened long held philosophical and religious beliefs. ④**Since** more scientific revolutions are expected in the future, we should see today's science as theory rather than fact. (103 words)

訳 ·······································

①多くの人々が、科学は定着した知識に新しい事実を加えることによって進歩すると信じていますが、実際は、科学革命を通じて科学における大きな進歩が遂げられるのです。②科学革命では、大きな新しい発見があると、古い理論では新しい発見を十分に説明しきれないので、完全に新しい理論的な枠組みが必要になります。③講義では、地球が太陽の周りを回るという発見が、長く培われてきた哲学的、宗教的信仰をいかに脅かしたかを示すために、コペルニクス革命の例が使われていました。④未来には、さらなる科学革命が起こることが予測されるので、われわれは、現在の科学を、事実というより理論と見なすべきです。

第5章 TOEFLスピーキング模擬テスト

講評

科学が、科学革命を通じてどのように進歩するかがこの講義のテーマで、これをうまく要約してまとめれば、Questionに対する解答となります。「実際は、科学革命を通じて科学における大きな進歩が遂げられる」そして「大きな新しい発見があると、古い

理論では、新しい発見を十分に説明しきれないので、完全に新しい理論的な枠組みが必要になる」というのが、はずしてはならないポイントです。最初に、「多くの人々が、科学は、定着した知識に新しい事実を加えることによって進歩すると信じているが」とまとめることにより、講義の内容をしっかりと把握していることがわかります。解答の導入部分としては極めてバランスの取れた出だしといえるでしょう。これに、講義で取り上げられた具体例のコペルニクス革命を付け加えます。講義には多くの情報が出てきましたが、解答では、あれもこれもと欲張ることなく、「講義では、地球が太陽の周りを回るという発見が、長く培われてきた哲学的、宗教的信仰をいかに脅かしたかを示すために、コペルニクス革命の例が使われた」というように簡単にまとめられています。結論の部分も「未来には、さらなる科学革命が起こることが予測されるので、われわれは、現在の科学を、事実というより理論と見なすべきだ」と講義の最後の部分を参考にしてうまくまとめています。これで、Questionの要求にしっかりと応えているといえるでしょう。量的にはやや多めですが、時間内にまとめられています。基本的な文法間違いもありません。Although many people believe that science makes progress by adding new facts to a fixed body of knowledge, major progress in science is actually made through scientific revolutions.のように、文をうまく組み立てて要点をずばりとまとめる英語力をもっています。a fixed body of knowledge、theoretical framework、threatenなど、高いレベルの表現を駆使して言い替えているのが印象的です。解答の組み立てや流れにも首尾一貫性があり、不自然な箇所がありません。

リスニング　講義のトランスクリプト

　Even in the 21st century, it is still widely believed that science is comprised of a body of proven and irrefutable facts about the physical world. According to this popular but mistaken notion of science, the core knowledge and facts of science remain unchanged, but the progress which scientists make consists of expanding and deepening this knowledge in order to increase our understanding of ourselves and the world around us.

　However, this popular notion is quite different from the way science actually makes progress, as we can see by looking at one well-known example of what are known today as scientific revolutions. Nicolaus Copernicus was the 16th century Polish astronomer famous for advancing the then-revolutionary and heretical theory that it was the Earth which revolved around the Sun, and not vice versa as people in Europe had always believed. This is significant for professional scientists and philosophers of science because it was not merely a new discovery which could be added to the body of previously accumulated knowledge. It questioned the very foundations of accepted scientific knowledge going back to Aristotle, and demanded a complete revision of our whole way of describing the world. For this reason, scientists today call this the Copernican Revolution. The strong resistance to such a wide-sweeping and fundamental shift in scientific world-views can be seen in the Catholic Church's later condemnation of Galileo Galilei, the 17th century Italian scientist whose observations with the telescope offered proof that Copernicus had been correct. Because such discoveries challenge not a single fact but the whole foundation upon which the body of accepted scientific knowledge rests, they are now called scientific revolutions. In fact, the greatest advances in science occur in such scientific revolutions, and scientists and philosophers now recognize that what we accept as scientific "fact" today could very well be challenged or reinterpreted by a new theory or discovery in the future.

講義訳 ....

　哲学の講義の一部を聞きなさい。

　21世紀になってもまだ、科学は物理的な世界に関して証明されて論駁できない事実の集まりから構成されていると依然として広く信じられています。この幅広く支持されているが誤った科学に関する考え方によると、科学の中心的知識と事実は不変であるが、科学者が見せる進歩は、われわれ自身、そしてわれわれの周りの世界に関する理解を増やすためにこの知識を拡大し、深めることにあるということになります。

　しかしながら、今日科学革命として知られているものの1つの有名な例を見てみることによってわかるように、この広く支持される考え方は、実際に科学が進歩する道筋とは随分違っています。ニコラス・コペルニクスは、太陽の周りを回っているのは地球であって、ヨーロッパの人々が常に信じていたようにその逆ではないという当時革命的で異端であった理論を推し進めたことで有名な16世紀のポーランドの天文学者です。これは、単にそれまでに蓄積された知識の集まりに加えられるかもしれない新しい発見ではないので、科学者や哲学者にとっては非常に意義深いことだったのです。アリストテレスにまで遡るすでに認められた科学的知識のまさに基盤に疑問を投げかけるもので、世界の説明の仕方の完全な見直しを迫られるものでした。このような理由で科学者たちは、これをコペルニクス革命と呼んでいます。科学の世界観のそのように大幅で根本的な変革に対する強い抵抗は、後に起こったカトリック教会によるガリレオ・ガリレイの糾弾にも見られます。ガリレオは、17世紀のイタリアの科学者で、望遠鏡による観測で、コペルニクスが正しいという証拠を提供した人です。そのような発見は、たった1つの事実ではなく、認められた科学的知識の集まりがその上に成り立っている全体の基盤に挑戦するものだったので、現在では科学革命と呼ばれています。実際、このような科学革命において科学は大きな進歩を遂げるのであり、科学者や哲学者は今では、今日私たちが科学的「事実」として認めていることは、将来の新しい理論や発見によって、異議が投げかけられ、再解釈される可能性が大いにあるということを認識しています。

Question 1　　　　　　　　　　　　　　　　　　　　　MP3 438
Task 1
スピーキング

Now you will be asked to choose between two possible actions or situations and explain the reason for that. After hearing the question, you will be given 15 seconds for preparation and 45 seconds for your response.

Listen to the following question.

Some students prefer to take several courses from a professor whose teaching style they are familiar with. Others prefer to take courses from as wide a variety of professors as possible. Which do you think is a better approach to course selection and why? Include specific examples and details in your response.

Begin speaking after the beep.

Question 2　　　　　　　　　　　　　　　　　　　　　MP3 439
Task 2

Now you will read a short passage about a campus-related topic and then listen to a conversation on the same topic. Based on the information from the passage and the conversation, you will be asked to answer a question. After hearing the question, you will be given 30 seconds for preparation and 60 seconds for your response.

リーディング

Campus Security will offer a cross-campus escort service. Read about the notice from Campus Security. You will have 45 seconds to read the passage. Start reading it now.

Notice from Campus Security

Starting this semester, Campus Security will offer a cross-campus escort service for any student who wishes to be escorted from one campus building to another at any time from 11:00 pm until dawn. Although we have had no major incidents on campus in the past, some students have requested this service in order to relieve anxiety and prevent any incidents from occurring in the future. To take advantage of this service, please call Extension 413 and give your name, student ID number, the name of the building where you are, and the name of the building to which you wish to go. Please give us 30 minutes advance notice so that we can accommodate your schedule. A student volunteer with a special escort photo ID will meet you and escort you safely to your destination.

リスニング　　**会話**　　　　　　　　　　　　　　　　　　　　　**MP3 440**

Now, listen to two students discussing the notice.

スピーキング

The woman expresses her opinion about a new service offered on campus. State her opinion and the reasons she gives for holding her opinion.

Begin speaking after the beep.

Question 3　　　　　　　　　　　　　　　　　　　　　　　　　　**MP3 441**

Task 3

Now you will read a short passage on an academic subject and then listen to a lecture on the same topic. Based on the information from the passage and the lecture, you will be asked to answer a question. After hearing the question, you will be given 30 seconds for preparation and 60 seconds for your response.

リーディング

Now read the following passage about Peter Principle. You will have 45 seconds to read the passage. Start reading it now.

The Peter Principle

Dr. Lawrence J. Peter first expounded his now-famous Peter Principle in a book of the same name published in 1969. According to the Peter Principle, members of a hierarchical organization rise to their highest level of competence in that organization, after which they are promoted to a position in which they are, in effect, incompetent. Although presented in a light-hearted and tongue-in-check humorous style, the book struck a chord with many readers because it revealed a basic contradiction contained in the logic of job promotion. The Peter Principle states that "In a Hierarchy Every Employee Tends to Rise to His Level of Incompetence."

リスニング　講義

Now listen to part of a talk in a business class.

スピーキング

Explain the Peter Principle as illustrated by the professor's example of the high school teacher promoted to school principal.

Begin speaking after the beep.

Question 4 ——————————————————— MP3 443

Task 4

After listening to part of a lecture, you will be asked to summarize the points in the lecture. After hearing the question, you will be given 20 seconds for preparation and 60 seconds for your response.

リスニング　講義

Now listen to part of a talk in an American history class.

スピーキング

Using points and examples from the talk, explain how social movements of the 1960's have influenced American society.

Begin speaking after the beep.

TOEFL スピーキング模擬テスト2　解答・解説

Question 1

設問訳

　なじみ深い教え方をする教授の講義を取る学生もいれば、できるだけ幅広いタイプの教授の講義を取りたい学生もいます。あなたは講義を選ぶときにどちらが良い選択方法だと思いますか、そしてそれはなぜですか。解答に具体的な例と詳細を含めなさい。

準備メモ

質問のポイント：講義を取るなら、慣れた教授の講義がいいか、それともさまざまなタイプの教授の講義がいいかの選択。

解答に含めるべきポイント：慣れた教授の講義がいい。

◆慣れた講義形式がいい理由—

かつて取った文学の講義がすばらしかった。

先生との良好な関係が重要。授業後自由に質問できる。読んだ本だけでなく、その本から得られたものについて討議できる。

MP3 444

M O D E L　A N S W E R

①**Although** theoretically, it's probably better to take courses from a wide variety of professors, I think that good rapport with your teachers is also an important part of learning. ②In my own experience, I took a high school literature course from a really good teacher that I really got along well with. ③I felt free to ask questions after class, **and** we sometimes discussed not only the books we read but what I got out of them. ④It was great for me. ⑤**That's why** I prefer to take courses from the same teacher **when** I feel we have a good rapport **and** I enjoy that teacher's teaching methods. (108 words)

訳

①理論的には、さまざまなタイプの教授から講義を取るほうがおそらく良いのでしょうが、私は先生との良好な関係がまた、学習には重要だと思います。②私自身の経験では、本当に気心知れた本当にすばらしい先生から高校の文学の授業を受けたことがありました。③授業後は自由に質問することができましたし、

時には私たちが読んだ本だけではなく、その本から得られたことについても討議しました。④それは私にとってはとても良かったことです。⑤このような理由で、すばらしい関係があり、その先生の講義のスタイルが気に入っていると感じるときには、私は同じ先生の講義を取ることを好みます。

講評

　最初に「先生との良好な関係がまた、学習には重要だと思う」と述べていますが、これはつまり、「慣れた教授の講義のほうがいい」という選択を支持しているのだとわかります。「理論的には、さまざまなタイプの教授から講義を取るほうがおそらくよいのでしょうが、」を前につけることによって、自然に発話の量を増やしています。次に、自分の意見に対する根拠として、自分の経験を挙げています。以前に受講した文学の講義では、なじみのある先生によりなじみのある授業で得るものも多かったと説明しています。「授業後には、自由に質問できた」、「読んだ本から得られたことについて話し合うことができた」というようなさらに具体的な内容も効果的に付け加えています。これで、Questionに対して完全に答えているといえるでしょう。適量で、時間内に収めています。話し方も明瞭で、発音やイントネーションも特に問題ありません。特に文法的な間違いは見られません。Although theoretically, it's probably better to take courses from a wide variety of professors, I think that good rapport with your teachers is also an important part of learning. のように、やや複雑で長めの文も使いこなしています。theoretically や rapport という単語の使用は、ボキャブラリーの豊かさを感じさせます。

Question 2

設問訳

　女性は、キャンパスで提供される新しいサービスについて意見を述べています。彼女の意見と、その意見を持つ理由を述べなさい。

準備メモ

質問のポイント：キャンパスで新しく提供されるエスコートサービスに関する女性の意見とその理由。

解答に含めるべきポイント：

◆**女性の意見**―新しいエスコートサービスは非常にありがたい。

◆**その理由**―多くの女性が夜に一人で歩くことを恐れている。この制度の導入により女性の不安が軽減される。友達やルームメイトに頼らず、一人で出かけたいときに

出かけられる。警備員が、キャンパス内すべての警備につくことはできない。

参考事項:

◆**男性の意見**—エスコートサービスは不必要。友達やルームメイトに付き添ってもらえれば問題ない。

M O D E L　A N S W E R

①**Although** this campus does not seem to have any major safety problems, they are offering a nighttime campus escort service for students who are out walking across campus late at night. ②The man feels that this service is unnecessary, **but** the woman points out that many women are afraid to walk alone on campus at night. ③Her argument is that it will relieve these women's anxiety, **and so** it is a good thing. ④**When** the man suggests that a friend or roommate could perform the same function as the escort, the woman argues that it's a matter of her freedom — she should be free to go anywhere anytime by herself. ⑤She adds that security guards can't be everywhere, **so** this is a good and useful service.
(126 words)

訳

①このキャンパスには特に大きな安全性での問題点はなさそうですが、大学側は、夜遅くに外出して構内を歩く学生のために、夜間の構内エスコートサービスを提供する予定をしています。②男性は、このサービスは不必要だと感じていますが、女性は、多くの女性が夜間に構内を一人で歩くことを恐れていると指摘しています。③この制度が導入されれば、女性たちの不安が軽減されるのだから、とてもいいことだというのが、彼女の主張です。④男性が、友達やルームメイトでも同じ役割が果たせると提案したとき、女性は、自分が行きたいときに行きたいところに、1人で行ける自由があるべきだと主張しています。⑤警備員がすべての場所を見張るわけにはいかないので、これは本当にすぐれた役に立つサービスだと彼女は付け加えています。

講評

　英文は、新しいエスコートサービスの主旨と利用方法を説明しています。ポイントは簡単にメモにまとめておきましょう。会話を聞くと、男性はこのサービスは特に必要ないと考えていますが、女性はこのサービスを大いに歓迎していることがわかります。このように2人の意見が対立し、それぞれに理由を述べている場合には、両方の意見とその理由をメモしておくことを忘れないでください。実際、Questionは男性で

はなく、女性の意見とその理由を尋ねていますから、男性の発言だけをメモしていては不十分です。解答では、英文からの新しいエスコートサービスの内容をまとめて述べた後、「男性は、このサービスは不必要だと感じているが、女性は多くの女性が夜間に構内を1人で歩くことを恐れていると指摘している」、「この制度が導入されれば、女性たちの不安が軽減されるのだからとてもいいことだ、というのが彼女の主張」と具体的なポイントをまとめています。男性の意見については、触れなくてもよいわけですが、短く簡単に付け加えるのはかまいません。女性の意見を際立たせる引き立て役として、表現の豊かさも感じられます。さらに「男性が、友達やルームメイトでも同じ役割が果たせると提案したとき、女性は、自分が行きたいときに行きたいところに、1人で行ける自由があるべきだと主張している」ともう1つの理由を述べた後で、「警備員がすべての場所を見張るわけにはいかないので、これは本当にすぐれた役に立つサービスだと彼女は付け加えている」とうまく締めくくっています。これでQuestionの要求にしっかりと応えているといえるでしょう。量的にはやや多めかもしれませんが、時間内にまとめられています。文法的な間違いはありません。全体的に、長めの文をうまく使いこなして、論理的に説明しています。解答の組み立てや流れにも首尾一貫性があり、不自然な箇所がありません。発音や話し方は全般的に明瞭で、イントネーションにも不自然さはありません。

リーディング　**訳**

　大学構内警備課は敷地内のエスコートサービスを始めます。警備課のお知らせを読みなさい。パッセージを読むために45秒与えられます。それでは始めなさい。

大学構内警備員からのお知らせ

　今学期から、大学構内警備課は、午後11時から明け方まで、どの時間でも、ある構内の建物から別の建物までのエスコートを希望する学生に対して敷地内のエスコートサービスを提供していきます。これまで、構内での大きな事件は発生していませんが、不安を軽減し、将来事件が起こるのを防止するために、学生側からこのサービスを開始するよう依頼がありました。このサービスを利用するためには、内線413番まで電話をかけて、名前と学籍番号と、そのときにいる建物の名称と、行きたい建物の名称を伝えてください。スケジュールの調節がつくように、30分前にお知らせください。特別のエスコート用写真がついた学生ボランティアが、あなたを迎えに上がり、目的地まで安全にあなたをエスコートします。

リスニング　**会話のトランスクリプト**

M: Did you hear about that new escort service that Campus Security just started? If this campus is already so safe, what's the point? Besides, shouldn't the guards be patrolling the campus? I doubt if anybody will call these escorts.

W: That's what you think! You guys just don't get it. When you're a woman walking all alone, say, from the library back to your dorm late at night, it can be really scary.

M: I guess it is different for girls, but why don't you just go back with your roommate, or a friend?

W: You're missing the point. I want the freedom to go where I want when I want. I don't wanna have to arrange my schedule around someone else's. And besides, even though the officers patrol the campus at night, they can't be everywhere. It'll be such a relief to be able to walk around alone without worrying that something might happen.

会話訳 ....

そのお知らせについての2人の学生の会話を聞きなさい。

M: 大学構内警備課が始めたばかりのエスコートサービスについて聞いたかい？ この構内がすでに安全なら、何の意味があるんだろう。それに、警備員が構内をパトロールすることになっているんじゃないのかな。だれがこんなエスコートを呼ぶのかなあ。

W: それはあなたの考えよ。あなたたち男性には理解できないだけなのよ。例えばあなたが夜遅い時間に図書館から寮に戻るときに一人歩きする女性なら、本当に怖い思いをするんだから。

M: 確かに女の子の場合は事情が違うだろうけど、ルームメイトや友達と戻ればいいんじゃないの。

W: あなたの言っていることは論点がずれてるわよ。行きたいときに行きたいところに行く自由が欲しいの。他の誰かのスケジュールに合わせて、自分のスケジュールを調整したくないの。それに、たとえ警備員が夜に構内をパトロールしていたとしても、あらゆる場所にいるわけに行かないのよ。何か起こるかもしれないと心配することなしに一人で歩きまわれるなんてとてもほっとするわ。

Question 3 ━━━━━━━━━━━━━━━━━━━━━━━━━

設問訳 ▶

　教授が提示している高校の教師が校長に昇進する事例によって説明されているピーターの原理を説明しなさい。

準備メモ 》

質問のポイント：高校の先生の校長への昇進の例とピーターの原理との関係。

解答に含めるべきポイント：

◆**ピーターの原理**—官僚組織の中で、トップの地位に昇進すると不適任となる。

◆優秀な高校の教員が校長先生に昇進する例で、ピーターの原理を説明する――優秀さを認められた高校の先生が、その業績を認められて校長に昇進する。教師としては優秀であったが、管理者としては経験もなく、「不適任」な地位へ昇進したことになる。

M O D E L   A N S W E R

①The Peter's principle says that once members of a hierarchical organization rise to the highest position, they tend to be incompetent. ② In the professor's example, an excellent high school teacher is promoted to the position of principal. ③This teacher received excellent evaluations from her peers and was believed to be a very highly competent teacher. ④As a reward for a job well done, she is made high school principal. ⑤**Now**, as a principal, she will have to do many different tasks that she probably does not have any experience doing. ⑥ **Even though** she was an excellent teacher, she is not a good administrator. ⑦**As a result**, this promotion moved the teacher to her "level of incompetence." ⑧This is an example of the "Peter Principle" in action. (126 words)

訳

①ピーターの原理は、官僚組織の構成員が一旦最高の地位に上ると、彼らは不適任者となる傾向があるというものです。②教授の話では、すばらしい高校教師が校長職に昇進した例が挙げられています。③この教師は同僚からすばらしい評価を得ており、極めてレベルの高い教師であると信じられていました。④立派な働きの報いとして、彼女は校長先生に昇進するのです。⑤さて、校長として、彼女は今までに経験したことがないような多くの違ったことをしなければならなくなります。⑥彼女が優れた教師だったとしても、優れた管理者ではありません。⑦結果として、この昇進により、彼女は「不適任なレベル」に追いやられてしまったのです。⑧これが、実際のピーターの原理の例です。

講評

　The Peter Principleがキーワードで、まずQuestionが要求しているように、最初に定義づけをします。解答では、「ピーターの原理は、官僚組織の構成員が一旦最高の地位に上ると、彼らは不適任者となる傾向があるというもの」というように、明確に定義が述べられています。この原理を、高校の教師と校長先生への昇進の例と関連づけて説明します。「ある高校の教師は、同僚からすばらしい評価を得て、極めてレベルの

高い教師であると評価されたため、校長先生に昇進する。彼女がいかに優れた教師だったとしても、管理者として、校長としての職務の経験はないために、結果としてこの昇進により、その地位には不適任なレベルであると烙印を押されてしまう」のように、必要なポイントはすべて含まれており、Question の要求にしっかりと応えているといえるでしょう。量的には若干多めですが、無駄な部分はなく、時間内にうまくまとめられています。基本的な文法間違いもありません。文のつなぎ方がうまく、解答の組み立てや流れにも首尾一貫性があり、不自然な箇所がありません。英文や講義で使われているボキャブラリーをうまく利用しています。発音や話し方は全般的に明瞭で、イントネーションにも不自然さはありません。

リーディング　　訳

　ピーターの原理についての次のパッセージを読みなさい。パッセージを読むために45秒与えられます。それでは始めなさい。

ピーターの原理

　ローレンス・J・ピーター博士は、1969年に出版されたその同名のタイトルの本の中で、初めて今では有名になったピーターの原理を詳しく説明した。ピーターの原理によると、ある階級組織の構成員が、その組織の最も高い能力レベルに達すると、その後で彼らは事実上不適任となる地位に昇進することになる。軽くユーモラスなスタイルで紹介されているが、その本は昇進の論理に含まれる基本的な矛盾を明らかにしているので、多くの読者の共感を得た。ピーターの原則では、「階級制度では、すべての社員が無能なレベルへと上がっていく傾向にある」と説明されている。

リスニング　　講義のトランスクリプト

　　Many of you are, I'm sure, familiar with the Peter Principle. In fact, the name "Peter Principle" was intended to be a pun on Freud's theory of the pleasure principle. While certainly entertaining, it also offers a very thought-provoking criticism of the logic behind the promotion system in everything from factories to businesses to government. Let's take an example from everyday life to illustrate the point underlying this criticism. Let's say, for example, that a teacher　— a high school teacher　—has received excellent evaluations from superiors and is widely recognized to be both effective and popular in the classroom. As a reward for her excellent performance, she is promoted to the job of high school principal, a position involving any number of administrative duties in which she has neither experience nor competence. The irony exposed by the Peter Principle is that a competent teacher, having been promoted, may end up being an incompetent administrator. Because of the promotion system, she is no longer doing the job at which she excelled, and she may very well prove to be incapable of doing the job to which she was promoted.

講義訳・・

　ビジネスの講義の一部を聞きなさい。

　あなた方の多くは、きっとピーターの原理のことをよくご存知だと思います。実際、「ピーターの原理」は、フロイトの快楽原則を意図的にもじったものでした。確かに面白いものではありますが、それはまた考えさせられる内容でもあります。工場から、企業や政府まで、その昇進制度の背後にある論理に対する批判を引き起こすような内容です。この批判の根底にある要点を明らかにするために、日常生活から1例を挙げてみましょう。例えば、ある先生、ある高校の先生は、上司からすばらしい評価を受けてきて、そして教室では、有能であり人気もあると幅広く認識されているとしましょう。彼女のすばらしい業績に対する報酬として、彼女は、高校の校長先生の職に昇進したとします。それは彼女が経験も能力もない管理経営の手腕が問われる職です。ピーターの原理によって明らかにされる皮肉な点は、昇進した有能な先生は、結局管理者としては不適任者として終わってしまうかもしれない、ということです。昇進制度のために、もはや、彼女が卓越した仕事をしているということはなくなり、おそらく昇進後に就いた仕事をする能力がないことが判明することになるでしょう。

Question 4

設問訳

　講義で挙げられたポイントと事例を用いていかに1960年代の社会運動がアメリカ社会に影響を与えたかを説明しなさい。

準備メモ

質問のポイント：1960年代の社会運動がどのようにアメリカ社会に影響を及ぼしてきたか。

解答に含めるべきポイント：

◆**1960年代の2つの社会運動の意義**―当時は過激だと考えられていたが、アメリカ社会を変革に導いた。

◆**黒人公民権運動**―黒人は法律でも平等の権利を認められず差別を受けていた。キング牧師やマルコムXのような主導者のおかげで、黒人のアメリカ社会における地位の変革につながった。現在ではビジネスや政治において重要な地位についている。

◆**女性解放運動**―女性解放運動にも同じことがいえる。この運動がきっかけで、女性の立場が改善されてきた。完璧ではないが、現在法的、社会的平等に近づきつつある。

MP3 447

M O D E L　A N S W E R

①The talk discusses two important movements — the civil rights movement and the feminist movement — which were originally considered radical **but** which have changed American society in important ways. ②**Even** the law did not use to give equal rights to blacks, **but** because of people like Reverend King and Malcom X, blacks are now integrating into society and they hold important jobs in business and politics. ③**The same** is true with women. ④Actually, many women did not even realize that they did not have equal rights, **but now** women are moving closer to legal and social equality. ⑤Things still aren't perfect, but they've changed a lot because of these 1960's movements. (111 words)

訳

①この講義では、黒人公民権運動と女性解放運動の2つの重要な運動について取り上げられています。この運動は両方とも、もともと過激だと考えられましたが、重要な点でアメリカ社会を変革に導いてきたものです。②法律でさえ、黒人に平等の権利を与えていなかったのですが、キング牧師やマルコムXのような人々のおかげで、黒人は今では社会に溶け込みつつあり、ビジネスや政治における重要な仕事についています。③女性にも同じことがいえます。④実際は、多くの女性は、彼女たちに平等の権利が与えられていないことにさえ気づいていなかったのですが、今では、女性は、法的、社会的平等にさらに近づきつつあります。⑤状況は完璧ではありませんが、1960年代の運動のおかげで、アメリカ社会の状況はずいぶん変わってきています。

講評

　黒人公民権運動と女性解放運動という1960年代の2つの社会運動が、アメリカ社会にいかに影響をあたえてきたかがこの講義のテーマで、これをうまく要約できれば、Questionに対する解答となります。「この講義では、黒人公民権運動と女性解放運動の2つの重要な運動について取り上げられています。この運動は両方とも、もともと過激だと考えられていたが、重要な形でアメリカ社会を変革に導いてきたものである」というのが、はずしてはならないポイントです。この2つの社会運動について、少し具体的な説明を付け加える必要があります。

　解答では、まず黒人公民権運動について、「法律でさえ、黒人に平等の権利を与えていなかったが、キング牧師やマルコムXのような人々のおかげで、黒人は今では社会に溶け込みつつあり、ビジネスや政治における重要な仕事についている」と必要十分な説

明をしています。次に、女性解放運動に関しては、「女性にも同じことがいえる。実際
は、多くの女性は、彼女たちに平等の権利が与えられていないことにさえ気づいていな
かったが、今では、女性は、法的、社会的平等にさらに近づきつつある」と同じように必
要十分な説明をしています。これで、Questionの要求にしっかりと応えているとい
えるでしょう。

　量的には適量か、やや多めですが、時間内にまとめられています。基本的な文法間違
いもありません。複雑で長めの文が多いのですが、ポイントが非常にうまくまとめら
れているので理解しやすい内容に仕上がっています。特に解答の冒頭のThe talk
discusses two important movements — the civil rights movement and the
feminist movement — which were originally considered radical but which
have changed American society in important ways.という文では、ひといきに重
要なポイントがまとめられており、解答者の英語力の高さがうかがえます。講義の中
に出てきたボキャブラリーをうまく組み合わせて使いこなしています。解答の組み立
てや流れにも首尾一貫性があり、不自然な箇所がありません。発音や話し方は全般的
に明瞭で、イントネーションにも不自然さはありません。

リスニング　　**講義のトランスクリプト**

The 1960's was a decade of social revolution, rebellion and turmoil in
America, and the wave of change which swept over the United States reached
into every corner of American lives. In particular, the civil rights movement
and the feminist movement were both successful in bringing radical and
lasting changes to American life.

Looking back now, it is hard to imagine that until the 1960's the
segregation of blacks and whites was not only ingrained in many social
structures, but was also at least partially sanctioned by local, state and
federal laws. Black civil rights leaders such as Reverend Martin Luther
King, Jr. and Malcom X disagreed as to which tactics should be used — civil
disobedience or revolutionary and sometimes violent struggle　— but in the
end their voices were heard and blacks began the long and often difficult
process of integration into mainstream American life. Few would argue that
racial tensions and problems have ceased to exist in America, but today we
can see the results of the civil rights movement which began in the 60's, with
black Americans now holding prominent leadership positions in politics,
business and other fields, and blacks and whites living and working together
in relative harmony.

The feminist movement was also feared and ridiculed when it first
grabbed the attention of average Americans in the 1960's. Leaders like
Betty Friedan and Gloria Steinberg were mocked as radicals, bra-burners,

or lesbians, but many women, unlike blacks, did not see themselves as discriminated against or needing to be "liberated" in a struggle for equality and dignity. These days, however, women also hold prominent leadership positions in business, politics, and other fields, and men's and women's roles and relationships have radically changed. While few would argue that women have achieved full equality, much progress has been made, again thanks to a movement started in the 60's.

　As we can see, two important social movements, which were both considered radical in the 1960s, had a tremendous impact on mainstream American culture and are responsible for major changes that we see today in the status of minorities and women in America.

講義訳 -

　アメリカ史の講義の一部を聞きなさい。

　1960年代は、アメリカでは、社会革命、反乱、動乱の10年で、アメリカ全土に及んだ変革の波が、アメリカ人の生活の隅々にまで行き渡りました。特に黒人公民権運動と女性解放運動はともに、アメリカ人の生活に、根本的で永続的な変革をもたらすことに成功しました。

　今振り返ってみると、想像しにくいのですが、1960年代まで黒人と白人の差別は多くの社会構造に深く根ざしていただけでなく、少なくとも部分的には、地域法、州法、連邦法によって認可されていました。マーティン・ルーサー・キング・ジュニア牧師やマルコムXのような黒人の公民権運動指導者たちは、どの戦法がとられるべきか、つまり市民的不服従か、それとも革命的そして時には暴力的な闘争なのか、ということに関して意見が合わなかったのですが、結局、彼らの声は聞き届けられ、主流のアメリカ人の生活への統合に向かって長く険しい道のりを歩み始めました。アメリカで、民族的な緊張や問題が存在しなくなりつつあると主張する人は、ほとんどいないでしょうが、今日われわれは、1960年代に始まった黒人公民権運動の結果を見ることができます。黒人が、政治やビジネスやその他の分野で際立った指導者としての地位を獲得し、黒人と白人が、比較的仲良く一緒に生活し、仕事をしています。

　女性解放運動もまた、1960年代に最初に平均的なアメリカ人の注目を惹こうとしたとき、恐れられ、冷笑されました。ベティ・フリーダンやグロリア・スタインバーグのような主導者たちは、過激派やフェミニスト、レズビアンなどと呼ばれあざけられましたが、多くの女性は、黒人とは違い、自分たちが差別されているとか、平等や威厳を求める闘争で「解放される」必要があるとは思っていませんでした。しかしながら最近では、女性もまたビジネスや政治やその他の分野で際立った主導者としての地位についており、男女の役割や関係も根本的に変化してきました。女性が完全な平等にたどり着いたと主張する人はほとんどいないでしょうが、この女性の解放についても1960年代に始められた運動のおかげで、大いなる進歩を遂げたのです。

　おわかりのように、この2つの重要な社会運動は、1960年代には過激だと考えられ

ていましたが、本流のアメリカ文化に莫大な影響を与えました。そして今日、アメリカの少数民族と女性の地位に見られる主要な変革の原因となったものです。

TOEFL スピーキング模擬テスト 3　　　　　　　　　問　題

Speaking Section

Question 1　　　　　　　　　　　　　　　　　　　　　MP3 448

Task 1

スピーキング

　　Now you will be asked to choose between two possible actions or situations and explain the reason for that. After hearing the question, you will be given 15 seconds for preparation and 45 seconds for your response. Listen to the following question.

　　When you need advice about a personal problem, do you prefer to get that advice from a family member or from a good friend? Include specific examples and details in your response.

　　Begin speaking after the beep.

Question 2　　　　　　　　　　　　　　　　　　　　　MP3 449

Task 2

　　Now you will read a short passage about a campus-related topic and then listen to a conversation on the same topic. Based on the information from the passage and the conversation, you will be asked to answer a question. After hearing the question, you will be given 30 seconds for preparation and 60 seconds for your response.

リーディング

　　The Chemistry Department has issued a notice about the new Chemistry Laboratory Fee. Read the announcement about the plan. You will have 45 seconds to read the announcement.

　　Begin reading now.

Announcement from the Chemistry Department

　　Due to the increasing cost of laboratory equipment and the chemicals used in the chemistry laboratory, all chemistry majors will be required to pay a $100 Chemistry Laboratory Fee starting in the Fall Semester of the new academic year. As you know, we make every effort to offer all of our students the best education possible, and, in this case, the new Chemistry Laboratory Fee is necessary to ensure that our chemistry majors have up-to-date facilities and adequate supplies in the chemistry laboratory.

リスニング　会話　　　　　　　　　　　　　　　　　　　MP3 450
Now, listen to two students discussing the announcement.
スピーキング
The woman states her opinion about the new Chemistry Laboratory Fee. State her opinion and the reasons she gives for holding that opinion.

Begin speaking after the beep.

Question 3 ──────────────────────────────── MP3 451

Task 3

Now you will read a short passage on an academic subject and then listen to a lecture on the same topic. Based on the information from the passage and the lecture, you will be asked to answer a question. After hearing the question, you will be given 30 seconds for preparation and 60 seconds for your response.

リーディング

Now read the following passage about General Ulysses S. Grant. You will have 45 seconds to read the passage. Start reading it now.

General Ulysses S. Grant

Last year, more than 6 million people visited the Lincoln Memorial in Washington DC. By contrast, barely 80,000 went to General Ulysses S. Grant's tomb in New York City. Some would argue that this lack of interest is no better than Grant deserves. But others believe it's time for us to perhaps revise our understanding of General Grant, and his place in American history. Grant was a failure in his early life, but the Civil War made him, because it allowed his latent talent for command and control to stand out. However, there are two opposing views as to what Grant's abilities really were. One school of thought accuses him of being a ruthless killer, who won by bleeding the South dry while needlessly sacrificing the lives of thousands of Northern soldiers along the way. The other puts him on the same level as the much-respected Duke of Wellington, citing Grant's talents as a master of both strategy and geography.

Now listen to part of the lecture in an American history class.

スピーキング

Compare and contrast the main ideas in the reading passage and the lecture by focusing on how Ulysses S. Grant has been evaluated in American history.

Begin speaking after the beep.

Question 4　　　　　　　　　　　　　　　　　　　　　MP3 453

Task 4

After listening to part of a lecture, you will be asked to summarize the points in the lecture. After hearing the question, you will be given 20 seconds for preparation and 60 seconds for your response.

リスニング　　講義

Now listen to part of the lecture in a geology class.

スピーキング

Using points and examples from part of the lecture, explain how Wegener's ideas came to be verified after his death.

Begin speaking after the beep.

Question 1

設問訳

　個人的な問題に関してアドバイスを必要とするとき、あなたは家族の誰かからか、あるいは親友か、どちらからアドバイスをもらいたいですか。

準備メモ

質問のポイント：問題を抱える時、家族と友人のどちらからアドバイスをもらうか。
解答に含めるべきポイント：姉からアドバイスをもらう。
◆姉を選ぶ理由—小さい頃から仲良くいつも姉に相談してきた。
具体例：水泳のコーチがみんなの前で怒鳴るのが嫌でチームをやめたくなった。姉からコーチと話すようにというアドバイスをもらい問題は解決した。

MP3 454

M O D E L 　 A N S W E R

①When I need advice about a personal problem, I usually ask my older sister, who's a college student, rather than asking a friend. ②We've always gotten along really well, and I've been going to her for advice since I was little. ③For example, last month my swimming coach yelled at me three or four times in front of the whole team. ④I cried every night and wanted to quit the team, but I talked with my sister about it and she told me to have a talk with my coach. ⑤I did, and everything worked out fine thanks to her advice. (102 words)

訳

①私が個人的な問題に関してアドバイスを必要とするときには、友達というよりはむしろ、たいてい大学生である姉に尋ねます。②私たちはいつもずっと本当に仲良くやってきましたし、私が小さい頃からアドバイスをもらうときには、姉のところに行きました。③例えば、先月、私の水泳のコーチが、チーム全員の前で、私に3，4回どなりつけました。④私は毎晩泣いて、チームをやめたいと思いましたが、それについて姉に話をしたら、姉は私がコーチと話をするようにと言ってくれました。⑤私はコーチに話をして、彼女のアドバイスのおかげで、すべてはうまく解決しました。

講評

　解答の最初で「私が個人的な問題に関してアドバイスを必要とするときには、友達というよりはむしろ、たいてい大学生である姉に尋ねます。」とquestionに対して明確に答えています。解答時間は45秒と限られていますから、「あの人もいいし、この人もいいし」とあまり悩んでいないで、最初にズバリ家族か友人かを選択してしまいましょう。家族か友人かの選択ですが、この解答のように特定の人物を選んだほうがより具体的になり、よりよい解答になります。次のWe've always gotten along really well, and I've been going to her for advice since I was little. という追加説明は、なぜアドバイスをもらうなら姉なのか、その背景の事情がよく分かり効果的な役割を果たしています。そして、45秒という時間を考慮したうまいタイミングでFor exampleを出して、「水泳のコーチに怒鳴られて、チームをやめたいと思ったときに姉に相談してアドバイスをもらった結果、すべてがうまくいった」という身近でとても分かりやすい具体例をあげてうまく締めています。ここで難しい例をあげる必要はありません。この例の説明は、(1)発生した問題：last month my swimming coach yelled at me three or four times in front of the whole team. (2)アドバイスを求めるまでの私の悩み：I cried every night and wanted to quit the team, (3)アドバイスをもらって実行した結果：but I talked with my sister about it and she told me to have a talk with my coach. I did, and everything worked out fine thanks to her advice. という3つの部分から構成していて、それぞれ深く突っ込みすぎず、ちょうどうまいバランスでまとめ上げています。具体的な例と言っても、45秒という時間はかなり短いものですから、例えば悩みだけを多く説明して途中で切れてしまわないように注意しましょう。文法的な間違いは見られません。シンプルな単語や表現を使っていますが、whenやsinceという従位接続詞、andやbutという等位接続詞をうまく使いこなして、自然な流れを作り出せています。表現を見ると、My old sisterを補足するwho's a college studentという関係代名詞節をさりげなく使っています。またI've been going to her for advice since I was little. という文では、現在完了進行形で継続の表現をうまく使いこなしています。その他ask her for advice、everything worked out fine、thanks to her adviceなどの表現が使いこなせています。

Question 2

設問訳

　女性は新しい化学実験室の費用に関して彼女の意見を述べています。彼女の意見と、なぜそのような意見を持っているのかを説明しなさい。

質問のポイント：新しい化学実験室費用についての女性の意見とその理由。

解答に含めるべきポイント：

◆**女性の意見**—反対意見で署名運動して取りやめさせたい。

◆**その理由**—

1. 昨年の授業料の値上げで、どんな器具のコストが増えたとしてもカバーできる
2. 化学専攻の学生だけがその支払いをしなければならないなんて不公平
3. 毎年新しい実験器具を買い替えるわけでもないのに高すぎる

◆**彼女の提案**—25ドルのように安くても毎年学生によって使用される化学薬品のコストは十分にカバーできる

MP3 455

M O D E L　A N S W E R

①The woman is so angry about the new $100 Chemistry Laboratory Fee that she's starting a petition to try to have that fee cancelled. ②First, she thinks that last year's tuition increase should cover any increased costs of equipment. ③Second, she thinks it's not fair that only chemistry majors have to pay it because many other students — especially other science majors — use the lab. ④Finally, she thinks that the new fee is too high because the university doesn't buy new lab equipment every year. ⑤She thinks that an annual fee of $100 is too high. ⑥A lower fee — like $25 — would be enough to cover the cost of the chemicals used by the students every year. (120 words)

訳 ....

①女性は新しい100ドルという新しい科学実験室費についてとても腹を立てているので、その費用を中止にしてもらおうとして、嘆願書の署名を集め始めようとしています。②第一に、彼女は、昨年の授業料の値上げで、どんな器具のコストが増えたとしてもカバーできるはずだと考えています。③第二に、彼女は、多くのほかの学生、特に他の理系専攻の学生も実験室を使うのに、化学専攻の学生だけがその支払いをしなければならないなんて不公平だと考えています。④最後に、彼女は新しい実験室費は、大学が毎年新しい実験器具を買い替えるわけでもないのに高すぎると考えています。⑤彼女は年間100ドルの費用は高すぎると考えています。⑥例えば25ドルといったようなもっと安いで、毎年学生によって使用される化学薬品のコストは十分にカバーできるだろうと考えています。

講評

　「お知らせの内容、それに対する女性の意見、そしてどのように対処していきたいか」ということを最初のThe woman is so angry about the new $100 Chemistry Laboratory Fee that she's starting a petition to try to have that fee cancelled. という一文できれいにまとめ上げています。この後に続いて理由を述べていくときに、お知らせの内容の重要な部分にも触れているので、冒頭では、たくさんお知らせの内容を説明する代わりに、the new $100 Chemistry Laboratory Feeというお知らせの主旨だけを簡潔に入れています。so angryという表現から女性がこの新しい方針に反対していることが明確に伝わり、それを阻止するためにstarting a petitionという手段に訴えようとしていることまでしっかりと伝わります。その後、First, Second, Finallyというつなぎのシグナルで分かりやすく導きながら、彼女が反対する理由を順に述べています。このようなシグナルを使うことにより、聞き手だけではなく、解答者も内容を整理しながら話しやすくなります。一つ目の理由は、last year's tuition increase should cover any increased costs of equipment. というように、聞き取れたキーワードをうまく利用して簡潔にまとめています。二つ目の理由も、it's not fair that only chemistry majors have to pay it because many other students — especially other science majors — use the lab. というように、聞き取れたキーワードをフルに活用してうまくまとめています。三つ目の理由は、「年間100ドルは高すぎるから25ドルぐらいに下げるべき」という彼女の提案と混ざった発言になっていますが、先にthe new fee is too high because the university doesn't buy new lab equipment every year. というようにまとめた後で、最後の提案を付け加えて解答を締めくくっています。いたずらにキーワードだけつなぎ合わせてもうまい解答にはならないので、この解答のように、それぞれの理由の内容を理解しておかなければなりません。意味のまとまりごとに、うまくつなぎ合わせた表現ができています。最後のA lower fee — like $25 — would be enough to cover the cost of the chemicals used by the students every year. は、仮定法とenough to 〜、そしてused by 〜という過去分詞を使って表現のバリエーションを示しています。

リーディング　　**訳**

　化学科が新しい化学実験費についてのお知らせを発表しました。その計画についての告知を読みなさい。告知を読むために45秒与えられます。それでは始めてください。

化学科からのお知らせ

　化学実験室で使用される実験器具と化学薬品のコストが増加しているために、科学専攻の全学生は新しい学年暦の秋学期から100ドルの化学実験室費を支払っていただくことになるでしょう。ご存知のように、我々は、全学生にできる限り最善の教育を提供できるように全力を尽くしています。そして今回の場合、新しい化学実験室費は、我々の化学専攻の学生が最新の施設と化学実験室で十分な供給品が利用できることを

確実にするために必要なのです。

M: Did you see that notice about the new Chemical Laboratory Fee?

W: Yes, and I'm definitely not gonna take this sitting down. I've decided to start a petition asking the school to cancel the new fee. Will you sign it?

M: Maybe, but do you think they'll pay any attention to your petition?

W: They have to! It's such a rip-off! First, they just raised tuition last year, so that should cover the increased cost of lab equipment.

M: That's true!

W: And it's not fair because chemistry majors aren't the only ones who use the lab. A lot of other students, especially other science majors, use the lab, too.

M: I never thought about that….

W: I also think that paying $100 every year is just too much. I understand that we use up lots of chemicals, but they certainly won't be buying new lab equipment every year! A smaller fee — like $25 — would easily cover the cost of the chemicals we use.

M: Hey, you've got a great argument there. When can I sign your petition?

■ 会話訳 ┄┄

　その告知についての2人の学生の会話を聞きなさい。

M: 新しい化学実験室費についてのお知らせ見たかい？

W: うん、だけど、私はこんなこと黙って見過ごすなんて絶対にできないわよ。学校に頼んで、新しい費用を取り消してもらうように、嘆願書の署名を集め始めることに決めたの。署名してくれる？

M: たぶんね、でも君の嘆願書に注目してくれると思ってるの？

W: そうしてもらわないといけないのよ。それはひどいぼったくりよ。まず学校は昨年授業料を上げたところよ。だからそれで実験器具の増えたコストもカバーできるはずよ。

M: その通りだね。

W: それに、化学専攻の学生が実験室を利用する唯一の学生じゃないのに不公平だわ。多くの他の学生たち、とくに他の理系専攻の学生も実験室を使うのよ。

M: そんなこと考えたことがなかったなあ。

W: 毎年100ドルを支払うのも高すぎると思うわ。私たちが、たくさんの化学薬品を使い果たすことは理解できるわ。でも大学は確実に毎年新しい実験器具を購入するわけではないでしょう。25ドルぐらいのもっと少額でも私たちが使う化学薬品のコストは簡単にカバーできるはずでしょう。

M: ねえ、君の言い分はとても筋が通ってるね。いつなら嘆願書に署名できるかな。

Question 3

設問訳

　アメリカ史において、ユリシーズ・S・グラントがどのように評価されてきたかに焦点を当て、リーディングと講義の主張を比較対照しなさい。

準備メモ

質問のポイント：ユリシーズ・S・グラントの歴史的評価に関するリーディングと講義の主張の比較対照

解答に含めるべきポイント：

◆リーディングの主張—

　アメリカ史におけるユリシーズ・S・グラントは軽視されている

　再評価に値する理由 – 才能のおかげで、南北戦争では大きな成果を上げている

◆講義の主張—

　グラントの軽視はそれ相応の理由がある

　理由—多くの歴史家たちは、彼の軍司令官としての手腕を批判し、アメリカ史上最悪
　　　　の大統領の一人と考える。グラントの名声が落ちていく一方、南部連合軍の
　　　　将軍ロバート・E・リー の名声が高まった。

◆リーディングと講義の共通点—

　実際に戦闘では勝利を収め、後に大統領になり、高い評価の回想録を書いたことは事
　実

MP3 456

M O D E L　A N S W E R

①According to the reading, the importance of Ulysses S. Grant in American history deserves a re-evaluation as he is now largely a neglected figure. ②He rose from relative failure, but he achieved greatness as a general in the Civil War because of his talents, and some maintain that these abilities need to be recognized. ③According to the lecture, however, the neglect now accorded Grant is largely deserved. ④Although it is true that he was successful in battle, became president, and penned well-regarded memoirs, many historians now criticize his skills as a military leader and consider him to be one of America's worst presidents. ⑤Significantly, the reputation of the Confederate general he defeated, Robert E. Lee, has risen as Grant's has fallen. (121 words)

①リーディングによると、アメリカ史におけるユリシーズ・S・グラントの重要性は、彼が今では大いに軽視されている人物だということで、再評価に値するということです。②彼は比較的不遇な環境から出世してきましたが、彼の才能のおかげで、南北戦争では大きな成果を上げているので、このような彼の能力は認められる必要があると主張する人もいます。③しかしながら、講義によると、現在グラントが受けている軽視は、大いにそれ相応の理由があるということです。④彼は実際に戦闘では勝利を収め、後に大統領になり、高い評価の回想録を書いたことは事実ですが、現在、多くの歴史家たちは、彼の軍司令官としての手腕を批判しており、彼のことをアメリカ史上最悪の大統領の一人と考えています。⑤重大なことは、グラントの名声が落ちていく一方で、彼が打ち負かした南部連合軍の将軍ロバート・E・リーの名声が高まってきたということです。

講評

According to the reading, the importance of Ulysses S. Grant in American history deserves a re-evaluation. という冒頭の一文で、明確にリーディングの主旨を伝えています。リーディングの主題は、But others believe it's time for us to perhaps revise our understanding of General Grant, and his place in American history. という一文に集約されていて、これをうまく言い換えてまとめています。リーディングでは、ユリシーズ・グラントがこれまで受けてきた評価は、実際に別れてはいるものの、これまで不当に低い扱いを受けてきたことは事実であるということも he is now largely a neglected figure. というように簡潔に表現できています。グラントが見直されるべき重要な理由に関しても、he achieved greatness as a general in the Civil War because of his talents とうまく付け加えています。次にこれに対する講義の立場を、According to the lecture, however, the neglect now accorded Grant is largely deserved. という一文で、簡潔かつ効果的に伝えています。However と一言添えることにより、リーディングで主張していた「グラントは再評価されるべき」という見解に対しておそらく反対あるいは反対に近い立場だということを伝えることができます。次に、講義前半で述べられているグラントの評価ポイントも、Although it is true that he was successful in battle, became president, and penned well-regarded memoirs… と言うように簡潔にまとめ、文頭の Although でつないで、さらにもっと重要な「グラントの低評価は当然」とする根拠を many historians now criticize his skills as a military leader and consider him to be one of America's worst presidents. と言うようにうまく要約しています。講義の最後の部分も、Significantly, the reputation of the Confederate general he defeated, Robert E. Lee, has risen as Grant's has fallen. というように、キーワー

ドをうまく活用しながら自分の表現でうまくまとめて解答を締めています。リーディングと講義ともに、それぞれの主張がやや取りにくい内容ではありましたが、重要なポイントをうまく絞り込んでまとめられた解答となっています。

リーディング　　**訳**

　ユリシーズ・S・グラントについての次のパッセージを読みなさい。パッセージを読むために45秒与えられます。それでは始めてください。

ユリシーズ・S・グラント

　昨年、600万人以上の人々がワシントンDCのリンカーン記念館を訪れました。対照的に、かろうじて8万人の人々が、ニューヨークシティのユリシーズ・S・グラント将軍の墓地を訪れました。この人々の関心のなさは、グラントが受けて当然の報いだとしか思っていない人もいるでしょう。しかし、もうそろそろ、私たちがグラント将軍に対する理解と彼のアメリカ史における地位を挽回してもよいころだと思っている人もいます。グラントは若い頃は不出来な人間でしたが、南北戦争のおかげで彼は頭角を現しました。南北戦争のおかげで、彼の指揮統制力という潜在的な才能が際立ってきたからです。しかしながら、グラントの実際の能力に関しては、二つに意見が分かれています。一つの学派は、彼を無慈悲な殺人者だと糾弾します。グラントは、交戦中に数千人の北部の兵士たちの命を必要もなく犠牲にしながら、南部を骨の髄までしゃぶりつくして勝利を得たからです。もう一つの学派は、グラントの才能を戦略家であり、地形掌握の達人だと認めながら、大いに尊敬を集めるウェリントン公と同等の評価をしています。

リスニング　　**講義のトランスクリプト**

　　When Ulysses S. Grant took command of all the armies of the United States, he developed a grand strategy to defeat the Confederacy and ultimately, after much struggle, succeeded. Grant's achievements are often overlooked due to the towering presence of Lincoln. However, it is important to remember that he went on to serve two terms as president and write some of the most celebrated memoirs in the history of American letters. It is estimated that as many as 1.5 million people attended his funeral procession in New York in 1885 on a national day of mourning.

　　But Grant's tomb is no longer one of the most visited sites in New York. In fact, it has sadly been neglected, marred by graffiti and vandalism. His historical record has similarly been mistreated. Many historians rank him among the very worst presidents. They malign his military skills as a general. The so-called "Lost Cause" interpretation of the war, created by the Confederate generation and later adopted by influential historians such as Douglas Southall Freeman, portrayed Southern commanders as noble gentlemen soldiers waging a just war against the industrialized and more populous North. Indeed, the South's General Robert E. Lee has received more praise than Grant — the man to whom Lee surrendered.

講義訳 ・・・

　アメリカ史の講義の一部を聞きなさい。

　ユリシーズ・S・グラントがアメリカ全軍の指揮を取った時、彼は南部連合軍を打ち破る壮大な戦略を作り上げ、大いに奮闘した末に、最終的には勝利をおさめました。グラントの功績は、リンカーンというそびえ立つような存在のために見過ごされがちです。しかし、彼はさらにそこから大統領を二期務めあげ、アメリカ書簡史において最も有名な回想録をいくつか書いたことを記憶しておくことは重要です。1885年、ニューヨークでの国を挙げての追悼の日には、150万人以上の人々が彼の葬列に参列したと推定されています。

　しかし、グラントの墓はもはやニューヨークで最も訪問者が多い場所の一つではありません。実際には、墓地は悲しくさびれ果て、落書きや侮蔑的行為で傷つけられてしまっています。彼の歴史的記録もまた同様に不当な扱いを受けています。多くの歴史家たちは、彼をまさに最悪の大統領の一人として位置付けています。彼らは、軍司令官としてのグラントの軍事スキルを中傷しています。いわゆる「勝ち目のない」戦争という解釈は、南北戦争時の南部連合軍世代によって作り出され、のちにダグラス・サウズオール・フリーマンのような影響力のある歴史家たちによって受け入れられたものですが、それは南部連合軍の司令官を、工業化が進みはるかに人口が多い北軍を相手に正義の戦いをしかける高貴で紳士的な兵士たちと捉えられていたのでした。実際に、南軍のロバート・E・リー将軍は、彼が降伏した人物であるグラントよりも多くの称賛を受けてきたのです。

Question 4

設問訳

　講義の一部の要点や例を使って、ウェゲナーの考えが彼の死後にどのように実証されるようになったのかを説明しなさい。

準備メモ

質問のポイント：ウェゲナーの説と死後に実証された経緯。
解答に含めるべきポイント：
◆16世紀の終わり以来、大西洋に臨む大陸同士の形が補完的で、元々くっついていたことを示唆
◆19世紀の終わりの放射能の発見で、地球の核の部分は固体ではなく液体と判明

◆1915年アルフレッド・ウェゲナー大陸移動という考えを提唱
　これはヨーロッパの西海岸と北米東海岸の似通った岩石の構造のような確かな科学的証拠に基づくが、大陸移動の根底メカニズムの説明できず正当性疑われる
◆彼の死後、1930年に、彼の考えはプレートテクトニクスの発見により実証

MP3 457

M O D E L　A N S W E R

①Since at least the end of the 16th century, it was apparent that the shapes of the Atlantic continents were complementary, suggesting that they had once been joined. ②The later discovery of radioactivity at the end of the 19th century revealed that the earth was still hot enough at the core to be fluid – and not solid, as had previously been thought. ③In 1915 Alfred Wegener published a book in which he proposed the idea of continental drift. ④He was not the first to notice this, but his arguments were based on solid scientific evidence, such as the similar rock structures on the coasts of western Europe and eastern North America. ⑤However, Wegener's ideas were disputed, because he had no explanation for the mechanism underlying continental drift. ⑥However, after he died, in 1930, his ideas were verified by the discovery of plate tectonics. (134 words)

訳 ‥‥‥‥‥‥‥‥‥‥‥‥‥‥‥‥‥‥‥‥‥‥‥‥‥‥‥‥‥‥‥‥‥‥

①少なくとも16世紀の終わり以来、大西洋に臨む大陸同士の形が補完的なものであるということは明らかでした。つまりそれは大陸同士がかつてはくっついていたことを示唆するものでした。②その後19世紀の終わりの放射能の発見により、地球の核の部分はそれまで考えられていたような固体ではなく、液体であるほど十分に熱いということが明らかになりました。③1915年に、アルフレッド・ウェゲナーは、大陸移動という考えを提唱する書籍を出版しました。④彼がこのことに気が付いた最初の人ではありませんでしたが、彼の主張は、ヨーロッパの西海岸と北米東海岸の似通った岩石の構造のような確かな科学的証拠に基づいていました。⑤しかしながら、ウェゲナーの考えは、彼が大陸移動の根底にあるメカニズムの説明ができなかったために、その正当性が疑われました。⑥しかしながら、彼の死後、1930年に、彼の考えはプレートテクトニクスの発見により実証されました。

　解答には、ウェゲナーの理論がどのように受け入れられるようになったのか、そのプロセスを明確に説明することが求められています。冒頭の Since at least the end of the 16th century, it was apparent that the shapes of the Atlantic continents were complementary, suggesting that they had once been joined. という一文で、この理論のポイントが明確にまとめられています。この理論が最初のうちは受け入れられなかった理由や、彼の死後に証明されたいきさつを説明しようとする前提として、彼のこの理論がどのようなものであったか、簡単にでも説明しておく必要があります。無理せずに suggesting 〜 の手前で一度区切ってもよいでしょう。ウェゲナーの考えが正しいことを証明するための次のステップとして、地球内部が固体ではなく液体であり、その証明に至ったのは放射能の発見のおかげであったことが述べられています。The later discovery of radioactivity revealed that 〜 のように、無生物を主語とした表現が効果的に使えています。ウェゲナーが提唱した考えは単なる推測ではなくある根拠に基づいていることも重要なポイントであり、これは his arguments were based on solid scientific evidence, such as the similar rock structures on the coasts of western Europe and eastern North America. とまとめられています。この理論で次に重要なキーフレーズは continental drift です。ただこの考えがすぐに受け入れられたわけではないことも明確に述べておく必要があります。受け入れられなかった理由も、because he had no explanation for the mechanism underlying continental drift. と簡潔にまとめられています。これでほぼウェゲナーの理論が受け入れられるようになったいきさつの重要なポイントが講義の流れに沿ってほぼすべて説明できています。最後に after he died, in 1930, his ideas were verified by the discovery of tectonic plates. と明確な結論で締めくくっています。全体的に、ポイントがわかりやすく整理されて提示されています。but や however のようなつなぎ語や、in which や such as のような表現をうまく利用して論理的な解答ができています。

リスニング　講義のトランスクリプト

　It was observed as early as 1596 that the opposite coasts of the Atlantic Ocean—or, more precisely, the edges of the continental shelves—have similar shapes and seem to have once fitted together. Since that time many theories have been proposed to explain this apparent "jigsaw effect", but the prevailing idea that the earth was solid, made these theories difficult to accept. The discovery of radioactivity and its associated heating properties in 1895 prompted a re-examination of the apparent age of the earth. Armed with this new information, scientists realized that the Earth must be much older, and that its center — or, core — was still sufficiently hot to be liquid, rather than solid.

By 1915, Alfred Wegener was making serious arguments for the idea of continental drift in the first edition of *The Origin of Continents and Oceans*. In that book, he noted how the east coast of South America and the west coast of Africa looked as if they were once attached. Wegener was not the first to notice this, but he was the first to provide significant evidence to support this simple observation. If the rock strata at the edges of separate continents are very similar, it suggests that these rocks were formed in the same way, implying that they were originally joined together. For instance, parts of Scotland and Ireland contain rocks very similar to those found in Newfoundland and New Brunswick in North America. However, Wegener's ideas were not taken seriously by many geologists, who pointed out that there was no apparent mechanism for the moving of the continents to occur. Sadly, Wegener was not able to explain the mechanism that powered continental drift, and his vindication did not come until after his death in 1930. That is the mechanism we now know as plate tectonics, which I will take up in my next lecture.

■講義訳■ ‥‥‥‥‥‥‥‥‥‥‥‥‥‥‥‥‥‥‥‥‥‥‥‥‥‥‥‥‥‥‥‥‥‥‥‥‥‥‥

地質学の講義の一部を聞きなさい。

大西洋の向かい合う海岸同士が、あるいはもう少し正確に言えば、大陸棚の縁同士が似通った形をしていて、かつてひとつに組み合わさっていたように見えるということが、早くも1596年には観測されていました。その時以来、この明らかな「ジグソー現象」を説明しようとする多くの理論が提唱されてきましたが、地球が固体だという一般的に広まっている考えが、このような理論を受け入れることを難しくさせていたのです。1895年の放射能とそれに関連する発熱性の発見が、地球の見かけ上の年齢の再調査を促すことになりました。科学者たちは、この新しい情報を手に入れて、地球はずっと古いに違いない、そして地球の中心、つまり核は、固体というよりむしろ、依然として液体であるほど十分に熱いということを認識しました。

1915年までに、アルフレッド・ウェゲナーは、「大陸と海の起源」の初版で、大陸移動という考えを真剣に主張していました。その書籍の中で、彼は、いかに南アメリカの東海岸とアフリカの西海岸がまるでかつてくっついていたかのようであるかを指摘していました。ウェゲナーは、このことに注目した最初の人ではありませんでしたが、この単純な観測を支持する重要な証拠を提供した最初の人でした。別の大陸の縁の岩盤層が非常に似ているならば、それはこのような岩が同じように形成されたことを示し、元はひとつにつながっていたことを示唆するものです。例えば、スコットランドとアイルランドのある地域には、北米のニューファンドランドとニューブランズウィックにみられる岩石に非常によく似た岩石が含まれています。しかしながら、ウェゲナーの考えは、多くの地質学者に真剣には受け止められませんでした。その地質学者たちは、大陸が移動する明白なメカニズムが存在しないと指摘していたのでした。残念ながら、

ウェゲナーは大陸移動の原動力となるメカニズムを説明することができませんでした。彼の理論の正当性は、彼の死後、1930年になってようやく裏付けられることになりました。それは、私たちが今日プレートテクトニクスとして知っているメカニズムです。次の講義ではそれについて取り上げることにしましょう。

TOEFL スピーキング模擬テスト 4　　　　

Speaking Section

Question 1　　　　　　　　　　　　　　　　　　MP3 458
Task 1
スピーキング

　　Now you will be asked to choose between two possible actions or situations and explain the reason for that. After hearing the question, you will be given 15 seconds for preparation and 45 seconds for your response. Listen to the following question.

　　Are you the type of person who tries to finish assignments well before the deadline or do you usually wait until the last minute to start working on them? Include specific examples and details in your response.
　　Begin speaking after the beep.

Question 2　　　　　　　　　　　　　　　　　　MP3 459
Task 2

　　Now you will read a short passage about a campus-related topic and then listen to a conversation on the same topic. Based on the information from the passage and the conversation, you will be asked to answer a question. After hearing the question, you will be given 30 seconds for preparation and 60 seconds for your response.

リーディング

　　The Department of Business Administrations is planning to offer a special Summer Seminar course. Read the announcement about the course. You will have 45 seconds to read the announcement. Begin reading now.

Announcement from the Department of Business Administration
　　This year we will be offering a special Summer Seminar course consisting of a series of 10 guest lectures given by prominent members of the local business community on a variety of topics. The class is scheduled for Saturday afternoon from 3 pm to 4:30 pm starting on June 6th and ending on August 15th, with no class scheduled on July 4th because of the national

holiday. Enrollment will start at 10 am on May 1st. Because enrollment is limited to 30 students, it is important that interested students sign up as soon as possible, either online at deptba@edu or in the Department of Business Administration Office in Room 306 on the 3rd floor of Brandon Hall.

| リスニング | 会話 | MP3 460 |

Now, listen to two students discussing the notice.

| スピーキング |

The man expresses his opinion about the special Summer Seminar course. State his opinion and the reasons he gives for holding his opinion.

Begin speaking after the beep.

| Question 3 ▶ | MP3 461 |
| Task 3 |

Now you will read a short passage on an academic subject and then listen to a lecture on the same topic. Based on the information from the passage and the lecture, you will be asked to answer a question. After hearing the question, you will be given 30 seconds for preparation and 60 seconds for your response.

| リーディング |

Now read the following passage about Contextualism. You will have 45 seconds to read the passage. Start reading it now.

Contextualism

Works of art present problems of interpretation, and so it is useful for us to determine what factors should guide our efforts to interpret works of art. There are two opposing views on this matter, with the first, known as isolationism, holding that a knowledge of an artist's biography, historical background, and other such factors is irrelevant in the process of interpreting that artist's works. The other, more widely-held view, known as Contextualism, contends that at least some knowledge of the context and the setting in which a work of art was created is essential in the interpretation of the work.

リスニング　　講義

Now listen to part of a talk in an art theory class.

スピーキング

Explain what Contextualism is and the three criteria of knowledge that can help interpret art cited by the professor.

Begin speaking after the beep.

Question 4 ──────────────────────────── MP3 463

Task 4

After listening to part of a lecture, you will be asked to summarize the points in the lecture. After hearing the question, you will be given 20 seconds for preparation and 60 seconds for your response.

リスニング　　講義

Now listen to part of a talk in an economic history class.

スピーキング

Using points and examples from part of the lecture, explain the historical background and the essence of Keynesian economics.

Begin speaking after the beep.

第5章　TOEFL スピーキング模擬テスト

Question 1

設問訳

　あなたは締め切りよりずっと前に課題を終わらせるタイプの人ですか、それともたいていぎりぎりまで先延ばしにしてからようやく課題に取り組み始めますか。

準備メモ

質問のポイント：課題への取り組みをすぐに終わらせるタイプか、ぎりぎりまで先延ばしにするタイプかの選択。

解答に含めるべきポイント：先延ばしにするタイプ。

◆**時間管理がうまくないのがその理由**—出されたレポートを前日に仕上げる

　具体例: 発明家に関するレポート—前日にネット検索

　　　　　 大学に上がる前に直したい

MP3 464

MODEL ANSWER

①Unfortunately, I'm not so good at time management, so I tend to put things off till the last minute. ②Right now, I'm a high school student, so I don't have many reports to write, but when I do, I usually end up doing everything the night before. ③For example, last month I had to write a three-page report about a famous inventor, and I only went online the night before to search for someone to write about. ④I think I have to do something about this bad habit before I start college. (92 words)

訳

①残念ながら、私は時間管理がうまくありません、だからものごとをぎりぎりまで先延ばしする傾向があります。②今のところ私は高校生ですから、多くのレポートを書く必要はすべてをありませんが、書くときには、たいてい結局は前日の夜にすべてをやってしまうことになります。③例えば、先月私は有名な発明家に関して3ページのレポートを書かなければなりませんでした。そして私は、前日の夜になってようやくレポートに書く人を探すためにネットを検索しました。④大学に上がる前に、この悪い習慣についてはなんとかしなければいけないと思います。

講 評

　解答の冒頭部分で、「残念ながら、私は時間管理がうまくありません、だからものごとをぎりぎりまで先延ばしする傾向があります。」とquestionに対して明確に答えています。Unfortunatelyという先頭の副詞と、それに続くI'm not so good at time managementという内容から、おそらく「ぎりぎりまで先延ばしするタイプ」であることは十分に推測できます。またその自分のそういう性格のためにという内容が、続くI tend to put things off till the last minute. という文の内容とうまく論理的につながっています。次に続くRight now, I'm a high school student, so I don't have many reports to write, but when I do, I usually end up doing everything the night before. という文は、自分の選んだ立場をサポートするために、全く無駄がなく非常に効果的に付け加えられています。次に、45秒という時間を考慮したうまいタイミングでFor exampleを出して、「先月私は有名な発明家に関して3ページのレポートを書かなければなりませんでした。そして私は、前日の夜になってようやくレポートに書く人を探すためにネットを検索しました」と非常に身近で実感がわきやすい例をあげています。レポートを書くときには前日になってしまうという前文の内容を的確な分量の具体例で補強できています。さらに最後のI think I have to do something about this bad habit before I start college. という文では、自分でも直さないといけないと思うぐらい引き延ばし癖があることを強調していて、とてもよい終わり方をしています。表現としては、unfortunatelyを文頭に置いてうまい効果を引き出せています。これは文副詞と呼ばれるもので、It is unfortunate that I am not so good at time management. と言い換えてみるとその役割がよく分かります。また、so, but, andなどの接続詞やfor exampleというつなぎのシグナルもうまく使いこなしています。決して難しい表現は使っていませんが、とても分かりやすく論理的な流れになっているとても良い解答です。

Question 2

設問訳

　男性は夏季特別セミナーについて意見を述べています。彼の意見と、その意見を持つ理由を述べなさい。

準備メモ

質問のポイント：夏季特別セミナーに関する意見とそれに反対する理由
解答に含めるべきポイント：
◆**男性の意見—**夏季特別セミナーに嫌なところがある。
◆**その理由3つ**
　1. ゲスト講師の名前とトピックを事前に知らせるべき

第5章 TOEFL スピーキング模擬テスト

2. 土曜日の午後に実施するのはバイト学生にとっては不公平
3. 登録数制限は不要で不公平

M O D E L   A N S W E R

①The man is not sure if he will take the Summer Seminar because he doesn't like three things about it. ②First, he thinks the Department should have announced the names of the guest lecturers and the topics of their lectures, instead of just saying that prominent members of the local business community will lecture. ③Second, he thinks it's not fair to schedule the Seminar for Saturday afternoons when many students — like him — have to work at a part-time job. ④Finally, he thinks that limiting enrollment is unnecessary for a lecture series and is a mistake because many students who are unable to take the Seminar will be angry. (110 words)

訳 ....

①男性は、夏季特別セミナーに関して3つの嫌なところがあるのでそれを受講するかどうかはまだはっきりしません。②第一に、経営学科は、単に地元のビジネス界の著名な人物が講義をすると告げる代りに、ゲスト講師の名前と講義のトピックを発表すべきだったと彼は考えている。③第二に、彼は、彼のような多くの学生がアルバイトをしなければならない土曜日の午後にセミナーを予定するのは公平ではないと考えています。④最後に、彼は、セミナーを受講できない学生は腹を立てるでしょうから、講義シリーズの登録数を制限することは不要で間違いだと考えています。

講評

　「お知らせの内容、それに対して男性がどのように思っているか、それに対する理由がある」ということを最初のThe man is not sure if he will take the Summer Seminar because he doesn't like three things about it. という一文でまとめています。この後に続いて理由を述べていくときに、お知らせの内容の重要な部分にも触れているので、冒頭では、お知らせの内容を説明する代わりに、the Summer Seminarというトピックだけを簡潔に入れています。not sureと、doesn't like three thingsいう表現から男性が、大学のこの夏季セミナーのプランに関してあまりよく思っていないこと、そして取るべきかどうか迷っていることが伝わります。その後、First, Second, Finallyというつなぎのシグナルで分かりやすく導きながら、男性が反対する理由を順に述べています。このようなシグナルを使うことにより、聞き手

だけではなく、解答者も内容を整理しながら話しやすくなります。一つ目の理由は、the Department should have announced the names of the guest lecturers and the topics of their lectures というようにはっきりと伝えています。should have + 過去分詞（〜すべきだたのに、しなかった）という表現がうまく使えています。instead of just saying that prominent members of the local business community will lecture というように、お知らせの内容の気に入らなかったところも簡潔に指摘できています。二つ目の理由も、it's not fair to schedule the Seminar for Saturday afternoons when many students — like him — have to work at a part-time job. というように、聞き取れたキーワードをうまく並び替えて論理的につなぎ合わせています。三つ目の理由も、limiting enrollment is unnecessary for a lecture series and is a mistake because many students who are unable to take the Seminar will be angry. というように、お知らせの内容を簡単に説明しながら、それに反対する理由を簡潔に付け加えています。各理由は、それぞれやや長めの1文でまとめていますが、不自然さはなく、全体的に、論理的で分かりやすい解答にまとめられています。

リーディング　訳

経営学部は特別夏季セミナーを開講する予定です。その講座のお知らせを読みなさい。パッセージを読むために45秒与えられます。それでは始めなさい。

経営学部からのお知らせ

今年、我々は、様々なトピックに関して地元のビジネス界の著名な人物によって行われる10回のゲスト講義シリーズで構成される特別夏季セミナーを提供する予定です。授業は土曜日の午後3時から4時30分で、6月6日から始まり8月15日で終わる予定で組まれています。7月4日は国民の休日のため授業の予定はありません。登録は5月1日の10時から始まります。登録者数は30人と限定されているので、興味がある学生は、オンラインでdepba@eduか、あるいはブランドンホール3階の306号室の経営学科のオフィスまでできる限り早く申し込んでください。

リスニング　会話のトランスクリプト

W: Are you planning to sign up for that special Summer Seminar?

M: I'm not sure. Actually, I don't like the way the whole thing is set up.

W: What do you mean?

M: Well, to start with, they didn't even announce the names of the guest speakers and what topic each one is gonna lecture about. We should know that kind of information before we sign up for a class.

W: I just figured they're prominent business leaders, so….

M: And I don't like the fact that it's scheduled for Saturday afternoons. A lot of students — like me — have a part-time job on Saturday afternoon, so it's really not fair, especially if this course is so special.

W: I haven't even thought about that. I guess I'm lucky that way because I'm on full scholarship.

M: It's also unfair to restrict the enrollment to only 30 students. They're calling it "Summer Seminar," but it's actually a lecture series, so I don't think it matters whether 30 or 50 or even 100 students attend each lecture. Lots of business majors are gonna be pretty angry if enrollment is closed when they try to sign up.

会話訳 -

そのお知らせについての2人の学生の会話を聞きなさい。

W: あの特別夏季セミナーに申し込む予定なの?

M: さあまだわからないなあ。実は、セミナーの設定の仕方がすべて気に入らないんだよね。

W: どういう意味なの?

M: まあ、まず彼らはゲストスピーカーの名前と、それぞれがどんなトピックに関して講義をする予定なのか発表さえしていないよね。講義に申し込む前には、その種の情報は知っておくべきでしょう。

W: 著名なビジネスリーダーだって思ってたから…

M: それに土曜日の午後に予定されているのも気に入らないんだよね。土曜日の午後は、僕のような多くの学生がアルバイトしてるだろうから、特にもしこのセミナーが特別なものなら、本当に公平じゃないでしょう。

W: そんなこと考えてもみなかったわ。私は全額奨学金をもらってるから、それでもラッキーだと思う。

M: 登録を30人に限定するのも不公平だよ。彼らはそれを夏季セミナーと呼んでいるけれど、実際は講義シリーズでしょう。だから30人、50人、あるいは100にだって各講義に出席しても問題ないと思うんだよ。もし彼らが申し込もうとして登録が締め切られたら、多くのビジネス専攻の学生たちは、相当腹を立てるだろうね。

Question 3

設問訳

コンテクスト理論とは何か、そして教授に取り上げられた芸術を解釈するうえで役に立つ3つの知識の基準について説明しなさい。

準備メモ

質問のポイント:コンテクスト理論とは何か、芸術作品の解釈に役立つ知識
解答に含めるべきポイント:

◆**コンテクスト理論**—芸術作品を解釈するうえである程度のコンテクストを知ることが重要。

◆**3つの知識**—

  1. 芸術家の他の作品について知る

  2. 同じジャンル、スタイル、伝統の他の芸術家たちの作品について知る

  3. その芸術家の個人生活やその作家が生きた時代について知る

MP3 466

M O D E L   A N S W E R

①Contextualism is the belief that at least some knowledge of the context in which a work of art was created is essential in order to be able to interpret it. ②As the lecturer says, though, this doesn't mean that we need knowledge about a work in order to enjoy it. ③The lecturer cites three criteria of knowledge which can aid in interpreting art: familiarity with the artist's other works, familiarity with the works of other artists in the same genre, style, or tradition, and familiarity with the artist's personal life and the times he or she lived in, which is especially important in literature. ④Each of these is explained with the example of a famous artist and his work. (117 words)

訳 ・・

①コンテクスト理論とは、ある芸術作品を解釈することができるように、その作品が生み出されたコンテクストを少なくともある程度知ることが極めて重要であるという考えです。②でも講師が言うように、これは、我々が芸術作品を楽しむためにその作品に関する知識が必要だということを意味するわけではありません。③講師は、芸術を解釈するうえで役に立つ知識に関する3つの基準について言及しています。それは、その芸術家の他の作品についてよく知ること、同じジャンル、スタイル、伝統の他の芸術家たちの作品についてよく知ること、そしてその芸術家の個人生活やその作家が生きた時代についてよく知ることです。そしてそれは特に文学には重要です。④この基準の一つ一つが、有名な芸術家とその作品の例をあげながら説明されています。

講評

  この問題において、リーディングからは、コンテクスト理論とはどのようなものかということが分かれば十分と言えるでしょう。芸術を理解するときに、isolationismとcontextualismの2つの相反する考え方があると説明はありますが、ここでは前者isolationismは全く重要ではなく、ここでは、コンテクスト理論をよりよく理解して

もらうために引き合いに出されただけのもので、解答で取り上げる必要もないといえます。リーディングの最も重要なポイントは、解答の冒頭で、Contextualism is the belief that at least some knowledge of the context in which a work of art was created is essential in order to be able to interpret it. というように明確にまとめられています。次に、講義が最初に述べていた芸術を理解するための重要な前提条件を、As the lecturer says, though, this doesn't mean that we need knowledge about a work in order to enjoy it. というようにうまく言い換えてまとめています。これはぜひ解答に含めてもらいたいところです。次に講義の中で、芸術を解釈するうえで役に立つ知識に関する3つの基準について説明していますが、これも取りこぼすことはなく3つとも簡潔に言い換えてまとめられています。まず、The lecturer cites three criteria of knowledge which can aid in interpreting art と概要を述べた後、各3つのポイントを効率よく列挙しています。(1) familiarity with the artist's other works, (2) familiarity with the works of other artists in the same genre, style, or tradition, (3) and familiarity with the artist's personal life and the times he or she lived in, which is especially important in literature の3つですが、familiarity with 〜 という共通した表現を使うことによってきれいに並列ができています。最後に Each of these is explained with the example of a famous artist and his work. と締めくくっています。これも解答としては十分うまく要約できていますが、まだ少し時間があるようなら、具体例を追加するのも良いでしょう。

リーディング **訳**

　コンテクスト理論についての次のパッセージを読みなさい。パッセージを読むために45秒与えられます。それでは始めなさい。

コンテクスト理論

　芸術作品には、その解釈の問題がつきものです。だから、どのような要因が我々の芸術作品を解釈しようとする努力を導くべきなのか、我々が究明することは有益なことです。この問題に関しては2つの相反する見解があります。ひとつ目は孤立主義として知られているもので、ある芸術家の経歴、歴史的背景、そしてその他の要素に関する知識はその芸術家の作品を解釈するプロセスには関連性がないとするものです。もうひとつは、より広範囲で受け入れられている見解ですが、コンテクスト理論として知られており、芸術作品が作られたコンテクストや背景に関して少なくともある程度の知っていることがその作品を解釈するうえで極めて重要であると主張するものである。

リスニング **講義のトランスクリプト**

　To begin with, I should point out that contextualists do not make the claim that knowledge is necessary in order for us to enjoy art, as we can see very clearly in the case of popular music and fashion design, for example.

First, contextualists believe that familiarity with the artist's other works can aid in interpreting one of his works. The person who listens to one of Mozart's piano concertos but is familiar with the other 24 is in a better position to interpret the concerto she is listening to, they say.

Second, contextualists believe that familiarity with other works in the same genre by other artists, especially in the same style or tradition, can aid in interpreting a work of art, such as comparing the works of other Impressionist painters to Renoir's paintings.

Finally, and this is especially true with great literature, an understanding of the author's personal life and the times he lived in can aid in interpreting the themes, characters, and historical references found in his novels. The Great Gatsby, for example, mirrors not only the times the author lived in, but also many aspects of his personal life. So, as you can see, the contextualists' belief that the interpretation of a work of art requires at least some knowledge of the circumstances of its creation seems to stand up under scrutiny.

講義訳 ・・

芸術論の講義の一部を聞きなさい。

まず最初に、コンテクスト論者は、例えば、ポピュラー音楽やファッションデザインの場合に極めて明確にお判りになるように、芸術を楽しむために知識が必要だということを主張しているわけではないということを指摘しておくべきでしょう。

まず第一に、コンテクスト論者は、その芸術家の他の作品のことをよく知ることが、その芸術家の作品の一つを解釈するうえで役に立つと信じています。モーツァルトのピアノ協奏曲の一つを聞いて、その他の24の協奏曲についても良く知っている人は、彼女が聞いているその協奏曲のことを解釈するのにより有利な立場にいるということです。

第二に、コンテクスト論者は、他の芸術家による同じジャンル、特に同じスタイルあるいは同じ伝統を受け継ぐ他の作品についてよく知ること、例えばルノワールの絵画と他の印象派画家の作品を比較するようなことが、ある芸術作品を解釈するうえで役に立つと信じています。

最後に、そしてこれは特に偉大な文学作品に当てはまることではありますが、ある作家の個人生活や彼が生きた時代を理解しておくことで、作品の中で見られるテーマ、登場人物、そして歴史的上の記述を理解する上で役に立ちます。例えば、グレイト・ギャッツビーは著者が生きた時代だけではなく、彼の個人生活の多くの側面を反映しています。そういうわけで、お分かりのように、ある芸術作品の解釈には少なくともその作品が生み出された環境をある程度知っていることが必須であるというコンテクスト論者の考えは、精密な調査にもしっかりと耐えていると思われます。

設問訳

　講義のポイントと例を使って、ケインズ経済学の歴史的背景とその本質について説明しなさい。

準備メモ

質問のポイント：ケインズ経済学の歴史的背景とその本質

解答に含めるべきポイント：

◆需要は不安定なもので、不況やインフレの期間に至ることもある。

◆1930 〜 1970年代および2007年〜 2008年の財政危機以来再び普及。

◆需要に焦点を当てた古典派経済学に異を唱え

◆不況や恐慌の期間は、中央銀行や政府による経済政策による対応がその状況を改善

MP3 467

M O D E L   A N S W E R

①According to this lecture, in Keynesian economics, supply and demand are not always balanced, and sometimes the situation is unstable for various reasons. ②John Maynard Keynes introduced his ideas in a book published in 1936, after the Great Depression. ③These ideas prevailed in the period from the late 1930s until the 1970s and have again become popular since the financial crisis of 2007-08. ④Keynes argued against classical supply-focused economics. ⑤His ideas were controversial, but different groups of economists continue to follow them. ⑥They maintain that demand is unstable, leading to periods of recession and inflation, and that economic policy responses by the central bank and the government can improve the situation, especially during recessions and depressions. ⑦They generally support a managed market economy based on private business. (127 words)

訳 ⋯⋯⋯⋯⋯⋯⋯⋯⋯⋯⋯⋯⋯⋯⋯⋯⋯⋯⋯⋯⋯⋯⋯⋯⋯⋯⋯

①この講義によると、ケインズ経済学では、需要と供給はいつもバランスがとれているものではなく、時に様々な理由で状況は不安定になるということです。②ジョン・メイナード・ケインズは、世界大恐慌後、1936年に出版された著作の中で自らの考えを提唱しました。③このような考えは、1930年代から1970年代までの期間において優勢でした。そして2007年から2008年の財政危機以来再び普及し始めました。④ケインズは、需要に焦点を当てた古典派経済学に異

を唱えました。⑤彼の考えは議論を巻き起こすようなものでしたが、異なる経済学者のグループが彼に追随し続けています。⑥彼らは、需要は不安定なもので、不況やインフレの期間に至ることもあるということ、特に不況や恐慌の期間は、中央銀行や政府による経済政策対応がその状況を改善させることができると主張しています。⑦彼らは一般的に民間部門主導の管理市場経済を支持しています。

講評

　解答には、(1)ケインズ経済学の歴史的背景、(2)古典派経済学との違いを含める必要があります。年代や固有名詞が多く含まれているのでメモを取るのが大変ではありますが、歴史的な流れを説明するためには、いくつかの年代を含めると説得力がある解答になるでしょう。

　まず冒頭の According to this lecture, in Keynesian economics, supply and demand are not always balanced, and sometimes the situation is unstable for various reasons. では、ケインズ経済学を理解するうえで重要な講義の最初の部分の内容をうまく言い換えて簡潔にまとめています。これに続けて、1936年、1930年代、1970年代、2007年、2008年という年代をうまくつなげていくことにより、historical background を年代順にわかりやすくまとめています。この年代というのはいずれもケインズ経済学にとっては非常に重要なものだということがわかります。もし年代がはっきりと聞き取れていない場合は、無理に間違った数字を述べるより、「ケインズ経済学が優勢な時代がいくつかあった」のように逃げておけばよいでしょう。次に2つ目のポイントである古典派経済学との違いに関しては、Keynes argued against classical supply-focused economics. とまず明確に反対の立場であることを述べていて分かりやすいです。次にケインズ経済学の本質と、古典派経済学派との具体的な違いを、They maintain that demand is unstable, leading to periods of recession and inflation, and that economic policy responses by the central bank and the government can improve the situation, especially during recessions and depressions. という一文で過不足なく説明されています。このように続けて一度に説明するのが難しい場合は、2つか3つぐらいに分割して述べるようにしても構いません。また最後の They generally support a managed market economy based on private business. という一文で、本質を簡潔に言い換えて補強して締めくくっているのが効果的です。全体的に長めに続けた文ですが、表現のわかりやすさ、ポイントの論理的な流れ方もあり、聞き手にとってはとても理解しやすい内容となっています。

In Keynesian economics, named after British economist John Maynard Keynes, aggregate demand does not necessarily equal the productive capacity of the economy; instead, it is influenced by many factors and sometimes behaves unpredictably, affecting production, employment, and inflation.

Keynesian economics served as the standard economic model in the developed world during the latter part of the Great Depression, World War II, and the post-war economic expansion (1945–1973). However, it lost some influence following the oil shock and resulting stagflation of the 1970s. The financial crisis of 2007-08 caused a resurgence in Keynesian economic theory, otherwise known as new Keynesian economics. Keynesian economics developed during and after the Great Depression from the ideas presented by Keynes in his 1936 book, *The General Theory of Employment, Interest, and Money*. Keynes contrasted his approach to the aggregate supply-focused classical economics that preceded his book. Keynes' theories, although controversial, have gone on to influence many economic schools of thoughts, and are still with us today.

Keynesian economists generally argue that as aggregate demand is unpredictable and unstable, a market economy often experiences inefficient macroeconomic outcomes in the form of economic recessions (when demand is low) and inflation (when demand is high), and that these potential dangers can be lessened by several economic policy responses, such as monetary policy actions by the central bank and fiscal policy actions by the government. These can help stabilize output over the business cycle. Keynesian economists generally support a managed market economy — that is, largely private sector, but allowing for government action during recessions and depressions.

講義訳 ･･

経済学史の講義の一部を聞きなさい。

イギリスの経済学者ジョン・メイナード・ケインズにちなんで名づけられたケインズ経済学では、総需要は必ずしも経済の生産力に等しくなるものではない、つまりそれよりむしろ、総需要は多くの要因によって影響され、時に予測もつかない動きをして、製造、雇用、インフレに影響を及ぼすものだということです。

ケインズ経済学は、世界大恐慌の後期、第二次世界大戦、そして戦後の経済成長期（1945年から1973年）の間には、先進国での標準的経済モデルとしての役割を果たしました。しかしながら、1970年代のオイルショックとその結果として起こった景気沈滞化のインフレ（スタグフレーション）を受けて多少の影響力を失いました。2007年から2008年にかけての財政危機が、ケインズ経済学復活の引き金となり、それはま

た新ケインズ経済学として知られています。ケインズ経済学は、世界大恐慌中、そしてその後の時代に、1936年の彼の著作である「雇用・利子および貨幣の一般理論」の中で示されていた考えから発達したものでした。ケインズは、自分のアプローチを、彼の著作に先行していた総需要に焦点を当てた古典経済学派と対比させました。続くケインズの理論は、議論の的にはなってきましたが、多くの経済学派に影響を与え続け、それは今日に至ります。

　ケインズ経済学者は一般的に、総需要は変動しやすく不安定なものなので、市場経済は、（需要が低いときには）経済不況という形で、（需要が高いときには）インフレという形で、非効率なマクロ経済学的成果を経験することが多く、そのような潜在的な危険性は、例えば中央銀行による金融政策と政府による財政政策のようないくつかの経済政策の対応によって軽減することができると主張しています。このような政策は、景気循環の周期にわたって生産高を安定させるのに役立ちます。ケインズ経済学者たちは、一般的に管理市場経済を支持しています。すなわちそれは、民間部門主導ではあるが、景気の後退や不況時には政府の介入を許すというものです。

著者紹介

川端　淳司（かわばた　じゅんじ）
1964年京都生まれ。関西大学文学部英文科、同志社大学大学院アメリカ研究科卒。旅行代理店の営業を経験したのち渡米。American Studiesなどを学び、テンプル大学にて英語教授法（TESOL）を取得。帰国後トフルゼミナール専任講師。幅広い英語力を生かしたきめの細かい授業は高く評価されている。著書に『TOEFL iBTテストライティング総合問題』『英制覇 − 徹底攻略TOEIC TEST全パート特訓編』『英聴覇 − 徹底攻略TOEIC TESTリスニング編』『英読覇 − 徹底攻略TOEIC TESTリーディング編』、共著に『毎日ミニ模試TOEFLテストiBTスピーキング』『パーフェクト攻略IELTSスピーキング』『パーフェクト攻略IELTSライティング』（すべてテイエス企画）ほか多数。

英文校閲：Katharine Tonegawa

編集協力：飯塚香

DTP：株式会社トゥエンティフォー

装丁：株式会社鷗来堂 佐藤真琴

録音・編集：株式会社ルーキー

ナレーター：Matt Lagan、Anita Sugunan

Howard Colefield、Deirdre Ikeda

Julia Yermakov

TOEFL® テスト集中攻略スピーキング 改訂版

発行 ：2006 年 8 月 10 日　初版第 1 刷
　　　　2023 年 8 月 30 日　改訂版第 2 刷

著者 ：川端淳司
発行者 ：山内哲夫
企画・編集 ：トフルゼミナール英語教育研究所
発行所 ：テイエス企画株式会社
　　　　　〒 169-0075
　　　　　東京都新宿区高田馬場 1-30-5　千寿ビル 6F
　　　　　E-mail　books@tseminar.co.jp
　　　　　URL　https://www.tofl.jp/books
印刷・製本 ：図書印刷株式会社